工业互联网技能人才培养基础系列教材

# 工业大数据技术

刘海平◎主编

人民邮电出版社

北京

#### 图书在版编目（CIP）数据

工业大数据技术 / 刘海平主编. -- 北京：人民邮电出版社，2021.11
工业互联网技能人才培养基础系列教材
ISBN 978-7-115-57702-3

Ⅰ. ①工… Ⅱ. ①刘… Ⅲ. ①制造工业—数据管理—研究 Ⅳ. ①F407.4

中国版本图书馆CIP数据核字(2021)第211709号

#### 内 容 提 要

本书首先介绍工业大数据的概念、特征、现状，然后介绍了大数据采集技术、分布式存储技术、分布式计算技术、大数据分析技术，最后对工业场景的典型应用进行列举。

本书可以为从事大数据研究、管理决策的人员提供参考，也可作为相关领域师生和从业者必备的学习参考资料，还适合对大数据感兴趣的读者学习。

◆ 主　　编　刘海平
　　责任编辑　王海月
　　责任印制　陈　犇

◆ 人民邮电出版社出版发行　北京市丰台区成寿寺路 11 号
　　邮编　100164　电子邮件　315@ptpress.com.cn
　　网址　https://www.ptpress.com.cn
　　廊坊市印艺阁数字科技有限公司印刷

◆ 开本：787×1092　1/16
　　印张：16.25　　　　　　　　　　2021 年 11 月第 1 版
　　字数：335 千字　　　　　　　　2025 年 1 月河北第 6 次印刷

定价：69.80 元

读者服务热线：(010)53913866　印装质量热线：(010)81055316
反盗版热线：(010)81055315
广告经营许可证：京东市监广登字 20170147 号

# 编辑委员会

主编：刘海平

委员（排名不分先后）：

汪丽华　鲁　捷　陈年华　涂贵军　魏春良

李文阳　胡宏铎　王祥喜　水生军　毕纪伟

李　伟　杨义生　张　琳　罗晓舫　赵　聪

柯德胜　唐旭文　林　霖　丰　雷　赵　帅

周凡钦　赵一琨　高　静　甄泽瑞　谢坤宜

宋　博　高泽华　周　峰　高　峰

# 出版说明

工业互联网的核心功能实现依托于数据驱动的物理系统和数字空间的全面互联,是对物联网、大数据、网络通信、信息安全等技术的综合应用,最终通过数字化技术手段实现工业制造过程中的智能分析与决策优化。

本套教材共包括 5 册:《物联网技术》《工业大数据技术》《网络通信技术》《信息安全技术》《工业制造网络化技术》。

《物联网技术》一书系统地讨论了物联网感知层、网络层、应用层的关键技术,涵盖云计算、网络、边缘计算和终端等各个方面。将这些技术应用于工业互联网中,能够自下而上打通制造生产和管理运行数据流,从而实现对工业数据的有效调度和分析。

《工业大数据技术》一书介绍了大数据采集、存储与计算等技术,帮助读者理解如何打造一个由自下而上的信息流和自上而下的决策流构成的工业数字化应用优化闭环,而这个闭环在工业互联网三大核心功能体系之间循环流动,为工业互联网的运行提供动力保障。

《网络通信技术》一书系统地介绍了不同类型的通信网络。通信技术通过有线、无线等媒介在工业互联网全环节的各个节点间传递信息,将控制、管理、监测等终端与业务系统连接起来,使工业互联网实现有效数据流通。先进的通信技术将在工业互联网数字化过程中起到重要作用。

《信息安全技术》一书介绍了防火墙入侵防御、区块链可信存储、加解密原理、PKI 体系等内容,这些技术和原理保证了工业互联网在采集、传输、存储和分析数据的整个生产制造流程中安全运行,能够有效阻止生产过程受到干扰和破坏。提升工业互联网的安全保障能力是保证设备、生产系统、管理系统和供应链正常运行的基本需求。

《工业制造网络化技术》一书展现了网络技术如何在工业互联网中落地,以及如何帮助工业企业实现敏捷云制造的最终目标。

本套教材面向发展前沿,关注主流技术,充分反映了工业互联网新技术、新标准和新模式在行业中的应用,具有先进性和实用性。本套教材主要用于在校生学习参考和一线技术人员的培训,内容力求通俗易懂,语言风格贴近产业实际,深入浅出,操作性强,在探索产教融合方式、培养发展工业互联网所需的各类专业型人才和复合型人才方面做了有益尝试。

# 丛书序

未来几十年，新一轮科技革命和产业变革将同人类社会发展形成历史性交汇。世界正在进入以信息产业为主导的新经济发展时期。各国均将互联网作为经济发展、技术创新的重点，把互联网作为谋求竞争新优势的战略方向。工业互联网的发展源于工业发展的内生需求和互联网发展的技术驱动，顺应新一轮科技革命和产业变革趋势，是生产力发展的必然结果，是未来制造业竞争的制高点。

当前，全球制造业正进入新一轮变革浪潮，大数据、云计算、物联网、人工智能、增强现实/虚拟现实、区块链、边缘计算等新一代信息技术正加速向工业领域融合渗透，将带来制造模式、生产组织方式和产业形态的深刻变革，推动创新链、产业链、价值链的重塑再造。

2020年6月30日，中央全面深化改革委员会第十四次会议审议通过《关于深化新一代信息技术与制造业融合发展的指导意见》，强调加快推进新一代信息技术和制造业融合发展，要顺应新一轮科技革命和产业变革趋势，以供给侧结构性改革为主线，以智能制造为主攻方向，加快工业互联网创新发展，加快制造业生产方式和企业形态根本性变革，夯实融合发展的基础支撑，健全法律法规，提升制造业数字化、网络化、智能化发展水平。

《工业和信息化部办公厅关于推动工业互联网加快发展的通知》明确提出深化工业互联网行业应用，鼓励各地结合优势产业，加强工业互联网在装备、机械、汽车、能源、电子、冶金、石化、矿业等国民经济重点行业的融合创新，突出差异化发展，形成各有侧重、各具特色的发展模式。

当前，我国工业互联网已初步形成三大应用路径，分别是面向企业内部提升生产力的智能工厂，面向企业外部延伸价值链的智能产品、服务和协同，面向开放生态的工业互联网平台运营。

我国工业互联网创新发展步伐加快，平台赋能水平显著提升，具备一定行业、区域影响力的工业互联网平台不断涌现。截止到2021年6月，五大国家顶级节点系统的功能逐步完备，标识注册量突破200亿。但不容忽视的是，我国工业互联网创新型、复合型技术人才和高素质应用型人才的短缺，已经成为制约我国工业互联网创新发展的重要因素，尤其是全国各地新基建的推进，也会在一定程度上加剧工业互联网"新岗位、新职业"的人才短缺。

工业互联网的部署和应用对现有的专业技术人才和劳动者技能素质提出了新的、更高的要求。工业互联网需要既懂 IT、CT，又懂 OT 的人才，相关人才既需要了解工业运营需求和网络信息技术，又要有较强的创新能力和实践经验，但此类复合型人才非常难得。

随着工业互联网的发展，与工业互联网相关的职业不断涌现，而我国工业互联网人才基础薄弱、缺口较大。当前亟待建立工业互联网人才培养体系，加强工业互联网人才培养的产教融合，明确行业和企业的用人需求，学校培养方向也要及时跟进不断变化的社会需求，强化产业和教育深度合作的人才培养方式。

因此，以适应行业发展和科技进步的需要为出发点，以"立足产业，突出特色"为宗旨，编写一系列体现工业和信息化融合发展优势特色、适应技能人才培养需要的高质量、实用型、综合型人才培养的教材就显得极为重要。

本套教材分为 5 册：《物联网技术》《网络通信技术》《工业大数据技术》《信息安全技术》《工业制造网络化技术》，充分反映了工业互联网新技术、新标准和新模式在行业中的应用，具有很强的先进性和实用性，主要用于在校生的学习参考和一线技术人员的培训，内容通俗易懂，语言风格贴近产业实际。

邬贺铨

中国工程院院士

# 前言

自进入"工业 4.0"时代以来,由于物联网、大数据、云计算、人工智能等技术的飞速发展,传统制造业在创新模式、商业模式、生产力、生产关系和生产技术等方面发生了颠覆性的变革,整个工业系统向全面智能化转变。工业大数据是未来制造业在全球市场中发挥竞争优势的关键领域。

工业大数据是工业领域产品和服务全生命周期数据的总称,它包括工业企业在研发设计、生产制造、采购供应、库存发货、经营管理、售后服务、运维服务、回收再制造等环节中生成和使用的数据,以及工业互联网平台中的数据等,其来源主要有 3 类,分别是业务数据、制作过程数据和企业外部数据。

工业大数据的主要作用是实现信息世界和物理世界的连通,因此,海量工业数据的高效利用是人们关注的焦点。为了充分挖掘工业大数据所蕴含的价值,需要解决数据采集、存储、计算和分析等相关技术问题。具体而言,首先,需要通过各类管理系统、传感器、互联网等采集工业领域中产品和服务全生命周期的数据;其次,由于这些数据量大且结构复杂,需要使用分布式技术对这些数据进行存储和计算;最后,使用大数据处理和挖掘技术对累积的工业大数据进行分析,并将分析的结果反馈到工业领域,从而优化产品和服务,推动工业的智能化转型。

本书共分为 6 章,第 1 章是工业大数据概述,详细论述了工业大数据的发展背景、定义、基本框架及其与大数据的区别,并讨论了工业大数据与制造业的关系,详细介绍了国内外工业大数据的概况与应用现状,以及工业大数据的应用前景。

第 2 章介绍了工业大数据采集技术,论述了如键值(Key-Value)、文档、信息化、接口、现场多媒体等工业数据的采集类型,对传感器、RFID(射频识别)、NFC(近距离无线通信)等数据采集手段进行了论述。

第 3 章详细介绍了有关工业大数据的分布式存储技术的概念及分类,从非结构化数据、半结构化数据和结构化数据等方面依次阐述了分布式文件系统、表格系统与键值系统、数据库功能等有关分布式存储技术的内容。

第 4 章介绍了有关分布式计算技术的具体内容,包括分布式计算概念、分布式计算模型等,并且在分布式计算模型中详细总结了传统的 C/S 模型、集群技术、通用型分布式计算环境及 SOAP(简单对象访问协议)。

第 5 章重点介绍了大数据分析技术,以基础编程技术 Python 为出发点,全面讲解有关工业大数据的数据可视化概念、工具以及图表展示,叙述了诸如数据清洗、处理缺失数据、识别错误分类、识别离群值的图形方法等数据预处理技术,以及典型的数据挖掘技术,包括朴素贝叶斯、决策树、神经网络和深度学习。

第 6 章详细论述了工业大数据技术在智能机床、发动机、智能电网、生产线等方面的典型应用,包括机床数据采集存储、机床数据监测管理、机床故障分析诊断、航空发动机的数字孪生、发动机测试实验与故障诊断、发动机装配质量预测、电力需求预测、电力设备检测、电能质量分析等。

现代制造业的发展已经越来越离不开工业大数据技术的应用,大数据采集、分布式存储、分布式计算、大数据分析是工业大数据必不可少的技术。本书介绍了相关技术的概念和原理细节,希望读者在读过之后能有所收获。

在撰写本书的过程中,作者借鉴和参考了许多国内外专家和学者的研究成果,在此向这些专家、学者表示感谢。本书具有较强的实用性和易读性,适合大专院校相关专业的师生阅读,也适合所有对工业大数据技术感兴趣的人员或相关从业者阅读。

鉴于作者水平和经验有限,本书难免有疏漏和不妥之处,恳请广大读者批评指正。

本书配备了教学 PPT 和习题答案,读者可扫描下方二维码加入"工业互联网技能人才培养教材"QQ 群免费获取。

编者

# 目录

## 第1章 工业大数据概述 ................................................. 1
### 1.1 工业大数据基本概念 ............................................ 2
#### 1.1.1 工业大数据的发展背景 ...................................... 2
#### 1.1.2 工业大数据的定义 .......................................... 2
#### 1.1.3 工业大数据的基本框架 ...................................... 3
### 1.2 工业大数据与大数据的区别 ...................................... 4
#### 1.2.1 工业大数据与大数据的区别 .................................. 4
#### 1.2.2 工业大数据分析与大数据分析的区别 .......................... 4
### 1.3 工业大数据与制造业的关系 ...................................... 6
#### 1.3.1 制造业催生工业大数据 ...................................... 7
#### 1.3.2 工业大数据促进制造业的转型升级 ............................ 8
### 1.4 工业大数据的现状与前景 ....................................... 10
#### 1.4.1 国外工业大数据概况 ....................................... 10
#### 1.4.2 我国工业大数据概况 ....................................... 11
#### 1.4.3 工业大数据的应用现状 ..................................... 12
#### 1.4.4 工业大数据前景 ........................................... 13
### 本章小结 ......................................................... 14
### 本章习题 ......................................................... 14

## 第2章 大数据采集技术 ................................................ 15
### 2.1 工业数据采集类型 .............................................. 18
#### 2.1.1 Key-Value 数据 ........................................... 18
#### 2.1.2 文档数据 ................................................. 19
#### 2.1.3 信息化数据 ............................................... 20
#### 2.1.4 接口数据 ................................................. 21
#### 2.1.5 现场多媒体数据 ........................................... 24
### 2.2 工业数据采集手段 .............................................. 26
#### 2.2.1 传感器 ................................................... 26

  2.2.2　RFID……30
  2.2.3　NFC……33
 本章小结……37
 本章习题……37

# 第3章　分布式存储技术……38

 3.1　分布式存储技术概述……39
  3.1.1　分布式存储概念……39
  3.1.2　分布式存储分类……40
 3.2　关键系统构成……41
  3.2.1　分布式文件系统……43
  3.2.2　分布式表格系统……56
  3.2.3　分布式键值系统……71
  3.2.4　分布式数据库……78
 3.3　数据库功能……82
  3.3.1　整体结构……82
  3.3.2　只读事务……89
  3.3.3　写事务……92
  3.3.4　OLAP业务支持……93
 本章小结……96
 本章习题……96

# 第4章　分布式计算技术……97

 4.1　分布式计算概念……98
  4.1.1　分布式程序……100
  4.1.2　分布式运行模型……102
  4.1.3　分布式系统的全局状态……103
  4.1.4　分布式计算的运行分割……105
 4.2　分布式计算模型……108
  4.2.1　传统的C/S模型……108
  4.2.2　集群技术……113
  4.2.3　通用型分布式计算环境……120
  4.2.4　简单对象访问协议（SOAP）……134
 本章小结……138
 本章习题……138

## 第 5 章　大数据分析技术 …………………………………………………………… 139

### 5.1　基础技术 Python 介绍 …………………………………………………… 140
#### 5.1.1　Python 开发环境搭建 ………………………………………………… 140
#### 5.1.2　编写 Python 程序 ……………………………………………………… 144
#### 5.1.3　Python 数据类型 ……………………………………………………… 148

### 5.2　数据可视化基础与应用 …………………………………………………… 151
#### 5.2.1　数据可视化概述 ……………………………………………………… 151
#### 5.2.2　数据可视化工具 ……………………………………………………… 153
#### 5.2.3　数据可视化图表 ……………………………………………………… 157

### 5.3　数据预处理 ………………………………………………………………… 161
#### 5.3.1　数据清洗 ……………………………………………………………… 163
#### 5.3.2　处理缺失数据 ………………………………………………………… 164
#### 5.3.3　识别错误分类 ………………………………………………………… 165
#### 5.3.4　识别离群值的图形方法 ……………………………………………… 166

### 5.4　数据挖掘技术 ……………………………………………………………… 168
#### 5.4.1　朴素贝叶斯 …………………………………………………………… 169
#### 5.4.2　决策树 ………………………………………………………………… 171
#### 5.4.3　神经网络 ……………………………………………………………… 173
#### 5.4.4　深度学习 ……………………………………………………………… 176

### 本章小结 …………………………………………………………………………… 178
### 本章习题 …………………………………………………………………………… 178

## 第 6 章　工业大数据典型应用 ……………………………………………………… 179

### 6.1　工业大数据在智能机床中的应用 ………………………………………… 180
#### 6.1.1　机床数据采集存储 …………………………………………………… 180
#### 6.1.2　机床数据监测管理 …………………………………………………… 183
#### 6.1.3　机床故障分析诊断 …………………………………………………… 187

### 6.2　工业大数据在发动机中的应用 …………………………………………… 190
#### 6.2.1　航空发动机的数字孪生 ……………………………………………… 190
#### 6.2.2　发动机测试实验与故障诊断 ………………………………………… 195
#### 6.2.3　发动机装配质量预测 ………………………………………………… 198

### 6.3　工业大数据在智能电网中的应用 ………………………………………… 201
#### 6.3.1　电力需求预测 ………………………………………………………… 202
#### 6.3.2　电力设备检测 ………………………………………………………… 206
#### 6.3.3　电能质量分析 ………………………………………………………… 209

  6.3.4 电力异常分析与短期负荷预测 …… 216
 6.4 工业大数据在生产线中的应用 …… 218
  6.4.1 航空发动机叶片生产线 …… 218
  6.4.2 线缆生产线 …… 224
  6.4.3 自动灌装生产线 …… 229
  6.4.4 表面贴装生产线 …… 234
 本章小结 …… 238
 本章习题 …… 238

# 缩略语 …… 239

# 参考文献 …… 242

# 第1章 工业大数据概述

▶ 学习目标

1. 掌握工业大数据的定义。
2. 了解工业大数据的特征。
3. 掌握工业大数据的基本框架。
4. 了解工业大数据与大数据的区别。
5. 掌握工业大数据分析与大数据分析的区别。
6. 了解新一代智能制造与工业大数据的关系。
7. 了解工业大数据的现状与前景。

▶ 内容导学

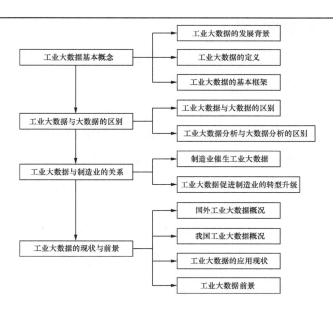

## 1.1 工业大数据基本概念

### 1.1.1 工业大数据的发展背景

近年来,信息技术发展迅猛,已融入当今社会的方方面面。随之发展起来的大数据、物联网等技术也更加成熟,这些新技术的广泛应用致使全球范围内正发生一场新的工业革命。面对变革,各工业发达的国家均制定了旨在推动本国制造业再次发展的规划,无论是德国提出的"工业4.0",还是美国定义的"工业互联网",大数据在其中都发挥着重要作用,可以说,工业大数据已成为新一轮工业革命的重要动力。

工业大数据以工业系统的数据采集、特征分析为基础,对产品的质量、生产效率、用户体验及产业链进行更有效的优化,并为未来的制造系统搭建无忧的环境。大数据在工业领域的兴起主要由以下因素决定。

(1)在设备自动化过程中,控制器产生了大量的数据,然而这些数据蕴藏的信息和价值并没有被充分挖掘;(2)传感器技术和通信技术的发展使实时数据的获取成本不再高昂;(3)嵌入式系统、低能耗芯片、处理器、云计算等技术的兴起使设备的运算能力大幅提升,具备了实时处理大数据的能力;(4)制造流程和商业活动变得越来越复杂,依靠人的经验和分析已经无法满足复杂的管理和协同优化的需求。

由此可知,一方面,随着物联网等技术的发展,工业领域中大量的数据可以被有效地采集、存储和计算;另一方面,随着生产管理越来越复杂,企业产生了对工业数据进行深度分析的需求。因此工业大数据应运而生,它必将极大地推动工业的转型升级。

### 1.1.2 工业大数据的定义

工业大数据是一个全新的概念,仅从字面上理解,工业大数据是指在工业领域信息化应用中所产生的海量数据。随着信息化与工业化的深度融合,信息技术渗透到工业企业产业链的各个环节,条形码、二维码、射频识别(Radio Frequency Identification,RFID)、工业传感器、工业自动控制系统、企业资源计划(ERP)等技术在工业企业中得到了广泛应用,尤其是互联网、物联网等新一代信息技术在工业领域的应用,工业企业进入互联网工业的新的发展阶段,工业企业所拥有的数据也日益丰富。根据《工业大数据白皮书(2019版)》,工业大数据的来源如表1-1所示。

由表1-1可知,工业大数据的来源主要有3类,分别是业务数据、制作过程数据和企业外部数据。工业数据广泛分布于管理系统、机器设备、互联网等各个环节,具有多源性,且工业企业中生产线经常处于高速运转状态,由工业设备所产生的数据量远大于企业中计算机和人工产生的数据,从数据类型来看也多是非结构化数据。因此,工业数据量大且结构复杂,既有结构化和半结构化数据,也有非结构化数据。

表 1-1　工业大数据的来源

| 数据来源 | 详细介绍 |
|---|---|
| 企业运营管理相关的业务数据 | 这类数据来自企业信息化范畴,包括企业资源计划(ERP)、产品生命周期管理(PLM)、供应链管理(SCM)、客户关系管理(CRM)和能耗管理系统(EMS)等,此类数据是工业企业传统意义上的数据资产 |
| 制造过程数据 | 主要是指在工业生产过程中,装备、物料及产品加工过程的状态参数、环境参数等生产情况数据 |
| 企业外部数据 | 包括企业产品售出之后的使用、运营情况的数据,同时还包括大量客户名单、供应商名单、外部的互联网等数据 |

当前,工业界已经形成了关于工业大数据定义的共识,根据中华人民共和国工业和信息化部《关于工业大数据发展的指导意见》(2020 年 5 月)中的定义,工业大数据是工业领域产品和服务全生命周期数据的总称,包括工业企业在研发设计、生产制造、经营管理、运维服务等环节中生成和使用的数据,以及工业互联网平台中的数据等。

### 1.1.3　工业大数据的基本框架

工业大数据的主要作用是实现信息世界和物理世界的联通,从而推动工业的智能化转型。因此,工业领域的海量数据并不是人们关注的焦点,人们更加注重工业数据所能带来的价值。为了有效地利用工业大数据,需要解决数据的采集、存储、计算和分析等相关问题。工业大数据的整体框架如图 1-1 所示。首先,通过各类管理系统、传感器、互联网等采集工业领域中产品和服务在全生命周期的数据。由于这些数据量大且结构复杂,因此需要使用分布式技术对这些数据进行存储和计算,其中分布式存储可以将分散的存储资源构成一个虚拟化存储设备,具有规模大、成本低的优势;分布式计算可以将需要巨大计算能力才能解决的问题分成

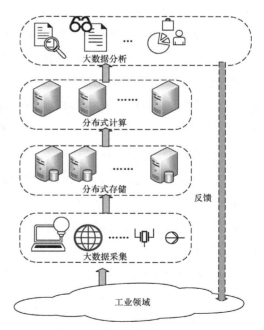

图 1-1　工业大数据的框架

许多小的部分,分配给多台计算机进行处理,具有计算效率高的优势。为了挖掘工业大数据背后的潜在价值,可以使用较为成熟的大数据处理和挖掘技术对累积的工业大数据进行

分析，例如数据可视化技术、数据预处理技术、数据挖掘技术等。通过对这些技术的合理应用，可以获取具有应用价值的知识信息，这些知识信息可以指导工业领域进行产品和服务的优化，从而实现工业的智能化。

## 1.2 工业大数据与大数据的区别

### 1.2.1 工业大数据与大数据的区别

大数据是指数据规模超出传统数据库管理软件的获取、存储、管理及分析能力的数据集，它具有数量大、多样化、快速和价值密度低等特点，需要新的技术手段来处理。大数据给各行业的传统模式带来了巨大的挑战和机遇。

工业大数据是大数据的一个应用行业。它除具有一般大数据的特征外，还具有时序性、强关联性、准确性、闭环性等特征，具体如图1-2所示。

（1）时序性（Sequence）：工业大数据具有较强的时序性，如订单、设备状态数据等。

（2）强关联性（Strong-Relevance）：一方面，处于产品生命周期同一阶段的数据具有强关联性，如产品零部件组成、工况、设备状态、维修情况、零部件补充采购等；另一方面，产品生命周期的研发设计、生产、服务等不同环节的数据之间也需要进行关联。

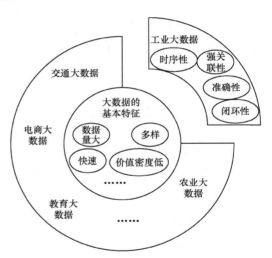

图1-2 工业大数据与大数据的区别

（3）准确性（Accuracy）：主要指数据的真实性、完整性和可靠性，更加关注数据质量及处理、分析技术和方法的可靠性。工业生产对数据分析的置信度要求较高，仅依靠统计相关性分析不足以支撑故障诊断、预测预警等工业应用，需要将物理模型与数据模型结合，挖掘因果关系。

（4）闭环性（Closed-loop）：主要包括横向闭环和纵向闭环。其中，横向闭环是指产品在全生命周期中数据链条的封闭。纵向闭环是指智能制造在数据采集和处理过程中，需要支撑状态感知、分析、反馈、控制等闭环场景下的动态持续调整和优化。

### 1.2.2 工业大数据分析与大数据分析的区别

工业大数据具有与其他领域的大数据不同的特征，工业大数据本身较为复杂，且对分析结果的准确度要求较高,这给工业大数据的分析带来了挑战。美国国家科学基金会智能维护系统产学合作中心的创始人和主任李杰(Jay Lee)教授认为,工业大数据的分析技术核心是要解决重要的"3B"问题,并给出了相应的解决思路。具体如表1-2所示。

表1-2 工业大数据的分析技术所要解决的问题和思路

| "3B"问题 | 详解 | 解决思路 |
| --- | --- | --- |
| 隐匿性(Below Surface),即需要洞悉特征背后的意义 | 工业大数据注重特征背后的物理意义及特征之间关联性的机理逻辑,需要知其所以然 | 数据特征的提取,即结合工业领域的专业知识,提取更有价值的特征 |
| 碎片化(Broken),即需要避免断续,注重时效性 | 工业大数据注重数据的"全",即面向应用要求具有尽可能全面的使用样本,以覆盖工业过程中的各类变化条件,保障从数据中能够提取出反映对象真实状态的全面性信息。然而感知源的多样性和相对异步性或无序性,导致能够获得的工业数据虽然量大,但在分析过程中,针对数据特征或变化要素却仍然呈现出遗漏、分散、断续等特点 | 工业大数据一方面需要在后端的分析方法上克服数据碎片化带来的困难,利用特征提取等手段将这些数据转化为有用的信息;另一方面更需要从数据获取的前端设计中以价值需求为导向制定数据标准,进而在数据与信息流通的平台中构建统一的数据环境 |
| | 工业大数据的价值具有很强的时效性,即当前时刻产生的数据如果不迅速转变为可以支持决策的信息,其价值就会随时间的流逝而迅速衰退 | 工业大数据的处理手段需要具有很强的实时性,对数据流需要按照设定好的逻辑进行流水线式的处理 |
| 低质性(Bad Quality),即需要提高数据质量,满足低容错性 | 工业大数据对预测和分析结果的容错率低,低质量的数据可能会直接影响分析过程而导致结果无法利用 | 工业大数据分析并不仅依靠算法工具,还需要注重逻辑清晰的分析流程和与分析流程相匹配的技术体系 |

从工业大数据的特点和所要解决的核心问题可知,在工业大数据中,一方面,由于数据采集环境复杂且数据源多,采集到的数据质量参差不齐,无法满足分析的需求;另一方面,工业大数据本身又具有强关联性和时序性等特点,并且工业大数据的价值在于使用分析结果来指导工业过程,如果分析结果出现错误,极有可能会对工业生产造成比较大的损失,也就是说,工业生产对数据分析结果的容错率低,这就产生了供给侧和需求侧之间的矛盾。因此在工业大数据分析中,需要更加注重分析结果的准确性和可解释性,并且工业大数据分析需要不断地迭代。工业大数据分析的特点如图1-3所示。

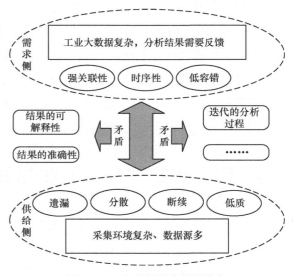

图1-3 工业大数据分析的特点

### 1. 分析结果的准确性和可解释性

在工业领域，分析和预测结果出现错误很可能会对生产造成重大的损失，错误有可能是由采集到的数据质量低导致的，也有可能是分析挖掘算法缺乏普适性导致的。因此在数据采集中，应当注重数据标准的制定，推动工业通信协议兼容化，尽可能地提高数据采集的质量。工业大数据具有体量大、价值密度低等特点，因此需要结合相关领域的专业知识，采用特征提取等手段将其转换为有用的信息。在对工业大数据进行分析与挖掘时，应当尽可能采用相对比较成熟且易于解释的算法。简言之，为了提高工业大数据分析结果的准确性，需要从数据采集、特征提取和算法选择3个方面进行考虑。不同于其他领域的大数据分析，工业大数据分析除了对数据本身进行挖掘和关联外，还需要充分利用工业相关的背景知识对结果进行解释，从而确保分析结果的准确和有效，创造更大的价值。

### 2. 工业大数据分析需要不断地迭代

工业大数据具有闭环性的特点，分析结果需要反馈至真实的工业应用场景中，而数据分析本身也是一个由简单到复杂的过程，在初始分析时，数据累积不足或算法参数设置不准确，有可能导致分析结果不能很好地改进工业过程，因此工业大数据分析需要不断地对模型进行修正和完善，结合分析结果对工业过程的改进程度和工业领域的相关知识进行参数调整和有针对性地数据采集，往复迭代，从而提高模型的稳健性和准确性。但是在工业产品的生产过程中，由于初始模型的结果并不完善，直接将其反馈至真实的工业场景中，很可能会对生产造成较大的损失，因此哈尔滨工业大学王宏志教授等在《工业大数据分析综述：模型与算法》中认为，在未来的工业大数据分析中，可以设计模拟器，依据工业生产的规律模拟实际生产过程并产生数据，为工业大数据分析模型和算法的研究提供仿真实验环境，这样可以在一定程度上降低迭代过程中的成本。

由于工业领域的特殊性，工业大数据分析对结果的准确性和可解释性都有更高的要求，并且其分析过程需要不断迭代。随着工业大数据分析需求的不断增长，工业企业等机构对工业大数据分析的投入也会越来越大，更加适合工业应用的分析模型也会越来越多。

## 1.3 工业大数据与制造业的关系

美国密歇根大学 S.M Wu 制造研究中心倪军教授认为，制造业是一个工业化国家的重要基础，在 2008—2009 年的世界经济危机之后，许多国家重新认识了制造业的重要性，并制定了一系列的政策来夯实本国的制造业基础。例如美国政府推出的"先进制造业伙伴计划"，德国政府启动的"工业 4.0"国家战略。在这些国家战略的背后都有一个共同点，那就是对加快发展工业大数据和信息物理系统相关技术的重视,并以此作为未来制造业发展的新驱动力。清华大学王建民教授在《智能制造基础之工业大数据》中认为制造业向智能化转型的过程中,将催生工业大数据的广泛应用。工业大数据的应用,不仅是未来提升制造业生产力、竞争力、创新能力的关键要素,也是目前全球工业转型必须面对的重要课题。

工业大数据与制造业是一个相互促进的关系,一方面,制造业在逐步智能化的过程中产生了大量的数据,催生了工业大数据;另一方面,对工业大数据的合理利用可以进一步促进制造业的智能化,如图 1-4 所示。

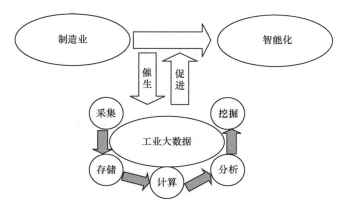

图 1-4　工业大数据和制造业的关系

### 1.3.1　制造业催生工业大数据

随着信息技术的发展,制造业逐步走向智能化,在这个过程中,衍生了多种多样的数据,有结构化数据,如电子化的订单记录表、采购清单、销售记录表等;半结构化数据,如产品相关的网页等;非结构化数据,如设计的 CAD 图纸、生产过程中的视频图像数据等。制造业产生的数据量大,并且数据随着产品的生产制造过程不间断地生成,有些数据可以通过管理系统、互联网采集获取,例如通过产品数据管理系统,可以将制造业企业的产品从设计到生产全部数据化;而有些数据则需要通过传感器获取,例如制造业企业生产过程中的温度、振动、压力等数据。

采用关系型数据库与本地文件系统结合的传统存储方式已经无法满足制造业数据存储的需求。一方面,传统存储方式以单机存储为主,无法为大规模数据提供高效存储和快速计算的支持;另一方面,传统存储方式管理的数据类型单一,关联简单,无法适应类型多样且关系复杂的制造业大数据。近年来,分布式存储技术和 NoSQL 技术得到快速发展,例如 HDFS(Hadoop 分布式文件系统)、图形数据库。分布式存储可以弹性扩展存储容量,适合制造业持续累积的大规模数据的存储。NoSQL 数据库基于动态结构,很容易适应数据类型和结构的变化。因此随着存储技术的进步,制造业在逐步智能化的过程中产生的结构化、半结构化和非结构数据都可以被有效地存储起来,从而催生了工业大数据时代,具体如图 1-5 所示。

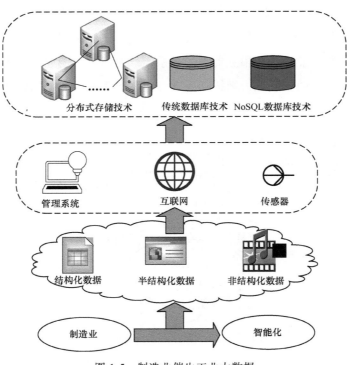

图 1-5　制造业催生工业大数据

## 1.3.2　工业大数据促进制造业的转型升级

近年来,分布式计算技术和大数据分析技术发展迅猛,这为制造业大数据的有效分析和合理利用奠定了基础。分布式计算技术可以将任务分解成多个小任务,分配给多个计算节点进行处理,然后再将结果进行汇总,从而节约整体的计算时间,提高计算效率。大数据分析技术可以帮助制造业企业从海量的数据中挖掘出有价值的信息,从而指导企业的生产与管理,促进制造业的智能化,具体如图 1-6 所示。例如,大数据分析技术可以基于销售数据分析用户的喜好与购买习惯,形成用户画像,从而帮助制造业企业提升营销的针对性。基于传感器数据也可以实现多种形式的分析,例如能耗分析、生产设备故障预测等,从而优化生产流程、及时发现并更换具有故障的设备。

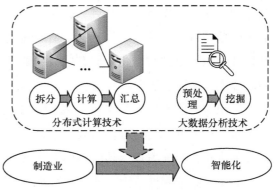

图 1-6　工业大数据促进制造业的转型升级

以生产设备故障预测为例,传统的设备维修方式大多为定期检修,若定期检修间隔时间短,会造成生产时间的浪费，导致设备"过维修"；而定期检修间隔时间长，会容易出现安全问题，导致设备"欠维修"。并且定期检修需要对设备各组件逐一排查，缺少针对性，浪费了大量的有效生产时间。此时可以对累积的生产设备历史监测数据进行分析与挖掘，提取出有用的信息，从而进行故障预测。在进行故障预测时，可以将故障预测问题转换为分类问题，将正常状态视为一类，故障状态和接近故障状态视为另外一类。一般而言，工业设备的可靠性都是较高的，在绝大多数情况下的状态是正常的，接近故障状态和故障状态的数量远少于正常状态的数量，这是一个类别不平衡的分类问题，此时可以采用插值的方式对少数类样本进行上采样，或是采用聚类的方式对多数类样本进行下采样，在一定程度上缓解类别不平衡的问题，再使用合适的分类模型进行训练。当新的生产设备监控数据到来时，可以使用训练好的模型来判断设备是否即将发生故障，这样可以缩小检修时的排查范围，节约生产制造时间。

中国信息通信研究院泰尔实验室详细分析了工业大数据对制造业转型升级的作用模式，如表 1-3 所示。

表 1-3  工业大数据对制造业转型升级的作用模式

| 作用模式 | 详细介绍 |
| --- | --- |
| 创新研发设计模式，实现个性化定制 | （1）实现定制化设计。企业通过挖掘和分析客户的动态数据，帮助客户参与到产品的需求分析和设计中，实现定制化设计，再依托柔性化的生产流程，为用户量身定做产品。<br>（2）利用大数据进行虚拟仿真。利用虚拟仿真技术，对原有的研发设计环节进行模拟、分析、评估、验证和优化，从而减少工程更改量，优化生产工艺，降低成本和能耗。<br>（3）促进研发资源集成共享和创新协同。企业通过促进设计数据在企业内部以及供应链上下游企业间的共享来实现（供应链中设计数据的共享）。<br>（4）培育研发新模式。基于设计资源的社会化共享和参与，企业通过开展众创、众包等研发新模式来实现（社会中设计资源的共享） |
| 建立先进生产体系，实现智能化生产 | （1）提升车间管理水平。现代化工业制造生产线安装有大量的小型传感器来探测各类数据，利用这些数据可以实现多种形式的分析。<br>（2）优化生产流程。将生产制造过程中各个环节的数据整合集聚，并对工业产品的生产过程建立虚拟模型，仿真并优化生产流程。<br>（3）推动现代化生产体系的建立。主要实现途径是通过对制造生产全过程的自动化控制和智能化控制，促进信息共享、系统整合和业务协同 |
| 优化经营管理体系，实现精益化管理 | （1）优化工业供应链。利用完整的产品供应链的大数据进行分析，可以得到更好的决策来优化供应链。<br>（2）推动经营管理全流程的衔接和优化。整合企业各类数据资源，通过对数据的挖掘与分析，能够帮助企业实现经营管理全流程的无缝衔接和业务协同，促进各类流程的整合、重组和优化 |
| 促进商业模式创新，实现服务型制造 | 大数据将帮助工业企业不断创新产品和服务，发展新的商业模式。通过对产品运行数据、销售数据和客户数据的分析与预测，企业能够提供个性化、在线化、便捷化的增值服务，使得以产品为核心的经营模式向"制造+服务"的模式转变 |

总之，工业大数据的应用涉及制造业的设计、研发、生产、供应链、经营管理和商业模式等方面，全方位地推动了制造业的转型升级。

## 1.4 工业大数据的现状与前景

### 1.4.1 国外工业大数据概况

**1. 德国"工业 4.0"**

"工业 4.0"研究项目由德国联邦教研部与联邦经济技术部联手资助，在德国工程院、弗劳恩霍夫协会、西门子公司等德国学术界和产业界的建议和推动下形成，并上升为国家级战略。"工业 4.0"在 2013 年的汉诺威工业博览会上正式推出，其核心目的是为了提高德国工业的竞争力，在新一轮工业革命中占领先机。

"工业 4.0"包含两大主题，分别是"智能工厂"和"智能生产"。而工业大数据是实现智能工厂和智能生产的基础。因此，德国弗劳恩霍夫协会下的 IAIS（智能分析和信息系统）研究所在德国"工业 4.0"项目中，启动和领导了德国工业数字化创新的工业数据空间子项目（IDS），该子项目专注于跨行业数据代理交换和数据应用，其目的是将分散的工业数据转换为一个可信的数据网络空间。工业大数据是连接德国工业 4.0 的上游智能制造和下游智能服务的重要部分，得到越来越多的关注。

**2. 美国工业互联网**

自 2008 年经济危机之后，美国更加认识到制造业对国家经济社会发展的重要性，美国通用电气公司（GE）于 2012 年底提出了"工业互联网"的概念。"工业互联网"倡导将人、数据与机器连接起来，形成开放的工业网络。其内涵超越了工业生产过程，贯穿了工业产品的整个生命周期。"工业互联网"是美国"再工业化"战略的一项重要内容，旨在将工业革命和互联网革命结合起来，在制造业领域推广应用物联网、云计算、大数据分析等新一代信息技术，以此改造制造业生产的产品服务和管理过程，进而为美国在先进制造方面确立国际竞争优势、抢占发展制高点奠定坚实的基础。

美国工业互联网的概念与工业大数据有很多相同之处，它们都是通过物联网等技术采集工业产品整个生命周期的数据，再利用云计算和大数据分析等技术从中获取有价值的信息，以此来改造产品服务的生产和管理。

**3. 法国"未来工业"**

为了重塑法国的工业实力，法国在 2013 年公布了"新工业法国"计划，该计划包含了 34 项具体计划，主要涉及能源、数据革命和经济生活。2015 年，法国启动"未来工业"计划,这标识着"新工业法国"战略进入第二阶段。"未来工业"是"新工业法国Ⅱ"的核心,其主要内容是实现工业生产向数字和智能制造转型,以生产工具的转型升级带动商业模式变革,"未来工业"明确提出以数字技术推进工业的转型升级,这与工业大数据的理念基本相同,工业大数据是推动工业生产向数字和智能制造转型的关键因素。

#### 4. 日本"下一代制造业"

日本制造业曾在较长时期内存在高成本和价值链分散化的问题。当前,日本以"工业智能化"作为利用大数据促进制造业发展的突破口。日本经济产业省在《2014年制造业白皮书》中提到,日本制造业在积极发挥信息技术作用方面落后于欧美,建议转型至利用大数据的"下一代制造业"。《2016年制造业白皮书》中指出,由于劳动年龄人口的减少,为强化制造业竞争力,需要充分利用大数据和机器人。《2017年制造业白皮书》建议,在利用机器人和人工智能提升业务效率的同时,人们应借助从生产现场获取的数据从事高附加值的工作。《2018年制造业白皮书》和《2019年制造业白皮书》则都提出把互联网工业作为日本制造的追求目标。在日本近几年的制造业白皮书中,都提到了在制造业中要充分利用大数据、互联网工业。

### 1.4.2 我国工业大数据概况

近几年来,我国一直致力于信息化和工业化的高层次融合和工业大数据的发展,并出台了一系列的政策,如图1-7所示。

图1-7 我国工业大数据概况

2011年工业和信息化部印发《物联网"十二五"发展规划》,提出要大力攻克相关的核心技术,包括感知技术、传输技术、处理技术和共性技术,这些技术对于工业大数据的采集、传输、存储和处理都起着至关重要的作用。

2014年,"大数据"首次写入我国政府工作报告。从这一年开始,中国大数据产业蓬勃发展。

2015年，国务院印发《促进大数据发展行动纲要》。《促进大数据发展行动纲要》在主要任务中提出发展工业大数据，利用大数据推动信息化和工业化的深度融合，积极推动制造业网络化和智能化。工业和信息化部、国家标准化管理委员会联合发布的《国家智能制造标准体系建设指南（2015年版）》，确定工业大数据属于智能制造标准体系五大关键技术之一，并定义了工业大数据标准。

2016年年底，工业和信息化部印发了《大数据产业发展规划（2016—2020年）》，该规划指出，要深化工业大数据的创新应用，主要包括加快工业大数据基础设施建设、推进工业大数据全流程应用和培育数据驱动的制造业新模式。

2018年，工业和信息化部发布《工业互联网发展行动计划（2018—2020年）》，在工业互联网平台建设行动中提到，要支持建设涵盖基础及创新技术服务、监测分析服务、工业大数据管理、标准管理服务等的平台公共支撑体系。

2020年，工业和信息化部发布《关于工业大数据发展的指导意见》，具体可见图1-8。

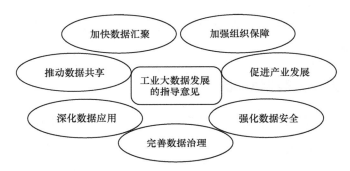

图1-8　工业和信息化部《关于工业大数据发展的指导意见》

《关于工业大数据发展的指导意见》涉及工业大数据的方方面面，包括工业数据的汇聚、共享、应用、治理、安全，以及产业发展和组织保障，构建了一个系统推进工业大数据发展的政策架构体系。

### 1.4.3　工业大数据的应用现状

国内外很多工业企业都已经认识到工业大数据所蕴藏的价值，并利用工业大数据改善了自己的生产、运维等环节。

日本丰田公司在实施空气压缩机的智能化升级时，首先收集分类控制和监控参数，完成数据的采集与累积，然后基于降维和支持向量机等数据挖掘方法建立分类模型，最终验证预测分析工具的有效性，并将其反馈集成至压缩机的控制系统中，实现了压缩机设备的智能化改造。日本尼桑公司在对工业机器人进行健康管理时，采集大量机械臂的数据，并进行聚类分析，形成一个个机械臂的"虚拟社区"，通过比较每一个机械臂与集群的差异性来判断其异常程度，这样就可以避免不必要的检查和维护工作。

红领集团通过其大数据信息系统实现了从用户个性化设计订单到生产过程的无缝对接。首先通过多种方案采集用户数据，例如量体数据，建立用户的数据档案，除了量体数据的定制化，客户还可以定制颜色、图案等，当客户在网上完成下单之后，这些定制化的设计可以被转变为生产指令数据，在某件西服的生产过程中，工人只需要从云端获取该西服的制作指令数据，按要求操作即可。通过工业大数据，红领集团让客户也参与到了西服的设计和生产过程中，不但提高了客户满意度，还降低了库存成本。兰州兰石集团建立远程运维云平台，该云平台主要有 3 个层次：数据接入层、数据管理层和智能应用层。该云平台通过对车间设备等实时状态数据的采集、建模、存储、分析，实现了智能产品远程运维及诊断等一系列应用功能。

### 1.4.4 工业大数据前景

综上所述，不管是在国家层面还是企业层面，工业大数据均获得了很大的关注，并且已经开始应用到各个领域。昆仑数据首席数据科学家田春华等在《工业大数据的实践与认识》中，从市场规模、行业应用、应用类型、数据资产等方面对工业大数据的发展现状进行了总结，具体如图 1-9 所示。

在市场规模方面，工业大数据全球市场呈不断增长趋势，我国工业大数据在相关政策方针的推动下也有着可观的增长速度。在行业应用方面，头部企业是大数据使用的主力军，"两化"（信息化和工业化）基础好的企业才有

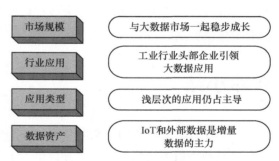

图 1-9 工业大数据发展现状总结

推进大数据的基础。在应用类型方面，根据工业互联网产业联盟在 2019 年的统计，当前工业互联网平台应用主要集中在设备管理服务、生产过程管控和企业运营管理三大类场景，浅层次的应用仍占主导。在数据资产方面，随着物联网和互联网的发展，物联网和外部数据是增量数据的主力，相应的高频应用也将不断涌现。

直属于工业和信息化部中国电子信息产业发展研究院的赛迪顾问发布的数据显示，2016—2019 年，中国工业大数据市场规模稳步增长，年复合增长率达到 38.0%。2019 年整体规模达到 146.9 亿元，同比增长 28.6%，预计 2022 年中国工业大数据市场规模将达到 346.1 亿元。赛迪顾问在《工业大数据深度解读》中，从工业大数据的地位、载体、人才培养等方面对工业大数据的未来进行了研判，如图 1-10 所示。

在未来研判中，赛迪顾问认为，未来工业数据将呈现从消费数据、工业大数据到精准数据流的转变，构建从采集、分析、转化、反馈等环节的精准数据流闭环将成为智能制造

和工业互联网发展的核心。作为工业互联网体系的应用层，工业 App 面向工业产品全生命周期，是工业企业应用数据最简单的方式，方便工业相关知识的应用和复用。同时国家也重视工业 App 的发展，工业 App 将成为工业大数据企业发展的重要载体。故障预测与健康管理（Prognostics Health Management，PHM）的核心是利用先进传感器的集成，借助各种算法和智能模型来预测、监控和管理系统的健康状态，改变设备的传统维护模式，PHM 将成为提升设备利用率的破局点。构建数据闭环有助于实现工业个性化定制，它

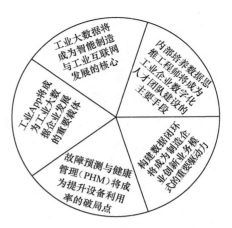

图 1-10　工业大数据的未来研判

将成为制造企业创新业务模式的重要驱动力。在数字化大环境下，工业大数据的使用者既需要掌握大数据相关知识，又需要深刻理解工业领域相关应用，而工业领域市场的进入壁垒较高，工业大数据复合型人才的培养更倾向于工业企业内部培养的模式。

整体来看，我国工业大数据在国家引导建设和相关政策大力扶持的背景下，应用广度和应用深度将会不断加强。工业大数据复合型人才也会越来越多，我国的工业大数据时代必将迎来繁荣期。

## 本章小结

本章作为工业大数据技术的基础，详细论述了工业大数据的发展背景、定义、基本框架，及其与大数据之间的区别，并讨论了工业大数据分析与大数据分析的区别和工业大数据与制造业的关系，详细介绍了国内外工业大数据的概况与应用现状，描述了工业大数据的应用前景。

## 本章习题

1. 什么是工业物联网数据？并举例说明。
2. 如何解释工业数据碎片化？
3. 说明工业大数据与大数据的区别。
4. 说明工业大数据分析与大数据分析的区别与联系。
5. 智能制造兴起的原因有哪些？

# 第2章 大数据采集技术

▶ 学习目标

1. 了解工业大数据的采集类型。
2. 掌握接口数据中 XML 格式和 JSON 格式。
3. 了解工业大数据的采集手段。
4. 了解工业常见传感器的概念、组成原理和发展历程。
5. 掌握 NFC 的工作原理和主要应用模式。

▶ 内容导学

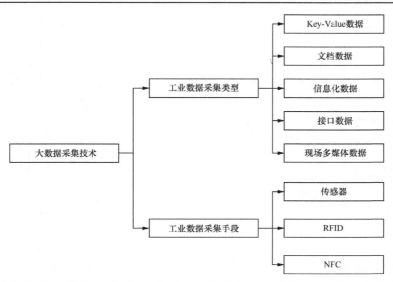

在工业大数据中,数据采集非常重要,是信息世界与外部物理世界连接的桥梁。若是没有数据采集技术,计算机便无法进行数据分析,指导工业生产、提高生产效率更是无从

谈起了。在实际的数据采集过程中，各类信号的采集难易程度相差很大，不仅如此，采集过程中往往会出现一些噪声，这也会对采集的数据造成很大影响。采集数据不仅要注意一些数据采集的基本原理，而且还会有很多的实际问题要解决。

首先介绍一下数据采集的基本原理。数据采集是指将被测对象的各种参量通过各种传感器做适当转换后，再经过信号调理、采样、量化、编码、传输等步骤传递到控制器的过程。

数据采集系统采集数据的具体过程如图 2-1 所示。首先，传感器感知到如温度、力、位移等物理量，获取这些物理量的原始数据，并将这些物理量转变为电信号；接着，数据采集仪扫描并采集这些电信号，并对其进行 A/D 转换，将连续的模拟信号转换为离散的数字信号，再对数字信号进行一次系数换算，将其表示为能代表原始物理量且有着物理意义的数据，并将其记录；最后通过数据采集仪与计算机连接的接口，将存放在数据采集仪中的数据传输到计算机中，计算机就可以对这些数据进行相应的分析处理。

各类数据采集系统的数据采集过程基本相同，基本都是以下 4 个步骤。

（1）传感器等器件感受各种物理量，并把这些物理量转换成电信号；

（2）通过模拟/数字转换，将模拟量的数据转换为数字量的数据；

（3）记录数据，一般为打印输出或者存入磁盘文件；

（4）传输数据，将数据传输到计算机中。

通过这 4 个步骤，生产生活中的各种物理量便可以被采集并存储到计算机中，以供计算机进行进一步的分析应用。

数据采集过程是由数据采集程序控制的，数据采集程序的流程如图 2-2 所示。数据采集程序主要由两部分组成，第一部分是采集准备阶段，第二部分是正式采集阶段。

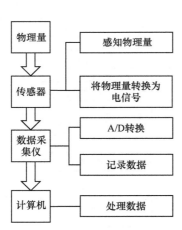

图 2-1　数据采集系统采集数据的具体过程

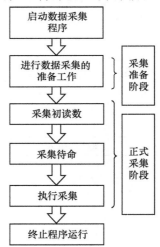

图 2-2　数据采集程序的流程

程序的运行有以下 6 个步骤。

（1）启动数据采集程序；

(2)进行数据采集的准备工作;

(3)采集初读数;

(4)采集待命;

(5)执行采集(一次采集或连续采集);

(6)终止程序运行。

数据采集过程结束后,所有采集到的数据都要存在磁盘文件中,数据处理时可直接从这个文件中读取数据。

至于大数据采集,与传统的数据采集方式既有区别,也有联系。大数据采集是指从传感器和智能设备、企业在线或离线系统、社交网络和互联网平台等渠道获取数据的一个过程。数据根据采集方式可分为传感器数据、RFID 数据、NFC 数据、社交网络交互数据、移动互联网数据等,这些数据有的是结构化的,有的是半结构化的,还有一些是非结构化的。除此之外,大数据采集还有一个最为显著的特点,那就是采集的数据量非常大,采集的数据往往以 PB 为起始单位,有的甚至能达到 ZB 的数据量(1ZB=1 024EB,1EB=1 024PB,1PB=1 024TB,1TB=1 024GB)。总的来说,大数据的"5V"特性,即 Volume(数据量大)、Variety(数据来源多样)、Value(数据价值密度低)、Velocity(速度快,即时效性要求高)、Veracity(真实性,即数据质量高),是其区别于传统数据的主要特性。传统的数据采集手段已经无法满足工业大数据的要求,大数据采集技术还将面临许许多多的挑战。目前来说,大数据采集还存在以下难点。

### 1. 采集的数据质量低

在进行原始的数据采集后,大量的工业数据是"脏"数据。这些数据由于含有大量错误的、遗漏的信息,因此无法直接用于数据分析。要想分析处理这些数据,必须对这些海量数据做进一步的处理,即进行数据的规范与清洗工作。

### 2. 工业数据的协议不标准

在工业领域,不仅有 ModBus、OPC、CAN、ControlNet、DeviceNet、Profibus、Zigbee 等各种类型的工业协议,各自动化设备生产及集成商还开发了各种私有的工业协议。因此,在采集数据时,要在如此众多的工业协议中进行互联互通,是十分困难的。这导致在采集工业数据时,往往无法有效地对数据进行解析。

### 3. 视频传输所需带宽巨大

传统工业数据都是在现场进行采集,视频数据传输也往往只在局域网中进行,带宽不是主要的问题。但随着视频采集技术的普及和视频清晰度的提高,采集的视频数据需要占用大量的存储空间和计算资源，这使得企业很难在局域网中进行视频数据的分析处理工作。近年来，云计算技术发展迅猛，视频等工业数据逐步迁移到公有云已经是大势所趋。而大量的视频文件如何通过互联网顺畅地传输到云端，是开发人员将要面临的巨大挑战。

#### 4. 对原有系统的采集难度大

在工业企业实施大数据项目时，往往不是对传感器或可编程逻辑控制器（Programmable Logic Controller，PLC）进行数据采集，而是对已经完成部署的自动化系统上位机进行数据采集。但是自动化系统在部署时，厂商部署系统的水平有高有低，大量的现场系统没有点表等基础设置数据。不仅如此，大部分系统甚至没有文档和数据接口，导致这部分系统的数据难以采集。

#### 5. 安全性考虑不足

传统的工业系统在局域网中运行时，安全问题不是考虑的重点。但是当通过云端调度工业中最为核心的生产能力时，若是出现了安全上的问题，将会导致数据被窃取，从而造成非常巨大的损失。

尽管大数据采集还存在上述问题，但大数据尤其是工业大数据的价值越来越受到人们的关注，相应的投入也会不断增加。作为大数据利用的起点，大数据采集相关的技术和策略势必也会得到重视和发展。

由于本书主要讨论工业生产过程中的大数据技术，因此主要介绍在工业上应用较多的数据采集手段，如传感器、RFID、NFC等。接下来，本章将从工业数据采集类型与工业数据采集手段两个方面对工业大数据采集技术进行介绍。

## 2.1 工业数据采集类型

工业数据采集的类型不仅要涵盖基础的结构化数据，还要包括如工程图纸这类非结构化数据，甚至未来还有半结构化的用户行为数据、设备和传感器采集的周期性数据、网络爬虫获取的互联网数据，以及越来越多的有潜在意义的各种各样的数据。不过就目前来说，常用的工业数据采集类型主要包括海量的Key-Value数据、文档数据、信息化数据、接口数据、现场多媒体数据。下面将对这几种数据采集类型做更进一步的介绍。

### 2.1.1 Key-Value 数据

Key-Value 键值型数据是工业大数据中一种常见的数据类型。Key 和 Value 的本意是钥匙和值,在计算机应用中常常被用作键值对,其中 Key 是关键字、Value 是关键字对应的值,例如在{"name":"sensor","type":"temperature"}中,name 和 type 是关键字 Key,分别对应的 sensor 和 temperature 是值 Value。

Key-Value 模型的基本原理是在 Key 和 Value 之间建立一个映射关系,类似于散列函数。在 Key-Value 模型中,数据被表达为键值对集合,每个键(Key)在集合中只能出现一次,用户按照键来输入或查询数据。和传统关系模型相比,Key-Value 模型有一个根本的区别,就是没有模式的概念。在传统关系模型中,数据的属性在设计之初就被确定下来了,包括数据类型、取值范围等。而在 Key-Value 模型中,只要确定 Key 与 Value 之间的映射,当遇到一个 Key 时,就可以根据映射关系快速找到与之对应的 Value,其中 Value 的类型和取值范围等属性都是任意的,且对长度一般不做特殊限制。

目前,传感器技术的发展日益成熟,各类工业传感器被大量应用于工业现场,例如温度传感器、压力传感器等。每个传感器在单位时间内产生几 KB 至几十 KB 的数据,这些数据随着工业的生产不断地生成,频率极高,在存储时会涉及频繁读写,但每条数据的内容很少,数据模型较为简单,因此十分适合使用 Key-Value 模型来表述和存储这些数据。

Key-Value 模型的一个主要优点是可以根据 Key 快速找到与之对应的 Value,可以满足传感器数据的周期性访问需求,但是对于非关键字查询和需要逻辑计算的查询,Key-Value 模型的效率较低。因此,为了提高传感器数据的存储和查询效率,在使用 Key-Value 模型表述和存储数据时,需要根据用户的查询需求和原始数据大小合理地构建 Key 和 Value,如图 2-3 所示。

Key 的构建原则是,既要保证 Key 的唯一性,又要体现其逻辑意义。由于 Key 越长,占用的内存就越多,因此 Key 在保证唯一的情况下要尽量简短。对于传感器数据,用户最常见的查询需求是根据传感器标识、时间戳等关键词进行检索,因此 Key 可以设置为"sensorId-timestamp",其中 sensorId 为传感器标识,timestamp 为数据采集时的时间戳。Key 对应的 Value 可以分为两种情况:如果传感器在某一时刻采集的数据量小,可以将原始数据作为 Value;如果传感器数据在某一时刻采集的数据量大,可以将原始数据存储在分布式文件系统中的文件路径信息作为 Value。

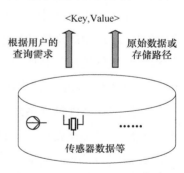

图 2-3　Key 和 Value 的构建

### 2.1.2　文档数据

工业产品在其全生命周期中,会涉及或产生大量的文档数据。例如,在需求分析阶段,会产生产品需求文档等,其中产品需求文档中应该包含产品用户定位、产品功能等信息。

在设计阶段，会产生设计文档、CAD（计算机辅助设计）图纸等，其中，CAD是指利用计算机及其图形设备帮助设计人员进行设计工作。在产品的生产制造阶段，会涉及工艺文档、生产管理手册等，其中，工艺文档应包括工序的主要步骤、要点等内容，生产管理手册应包含生产流程制度、安全生产管理等内容。在销售阶段，会涉及合同、销售方案等，其中销售方案应包含提成管理办法、销售模式等内容。在使用阶段，会涉及产品使用说明书等，其中，产品使用说明书应包含产品的结构特征、使用方法、故障分析及排除等方面的内容。在维修阶段，会涉及维修手册等，其中，维修手册应包含产品各个部件的安装分解步骤及相应的示意图等内容。在报废阶段，会涉及产品报废分析报告等。在回收再生阶段，会涉及再生资源回收实施方案等，如图2-4所示。

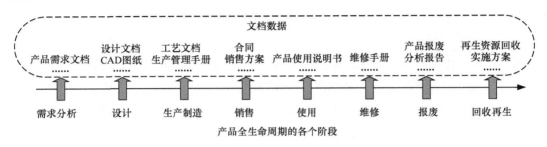

图2-4 工业产品在全生命周期中产生的文档数据

并且，Web网络中多数的半结构化数据是以HTML/XML等文档格式在网络中传输和存储的，网络中的文档数据也是工业大数据的来源之一。工业领域的文档数据数量庞大、结构复杂，传统的关系型数据库无法满足其存储需求，因此出现了专门用来存储管理文档的数据库模型，即面向文档存储。

在早期的文件管理系统中，数据不具备共享性，每个文档只对应一个应用程序，即使多个应用程序都需要相同的数据，它们也必须各自建立属于自己的文档，这样就产生了大量的数据冗余。而面向文档数据库支持数据的共享，文档为处理信息的基本单位。文档型数据库是NoSQL数据库的一种，它主要用来存储、索引并管理面向文档的数据或者类似于文档的半结构化数据。

文档型数据库的存储模式自由，可以将完全不同结构的文档数据存储在同一个数据库中，甚至同一个集合中。在文档型数据库中，集合类似于关系型数据库中的表，但是文档型数据库中的集合不需要定义任何模式。典型的文档型数据库包括MongoDB、CouchDB、Terrastore等。

### 2.1.3 信息化数据

信息化数据是工业企业等在信息化的过程中产生的数据，一般存储在数据库中。信息化是指培养、发展以计算机为主的智能化工具为代表的新生产力的历史过程。信息化以现代通信、网络、数据库技术为基础,将所研究对象的各要素汇总至数据库,供特定人群生活、工作、学习、辅助决策等的一种技术,使用该技术后,可以极大地提高效率,为推动人类社会进步提供强大的技术支持。

信息化代表了一种信息技术被高度应用,信息资源被高度共享,人的智能潜力以及社会的物质资源潜力被充分发挥,个人行为、组织决策和社会运行趋于合理化的理想状态。企业信息化的实质是将企业的生产过程、物料移动、事务处理、现金流动、客户交互等业务过程数字化,通过各种信息系统网络的加工生成新的信息资源,为各层次的人们提供洞悉、观察各类动态业务中的一切信息,以做出有利于生产要素组合优化的决策,使企业资源合理配置,从而使企业能适应瞬息万变的市场经济竞争环境,获得更大的经济效益。

对于工业企业而言,其信息化主要应用在产品研发环节、生产环节、营销环节与管理环节,需要科学应用信息化技术对其进行处理,做好设计创新工作,全面提高企业产品的生产质量,增强营销服务工作效果,满足其实际发展需求。

企业信息化数据在企业生产管理的各个环节都会产生。能够产生企业信息化数据的企业信息化子系统有:办公自动化系统(Office Automation System,OAS)、企业资源计划系统(Enterprise Resource Planning System,ERPS)、制造执行系统(Manufacturing Execution System,MES)、客户关系管理系统(Customer Relationship Management System,CRMS)、企业仓储管理系统(Warehouse Management System,WMS)、产品生命周期管理系统(Product Lifecycle Management System,PLMS)等,如图2-5所示。

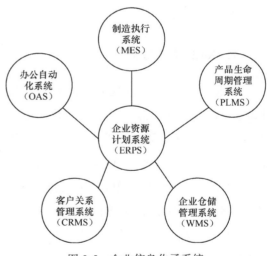

图 2-5　企业信息化子系统

企业资源计划系统(ERPS)的作用是将企业所有资源与信息进行统一的管理。ERPS中的数据很多,不仅包括生产资源数据、财务数据、设备数据等,还包括了产品研发数据、人力资源数据等。除了企业自身的资源与信息外,ERPS管理还包括企业外部供应链上的所有信息。由于ERPS本身就是一个计算机系统,上述数据往往都存储在数据库中,因此在采集这部分数据时,可以直接从数据库中读取。

### 2.1.4　接口数据

随着工业信息化程度的不断提高,在工业企业内部存在多种信息系统,例如销售管理系统、生产管理系统。为了充分利用不同类型数据库的优势，不同的信息系统使用不同数据库的情况十分常见，这些数据库中的数据存储方式可能不同，从而会造成系统间的数据交互困难。并且工业在向智能化转型的过程中，不同类型信息系统之间的数据交互需求也日益强烈，例如，为了实现个性化定制，生产管理系统需要使用销售管理系统中的用户定制数据，两个系统一般不在同一个内存空间，因此会涉及远程过程调用（Remote Procedure Call，RPC）的概念。为了实现远程过程调用中的数据交换，XML-RPC、JSON-RPC、SOAP等规范相继出现。其中，XML-RPC和SOAP都是基于XML格式的消息交换，而JSON-RPC是基于JSON格式的消息交换。在数据交换的过程中就产生了大量的接口数据，本节重点介绍接口数据中常见的XML格式和JSON格式，如图2-6所示。

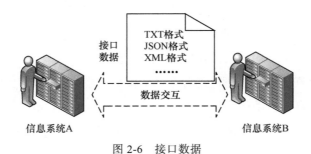

图 2-6　接口数据

### 1. XML 格式数据

数据交互的核心问题是信息描述的标准化，可扩展标记语言（Extensible Markup Language，XML）提供了一种可用于进行数据交换的标准通用标记语言，与具体的数据平台无关，特别适合于实现工业中异构系统间的数据交互，图2-7为XML格式数据示例，从示例中可以看出，XML具有良好的格式，每个标记都有结尾标记，例如：\<team\>生产车间\</team\>。在工业领域中使用XML格式的接口数据有以下优势。

（1）开放的标准。针对工业产品生产设计中的不同术语和描述，可自行定义XML标签。

（2）选择性更新。即通过XML的标签结构，当工业相关数据有变化需要更新时，例如用户个性化订单中某个需求需要更新，XML可实现数据在小范围内的可选择性更新，而不用对全部数据进行重发。

（3）XML是新一代互联网数据表示和交换的事实标准，有利于工业企业和互联网间的数据交互。

```
<?xml version="1.0" encoding="utf-8"?>
<factory>
    <name>A工厂</name>
    <department>
        <name>生产部门</name>
        <teams>
            <team>生产车间</team>
            <team>化验科</team>
            <team>仓储科</team>
        </teams>
    </department>
    <department>
        <name>市场部门</name>
        <teams>
            <team>市场管理科</team>
            <team>信息广告科</team>
        </teams>
    </department>
</factory>
```

图 2-7　XML 格式数据示例

## 2. JSON 格式数据

JSON（JavaScript Object Notation）是一种轻量级的、具有独立语言的文本数据交换格式，基于 JavaScript 编程语言的一个子集。JavaScript 是一种解释型或即时编译型的高级编程语言，常常被用来开发 Web 页面。

JSON 采用完全独立于编程语言的文本格式来存储和表示数据，具有简洁清晰的层次结构和良好的读写性能，并且方便机器进行解析和生成。与 XML 数据交换格式相比，JSON 文档更小，解析速度更快。高兼容性的 JSON 同样可以作为工业中异构平台间数据交互的中间逻辑数据格式，图 2-8 为 JSON 数据格式示例，从示例中可以看出，JSON 数据的书写格式为键值对。在工业领域中使用 JSON 格式的接口数据主要有以下几个优势。

（1）JSON 是一种灵活简洁的数据描述格式，并且完全可以描述工业领域中的结构化数据、半结构化数据，以及关系数据库、对象数据库等多种数据源的内容；

```
{
  "name":"A工厂",
  "department": [{
    "name":"生产部门",
    "teams": {
      "team":["生产车间","化验科","仓储科"]
    }
  }, {
    "name":"市场部门",
    "teams": {
      "team":["市场管理科","信息广告科"]
    }
  }]
}
```

图 2-8　JSON 格式数据示例

（2）JSON 使用数组，不使用保留字，用户可以自定义描述关键字，十分适合描述工业设备中经常会变更字段的数据；

（3）JSON 非常易于解析和数据处理，在工业领域的异构系统间进行数据交换时灵活便捷，可以大大提高数据交换处理的速度和效率。

XML 和 JSON 都是开放式数据交换格式，且 XML 格式和 JSON 格式也可以互相转换，二者相关特性的比较如表 2-1 所示。

表 2-1　JSON 格式和 XML 格式的对比

| | JSON 格式 | XML 格式 |
| --- | --- | --- |
| 流行度 | 开始推广 | 已被广泛使用 |
| 占用空间 | 小 | 大 |
| 传输速度 | 快 | 一般 |
| 数据描述 | 一般 | 较好 |
| 数据编码与解码 | 容易 | 一般 |
| 扩展性 | 良好 | 良好 |

综上所述，XML 格式和 JSON 格式各有利弊，在流行度、数据描述方面，XML 格式更优，而在占用空间、传输速度、数据编码与解码方面，JSON 格式更优。因此，工业企业应根据实际业务选择接口数据的格式，例如对于结构复杂的接口数据使用 XML 格式，结构简单的接口数据使用 JSON 格式。

### 2.1.5 现场多媒体数据

**1. 多媒体数据的概念**

为了保证工业生产的安全，方便事故的回溯，在工业现场一般会安装很多图像设备、音频采集器、视频监控设备等，这些设备会产生大量的图像数据、音频数据和视频数据，这些数据统称为现场多媒体数据。

（1）图像数据

图像数据主要来自工业现场各类图像设备拍摄的图片。比如巡检人员用手持设备拍摄的设备、环境信息图片等，典型的工业图像数据示例如图 2-9 所示。

图 2-9　工业图像数据示例

对于真实的世界，图像一般是由图像上每一点光的强弱和频谱（颜色）来表示的。当人们把图像信息转换成数据信息时，必须将图像分解为很多个小区域，每一个小区域称为一个像素。按照一个像素内取值的不同，图像数据可被分为二值图像、灰度图像与彩色图像三种。二值图像，顾名思义，就是每一个像素只有 0 和 1 两种取值，其中 0 代表黑，1 代表白；灰度图像介于二值图像与彩色图像之间，每个像素可以取多位来表示不同的介于黑白之间的颜色深度，即灰度，例如取 8 位便可以表示 256 级灰度；而彩色图像的每个像素由 R、G、B 三个分量构成，分别对应红、绿、蓝三种不同的颜色，以此来表示任意的颜色。

（2）音频数据

音频数据就是数字化的声音数据，主要包括语音及声音信息。例如操作人员的通话、设备运转的音量等。数字化声音的过程实际上就是以一定的频率对连续的模拟音频信号进行模数转换（Analog-to-Digital）得到音频数据的过程。数字化声音的播放就是将音频数据进行数模转换（Digital-to-Analog）变成模拟音频信号输出。在数字化声音时有两个重要的指标，即采样频率（Sampling Rate）和采样大小（Sampling Size）。

采样频率即单位时间内的采样次数。采样频率越大，采样点之间的间隔越小，声音就越逼真，但相应的数据量增大，处理起来就更加困难。因此应选取合适的采样频率，不宜过高，也不应过低。采样大小即记录每次样本值大小的位数，它决定采样的变化范围。位数越多，所能记录声音的变化程度就越细腻，所获得的数据量也就越大。

（3）视频数据

由于工业现场有大量的视频监控设备，这些设备会产生大量的视频数据。视频是指连续的图像序列，其本质是一组连续的图像。视频数据可用故事单元、场景、镜头、帧来描述。其中，帧（Frame）是组成视频的最小视觉单位，是一幅静态的图像。将时间上连续的帧序列合成到一起便可形成动态视频。对于帧的描述可以采用图像的描述方法，因此，对帧的检索可以采用类似图像的检索方法；镜头（Shot）是由一系列帧组成的，它描绘的是一个事件或一组摄像机的连续运动；场景（Scene）由一系列有相似性质的镜头组成，这些镜头针对的是同一环境下的同一批对象，但每个镜头的拍摄角度和拍摄方法不同；故事单元（Story Unit）也称视频幕（Act），是将多个场景构成一个有意义的故事情节。视频数据具有信息内容丰富、数据量巨大、时空结构关系复杂、数据解释多样性等特点，因此在实际工业大数据应用中，对于视频数据往往只做采集存储，而很少去做进一步的分析处理。

### 2. 多媒体数据在工业中的应用

（1）图像数据在工业中的应用

图像数据在工业中的应用较多，往往可以用在工业检测与立体视觉等方面。在工业检测中，使用图像处理技术，能快速地帮助人们完成对工业零件的识别、分类，以及对不合格产品的检测等工作，从而实现检测的自动化。在立体视觉中，图像处理技术能很好地帮助定位物体，机械手就是这方面的典型应用。

（2）音频数据在工业中的应用

音频数据在进行声音检测时起到了非常大的作用。声音检测是指通过声音来检测物体是否发生了故障。例如在发动机中，发动机故障是发动机内部发生的严重事故。传统的发动机检测依靠维修人员的经验与技术能力，具有很大的局限性，一旦出错便会造成严重的金钱与时间的浪费。而使用声音检测来进行自动诊断，既可以提高检测的准确率与可靠性，节约维护成本，又可以避免传统检测方式拆分机器的麻烦。

（3）视频数据在工业中的应用

工业电视是视频数据在工业中的典型应用。工业电视是用于监视工业生产过程及其环境的电视系统。使用工业电视，不仅可以节省人力、提高效率，还能够保证安全生产、改善工作条件。例如窑炉内窥测温型工业电视系统，便是工业电视的一种实际应用，窑炉内窥测温型工业电视系统可以将摄像镜头直接伸至窑炉内，可以对炉内火焰、物料运行的工作状态进行有效观察。

## 2.2 工业数据采集手段

传统的数据采集方法包括人工录入、调查问卷、电话随访等方式，以往很多传统企业在采集数据时，主要依靠的是手工作业方式，这就导致了记录的数据常常会出现错误，且效率很低。在大数据采集中，使用传统的数据采集方法已不能满足人们的需要，人们对工业化、自动化的数据采集方法的需求越来越迫切。随着传感器、RFID、NFC等技术的出现，数据采集方法有了质的飞跃。下面将对上述几种常用的数据采集手段进行介绍。

### 2.2.1 传感器

**1. 传感器的概念**

人们在感知外部信息时，会运用到5种感知方式，即视觉、听觉、嗅觉、味觉、触觉。但随着时代的发展，工业化程度不断提升，仅仅依靠人类自身的感觉器官来感知工业化的信息，显然是远远不够的。一方面，人类的感知并不准确，对于感知到的信息往往只能说出一个大概的数字，并不能准确地描述出感知到的信息；另一方面，人类的感知范围是有限度的，例如在炼钢的时候，人们并不能进入锅炉去感知炉内的温度。因此传感器应运而生，以替代人类获得更多、更准确的信息。

从专业、严谨的角度来说，传感器是一种检测装置，能感受到被测量的信息，并能将检测的信息，按一定规律变换成为电信号或其他形式的信息输出，以满足信息的传输、处理、存储、显示、记录和控制等要求。这个概念可以拆分为三句话来理解：第一，传感器是一种检测装置；第二，传感器能感受信息，也能将感受到的信息变换成电信号或其他形式的信息并输出；第三，传感器可以满足人们对信息的传输、处理、存储、显示、记录和控制等要求。这三句话中，第一句话说明了传感器"是什么"，第二句话说明了传感器"能做到什么"，第三句话则解释了"为什么需要传感器"。

传感器作为人类感知器官的延伸，不仅能感知到人类五感所能感知到的信息，还能感知到许多人类无法感知的信息，如磁场、电流等。除了这些物理量之外，传感器还能检测到化学量和生物量，据此传感器可分为物理传感器、化学传感器与生物传感器三类。因此传感器不仅在机械、电子等工业行业中必不可少，在化工行业与生物制药等行业也都有着非常广泛的应用。

在实际的生产车间中，一般都存在许许多多的传感器。这些传感器 24 小时监控着整个生产过程并记录数据，记录下来的数据可以用来进行下一步的分析。传感器可以说是数据采集的感官接受系统，属于数据采集的底层环节。

**2．传感器的组成结构**

传感器的结构如图 2-10 所示，由以下几部分组成。

（1）电源。电源是必需的，它能为传感器提供正常工作所需要的能源。

（2）感知部件。感知部件由感知器与模数转换组件两部分组成。感知器负责感知并获取外部的信息。模数转换组件将感知器获取到的外部信息进行模数转换，即将模拟信号转换为数字信号。

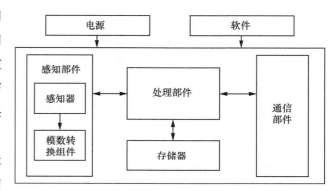

（3）处理部件。处理部件也称嵌入式处理器，负责协调节点各部分的工作。例如控制感知部件和电源的工作模式，对感知部件获取的信息进行必要的处理与保存等。

图 2-10　传感器的结构

（4）存储器。存储器负责存储处理部件中的数据。

（5）通信部件。通信部件主要负责与其他传感器或观察者之间的通信。

（6）软件。软件作为传感器的外部组件，能为传感器提供必要的软件支持，如嵌入式操作系统、嵌入式数据库系统等。

**3．传感器的发展历程**

传感器技术的发展大致可分为三代，如图 2-11 所示。

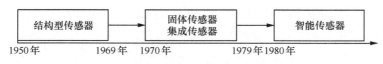

图 2-11　传感器的发展历程

第一代为结构型传感器。结构型传感器初始于 1950 年，它利用自身结构的变化来反映被测量的大小与变化。结构型传感器的工作原理不以材料特性变化为基础，而是以传感器中元件相对位置变化引起场的变化为基础。例如电容式传感器，当受到压力时，电容式传感器中的金属薄膜会因压力而变形，薄膜与固定电极之间的电容量也随之改变，测量电路检测到这种改变，并将其以电信号的形式输出。

第二代以固体传感器为代表。20世纪70年代，由于材料技术取得突破，固体传感器开始发展起来。这种传感器是利用某些材料特性制作而成的，并由半导体、电介质及磁性材料等固体元件组成。比如利用热电效应、霍尔效应、光敏效应，分别制成热电偶传感器、霍尔传感器、光敏传感器等。20世纪70年代后期，随着集成技术、分子合成技术、微电子技术及计算机技术的突破，传感器与电路的集成化得到快速发展，于是出现了集成传感器。这类传感器具有成本低、可靠性高、性能好、接口灵活等特点，因此发展非常迅速。

第三代是智能传感器。智能传感器于20世纪80年代开始发展，到如今已经成为智能制造与物联网的前端感知工具，它的作用越来越重要。所谓智能传感器，是指具有信息处理功能的传感器，是集成传感器与微处理机结合的产物。一个良好的智能传感器不仅可以存储、处理数据，还能够进行双向通信。与传统传感器相比，智能传感器不仅提高了传感器的可靠性与精确度，还促进了传感器的多功能化，是传感器发展史上的重大突破。

#### 4. 工业中常用的传感器

在工业生产中，传感器作为数据采集的底层，无疑是十分重要的。其中检测类传感器在工业中常常被用来检测压力、位移等物理量，是工业中常见的传感器类型。下面介绍几种在工业中常用的传感器。

（1）压力传感器

压力传感器是能感受到压力，并将压力转换为电信号的传感器，通常由压力敏感元件与信号处理单元组成。不同的压力传感器的工作原理有所不同，其中应用最为广泛的是压阻式压力传感器，它的工作原理是压力会导致电阻体形变，而形变导致电阻值发生变化，因此可以通过测量电阻值的变化感知压力的变化，图2-12为一种压力传感器。

压力传感器是工业生产实践中一种常用的传感器，在各种工业场景中都发挥着重要的作用，涉及水电、交通、机床等各个行业。常见的压力传感器根据工作原理可分为压阻式压力传感器、陶瓷压力传感器、扩散硅压力传感器、压电式压力传感器等。

图2-12 压力传感器

（2）温度传感器

温度传感器是指能感受温度并将其转换成可用输出信号的传感器。温度传感器是基于金属膨胀原理设计的，金属在环境温度变化之后，会随着温度的变化产生相应的延伸，温度传感器通过感知这种延伸来间接感知温度的变化，图2-13为一种温度传感器。

温度传感器作为传感器中开发最早、应用最广的传感器,数量在传感器大家庭中排第一位。温度传感器可根据与被测量物质是否接触分为两大类:需要与物质充分接触并达到同一温度的被称为接触式温度传感器;不需要与物质接触,而是通过被测量物质的热辐射等方式来测量温度的被称为非接触式温度传感器。这两种传感器各有优劣,使用时需要根据具体的使用场景来选择。

图 2-13 温度传感器

(3) 位移传感器

位移传感器又称线性传感器,能将机械位移转换为电阻或电压输出。常见的位移传感器的原理为:物体的移动引起电位器移动端电阻的变化,物体移动的距离可由电阻变化的大小算出,位移的方向则可由电阻的增减得出,通过位移信息也能间接得出物体的速度与加速度等信息,图 2-14 为一种位移传感器。

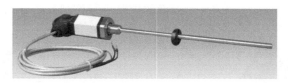

图 2-14 位移传感器

位移传感器主要有两种分类方式,第一种分类方式是根据运动方式来划分,可分为直线位移传感器与角度位移传感器;第二种分类方式是根据材质来划分,可分为霍尔式位移传感器与光电式位移传感器。

(4) 霍尔传感器

霍尔传感器是基于霍尔效应原理制成的,能够测量磁场的传感器。不仅如此,通过测量磁场,霍尔传感器还能够获得电压、电流等物理量。由于霍尔传感器测量的是磁场,通过磁场能够测量电流,这使得霍尔传感器能够非接触地测量电流。同时,霍尔传感器还具有精度高、线性度好等优点,图 2-15 为一种霍尔传感器。

图 2-15 霍尔传感器

霍尔传感器可分为线性型霍尔传感器与开关型霍尔传感器。线性型霍尔传感器由霍尔元件、线性放大器和射极跟随器组成,输出的是模拟量;开关型霍尔传感器由稳压器、霍尔元件、差分放大器、斯密特触发器和输出级组成,输出的是数字量。其中线性型霍尔传感器主要用来检测电流、电压等,开关型霍尔传感器主要用来感应磁场的变化。

(5) 加速度传感器

加速度传感器是一种能够测量加速度的传感器。由牛顿第二定律可知,物体加速度的大小与作用力成正比,与物体的质量成反比。而加速度传感器便是根据这一原理,通过测量加速中物体所受的作用力来获得加速度的值，图 2-16 为一种加速度传感器。

根据传感器敏感元件的不同，加速度传感器大致可被分为电容式、电感式、应变式、压阻式与压电式等类型。加速度传感器在汽车安全方面、游戏控制方面等都有应用。例如苹果公司在新款耳机 AirPods Pro 中安装了加速度传感器，利用获取的加速度数据感知头部的运动，就算头部移动、声音也可以保持在固定的位置，从而让音效更为真实。

（6）光电传感器

光电传感器是将光信号转换为电信号的一种器件。其工作原理是基于光电效应。光电效应是指光照射在某些物质上时，物质内部的电子吸收光子的能量而产生了相应的电效应现象。一般情况下且传感器由发送器、接收器和检测电路 3 部分组成。工作中，发送器对准目标发射光束且不间断地发射，接收器接收发射来的光，接收器的前面装有光学元件，如透镜和光圈等，而在其后面是检测及信号处理电路，它能过滤出有效信号，再将有效信号进行整形处理，从而作为控制信号对后面的电路进行控制，图 2-17 为一种光电传感器。

图 2-16 加速度传感器

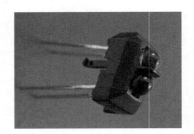

图 2-17 光电传感器

光电传感器具有结构简单、精度高、响应速度快、非接触等优点，在工业场合具有广泛的应用，它能为机器提供视觉点，尤其适用于钢铁工业和半导体工业生产晶片的超净厂房。

### 2.2.2 RFID

**1. RFID 的概念**

RFID（Radio Frequency Identification，射频识别），是一种非接触式的自动识别技术，能够利用无线射频方式，通过射频信号对记录媒体（一般为电子标签或射频卡）进行读写，从而识别目标对象并获取相关的数据信息。RFID 技术不仅可以识别高速运动的物体，而且可以同时识别多个标签。

在工作时，RFID 读写器发送出一定频率的射频信号。当 RFID 标签进入读写器的工作范围后，凭借感应电流所获得的能量发送出存储在芯片中的产品信息（Passive Tag，无源标签或被动标签），或者主动发送某一频率的信号（Active Tag，有源标签或主动标签）。读写器获得信息，并对接收的信号进行解调和译码，然后将处理后的信息送到后台主系统做进一步的处理。

**2. RFID 的组成及分类**

一个完整的 RFID 系统由读写器（Read/Write Device，又称阅读器）、电子标签（Tag）与数据管理系统 3 个部分组成。其中核心的部分为电子标签与读写器。图 2-18 是一个工作人员手持读写器读写电子标签的示意图。

图 2-18　工作人员手持读写器读写电子标签

电子标签，也称射频卡，具有智能读写及加密通信的功能，由收发天线、AC/DC 电路、解调电路、逻辑控制电路、存储器和调制电路组成。各个部分的作用如下。

（1）收发天线。收发天线主要用来接收信号，并将数据发送给读写器。

（2）AC/DC 电路。AC/DC 电路能将读写器发射的磁场能量转化成稳定的电流，以此来为其他电路提供工作所需的电能。

（3）解调电路。顾名思义，解调电路的作用就是去除接收信号中的载波，解调出原信号。

（4）逻辑控制电路。逻辑控制电路的作用是对来自读写器的信号进行译码，并根据读写器的要求回发信号。

（5）存储器。用来存放程序和数据。

（6）调制电路。调制电路的作用是将逻辑控制电路所送出的数据加载到天线并送给读写器。

读写器由收发天线、频率产生器、锁相环、调制电路、微处理器、存储器、解调电路和外设接口等组成，能读写数据。各个部分的作用如下。

（1）收发天线。收发天线能发送射频信号给标签，并接收标签返回的响应信号及标签信息。

（2）频率产生器。用来产生系统的工作频率。

（3）锁相环。用来产生载波信号。

（4）调制电路。调制电路的作用是把发送至标签的信号加载到载波并由射频电路送出。

（5）微处理器。微处理器主要负责产生信号、译码与加密、解密等操作。

（6）存储器。用来存放程序和数据。

（7）解调电路。用来解调标签返回的信号。

（8）外设接口。用来与计算机进行通信。

RFID系统可根据电子标签内是否含有电池分为有源的RFID系统与无源的RFID系统。有源的RFID系统由电池供电，工作在较高频段，识别距离较长，和读写器之间的通信速率也较高。而无源的RFID系统则没有电池供电，电子标签工作的能量是由读写器发出的射频脉冲提供，电子标签接收射频脉冲，整流并给电容充电，电容电压经过稳压后作为工作电压。但无论是有源的RFID还是无源的RFID，都有各自的缺陷，例如无源的RFID识别距离太短，而有源的RFID又需要外接电源，不仅电源体积较大，而且还要经常更换。因此人们又设计了一个折中的产品，即半有源的RFID。在半有源的RFID中，产品通常处于休眠状态，电池仅对存储数据的部分通电，因此需要的电量很少，这样便可以将电池小型化。而需要读写信息时，读写器先以低频信号激活标签，再进行正常通信，这样就能在保持有源的RFID识别距离的同时减轻电池造成的影响。

RFID还可以根据其工作频率的不同分为低频、高频、超高频与微波，它们的特点如表2-2所示。

表2-2 不同工作频率的RFID对比表

| 不同频率的RFID | 频段 | 作用距离 | 穿透能力 |
| --- | --- | --- | --- |
| 低频 | 125～134kHz | 45m左右 | 较强 |
| 高频 | 10～15MHz | 1～3m | 一般 |
| 超高频 | 400～1 000MHz | 3～9m | 较弱 |
| 微波 | 2.4GHz左右 | 3m | 最弱 |

3. RFID的应用

RFID在物流领域、交通运输领域、农牧渔业领域、医疗行业、制造业、图书馆等多领域、多行业都有十分重要的应用。例如，在物流领域中，RFID被用来进行仓库管理、日用品销售；在交通运输领域中，RFID被用于集装箱管理、高速公路收费；在农牧渔业领域中，RFID被用于动植物的管理及宠物与野兽的跟踪；在医疗行业中，RFID被用于病人看护、医疗药品生产等。

在 RFID 的应用中，物流与物联网是 RFID 应用研究的热点。所有物品贴上 RFID 标签，组成所有参与流通的物品的信息网络，让任何物品都可以随时随地地被标识、追踪和监控，这将给政府、企业和个人都带来极其深远的影响。因此，物联网被视为继 Internet 之后的又一次 IT 行业的革命。

除了上述应用之外，RFID 还为空间定位与跟踪服务提供了一种新的思路。现有的定位系统主要分为 3 种，分别是基于卫星的定位系统、基于红外线或超声波的定位系统以及基于移动网络的定位系统。而 RFID 可以利用标签对物体的唯一标识特性，依据读写器与安装在物体上的标签之间射频通信的信号强度来测量物品的空间位置，这种定位方式主要运用于卫星定位系统难以定位的室内。

当然，RFID 技术在工业上，特别是在制造业上也有着相当重要的应用。在制造业中，RFID 技术主要用来在流水生产线上监视产品，实现自动控制，极大地提高了工业生产的效率，同时还可以节约人力成本，为企业更好地管理生产和调整库存提供有效的依据。

### 2.2.3 NFC

#### 1．NFC 概述

在射频识别（RFID）及互联互通技术发展的推动下，为了满足电子设备间近距离通信的需求，飞利浦、诺基亚、索尼等著名厂商联合推出了的一项新的无线通信技术——近距离无线通信（Near Field Communication，NFC），这是一种短距离的高频无线通信技术，通过在 NFC 芯片上集成感应式卡片、感应式读卡器和点对点通信的功能，能够在较短距离内与相关设备通信，达到识别和数据交换的目的。

将 NFC 芯片装在手机上，可以实现小额电子支付和读取其他 NFC 设备或标签信息的功能。NFC 的最初设想是将 RFID 技术和互联网络技术进行简单的合并，但随着这两项技术的发展和用户对此技术能力需求的增加，目前 NFC 已经演变成一种具有相应标准的近距离无线通信技术。NFC 的短距离交互大大简化了整个认证识别的过程，使电子设备间互相访问更加直接、安全和清楚。通过 NFC，电脑、数码相机、手机、PDA 等多个设备之间可以方便快捷地进行无线连接，进而实现数据交换。

#### 2．NFC 的工作原理

NFC 有两种工作模式，即主动工作模式和被动工作模式，这两种工作模式的原理既有所区别，又相互联系。在主动工作模式下，每台设备必须要产生自己的射频场，才能向另一台设备发送数据。如图 2-19 所示，发起设备和目标设备都要产生自己的射频场，这是对等网络通信的标准模式，可以获得快速的连接设置。

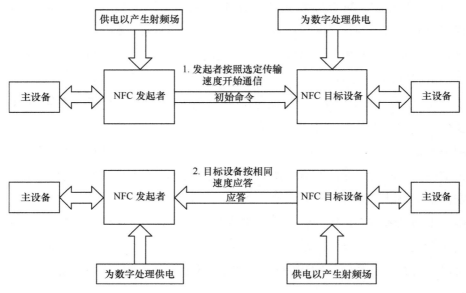

图 2-19 NFC 主动工作模式

在被动工作模式下，目标是一个被动设备，如图 2-20 所示。被动设备从发起者传输的磁场获得工作所需要的能量，然后通过调制磁场将数据传送给发起者。一般来说，移动设备主要以被动模式操作，这样可以大幅降低功耗，延长电池的寿命。在具体的应用过程中，NFC 设备可以在发起设备和目标设备之间转换自己的角色，因此电池电量较低的设备可以要求以被动模式充当目标设备，而不是发起设备。

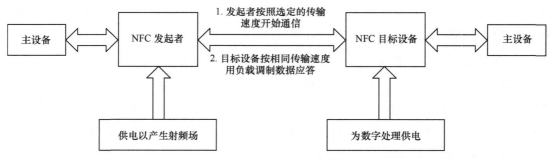

图 2-20 NFC 被动工作模式

### 3. NFC 的技术特点

为了满足用户对近距离通信的需求，人们将 RFID 技术和互联网技术融合，形成了 NFC 技术。除了 NFC 技术外，还存在其他多种近距离通信技术，例如 Wi-Fi 技术、蓝牙技术。其中 Wi-Fi 可以看作是互联网的无线延伸，提供一种接入互联网的标准；蓝牙主要应用于短距离的电子设备的直接组网以及点对点信息传输,如现在使用广泛的蓝牙耳机等。与其他近距离通信技术相比,NFC 的特点主要体现在以下几个方面。

(1)距离近、能耗低。其他通信技术的传输范围可以达到几米、甚至百米,而 NFC 采取了独特的信号衰减技术,其通信距离不超过 20 厘米,无法达到其他非接触射频技术一样的传输距离。NFC 极近的传输距离使得其能耗相对较低。

(2)NFC 更具安全性。NFC 技术作为一种近距离连接协议,提供各种设备间距离较近的通信。与其他连接方式相比,NFC 是一种私密通信方式,加上其距离近、射频范围小,通信更加安全。

(3)NFC 与现有非接触智能卡技术兼容。NFC 技术作为正式的标准技术,与现有非接触智能卡技术兼容,并得到了各厂商广泛的支持。

(4)传输速率较低。NFC 标准规定了数据传输速率,最高的仅为 424kbit/s,传输速率相对较低,不适合诸如音视频流等需要较高带宽的应用。

整体来说,NFC 技术具有传输距离短、能耗低、安全性高、兼容性好和传输速率低等特点。同时作为一种近距离连接协议,NFC 技术提供了不同设备间的轻松连接,从而实现近场通信。相比于使用其他非接触式射频技术作为标签,通过内置 NFC 芯片,可以增加手机等设备的双向传输数据的功能,并且 NFC 技术可以实现动态加密及设备间的互相识别认证,这是目前 RFID 等技术所不能实现的。NFC 技术能支持 3 种应用模式,即卡模式、读卡器模式及点对点通信模式。人们通过内置 NFC 芯片的手机或终端设备,可以不受时间、空间及设备的限制完成信息获取等任务。

NFC 作为一种新兴的技术,它的目标并非是完全取代蓝牙、Wi-Fi 等其他无线技术,而是在不同的场合、不同的领域起到相互补充的作用。NFC 作为一种面向消费者的交易机制,比其他通信方式更可靠、更简单。NFC 面向近距离交易,适用于交换财务信息或敏感的个人信息等重要数据,而其他通信方式能够弥补 NFC 通信距离不足的缺点,适用于工业中较长距离的数据通信,因此 NFC 与其他通信方式互为补充,共同存在。

### 4. NFC 与 RFID 的区别

NFC 技术是在 RFID 技术的基础上发展而来的,与 RFID 相比,NFC 具有距离近、带宽高、能耗低等特点,二者之间的区别具体如表 2-3 所示。

表 2-3 NFC 与 RFID 的对比

| 区别 | RFID | NFC |
| --- | --- | --- |
| 工作频率 | 分为低频、高频、超高频及微波 | 只限于 13.56MHz |
| 通信距离 | 从几厘米到几十米不等 | 小于 10cm |
| 双方设备关系 | 双方设备是主从关系 | 点对点无线通信,双方设备对等 |

续表

| 区别 | RFID | NFC |
|---|---|---|
| 兼容性 | 标准较多，统一十分困难 | 与现有非接触智能卡技术兼容 |
| 应用 | 更擅长长距离识别，更多地被应用在生产、物流、跟踪、资产管理上 | 更多的是针对于消费类电子设备相互通信，在手机支付、门禁、公交等领域内可以发挥巨大的作用 |

### 5. NFC 的主要应用模式

通过 NFC 设备，人们可以在任何地点、任何时间，通过任何设备，与他们希望得到的服务联系在一起，从而完成对应的功能，以及获取信息等。NFC 设备可以用作非接触式智能卡、智能卡的读写器终端及设备对设备的数据传输链路。相应的，NFC 技术可以支持 3 种不同的应用模式。

（1）卡模式

卡模式也可以称为标签模式，该模式是将 NFC 设备作为被读设备，也就是将设备作为一个标签，该标签中储存了相关的信息资料，NFC 识读设备可以从具备标签的 NFC 设备中采集数据。基于该模式的典型应用有商场刷卡、公交卡、门禁管制、车票、门票、移动支付等。

在卡模式中，当设备正常工作时，可以通过设备自身电池对 NFC 芯片供电，而当 NFC 设备无法供电时，NFC 标签仍可继续使用，这是因为卡模式是一种无源的模式，基于电磁感应的原理，只要识读设备能产生高频的电磁场，NFC 芯片在穿过时就能实现设备的感应，但该方式不推荐用于安全性较高的工业场景中。

（2）读卡器模式

读卡器模式也被称为阅读器模式，在该模式下 NFC 终端作为识读设备使用，即把 NFC 设备当作一台读卡器来用，能与兼容 NFC 的其他设备进行通信，例如从工业企业的海报或展览信息中读取电子标签以获取相关信息等。具备识读功能的 NFC 设备从标签中采集数据后，便可以根据应用的要求进行数据处理，有些应用可以直接在本地完成，而有些应用则需要通过与网络交互才能完成。基于该模式的典型应用有门禁控制或车票、电影院门票售卖等，使用者只需携带储存有票证或门控代码的设备靠近读取设备即可。

（3）点对点模式

点对点（Peer-to-Peer，P2P）应用模式是通过非接触射频技术来实现的。点对点模式的通信原理和卡模式、读卡器模式不同，它基于主动通信模式。这个模式与红外和蓝牙相似，将两台 NFC 设备触碰一下就能建立连接，实现数据点对点传输，共享文档、数据和应用。

#### 6. NFC 在工业上的应用

NFC 技术不仅在人们的生活中有很多应用场景,在工业生产中也有着相当多的应用。

在工业生产线中,人们可以给工业企业中的每个产品和零件都配备一个 NFC 标签,这样做主要有以下几点好处:一是可以在 NFC 标签添加防伪信息,以起到品牌保护的作用;二是使得产品更加智能——NFC 标签能够向人们提供相关的操作指示;三是可以更加轻松地追踪产品的情况,以此来优化库存与资产管理。同时,NFC 标签不需要电池,在向产品添加 NFC 标签时不用考虑电池带来的影响。

在工业生产中,不仅产品或零件可以添加 NFC 标签,生产产品的机器也可以添加 NFC 读卡器。在生产过程中,机器可以使用 NFC 读卡器快速地与产品或零件配对,从而实现生产过程中各项数据的采集。

## 本章小结

本章通过两个小节介绍了工业大数据采集技术,包括工业数据的采集类型和工业数据的采集手段。本章首先详细阐述了工业数据采集类型的 Key-Value 数据、文档数据、信息化数据、接口数据的 XML 格式数据和 JSON 格式数据及现场多媒体数据;接着具体讲解了工业数据采集手段的传感器概念、传感器组成结构、传感器发展历程、工业常用传感器、RFID 的概念和应用、RFID 的组成和分类、NFC 的概念和工作原理、NFC 的技术特点和 RFID 的区别、NFC 的主要应用模式及其在工业上的应用。

## 本章习题

1. 工业大数据的来源有哪些?
2. 请简述传感器的发展历程,并写出 3 种工业中常用的传感器。
3. 霍尔传感器是如何进行测量的?
4. 除了本章所介绍的 RFID 应用,你还知道哪些 RFID 常见应用?
5. 请简述 NFC 主动工作模式和被动工作模式的原理。

# 第3章 分布式存储技术

▶ 学习目标

1. 了解典型的工业大数据存储技术。
2. 掌握分布式文件系统、分布式表格系统、分布式键值系统。
3. 了解工业大数据数据库功能。

▶ 内容导学

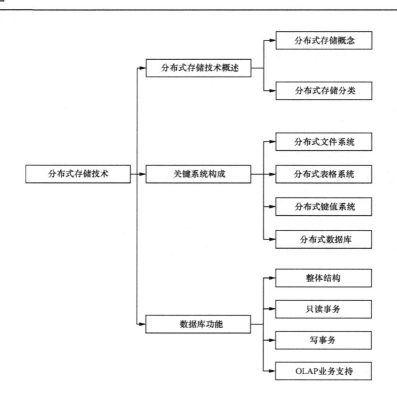

# 3.1 分布式存储技术概述

随着互联网及网络相关应用的飞速发展,互联网服务所存储的信息数据规模越来越大,巨增的网络用户产生大量并发请求,使得传统的文件服务器成为网络服务的瓶颈,同时对存储系统的设备性能、可扩展的系统结构、可靠性和安全性等提出了进一步的需求。对网络中的数据,特别是关键数据或文件的存储,即使在存储系统的某些部件受损、部分服务器出现故障或服务器被攻陷时,也能保证对用户提供持续不断的数据服务。

Google、Apache、Amazon、Alibaba、Tencent 等互联网公司的成功催生了大数据和云计算技术及其相关软件、工业产业的迅速发展。目前支撑大数据和云计算技术的基础设施随着技术更迭不断发展,性能、成本和适用性等相比 20 世纪末期进步巨大,使得分布式系统可以被大规模应用到工程实践中。现有的分布式系统相比传统分布式系统,规模更大,成本更低,不同的需求对应不同的设计方案。本章主要介绍分布式存储的定义、分布式存储系统的分类,以及相关数据库功能。

## 3.1.1 分布式存储概念

分布式存储是一种数据存储技术,通过互联网连接企业机器上的磁盘空间,将分散的存储资源构成一个虚拟化存储设备,数据分散存储在企业中的每台机器上。传统的网络存储系统采用集中的存储服务器存放所有数据,存储服务器成为系统性能的瓶颈,也是可靠性和安全性的焦点,不能满足大规模存储应用的需要。分布式存储系统采用可扩展的系统结构,利用多台存储服务器分担存储负荷,利用位置服务器定位存储信息,它不但提高了系统的可靠性、可用性和存取效率,还易于扩展。分布式存储系统有以下几个方面的特点。

(1)可靠性。可靠性是存储系统需要满足的关键需求,既要保证数据在读写过程中不发生错误,同时又要保证数据进入系统后即使硬件失效也不至于丢失。集群规模逐渐增大时,硬件故障概率会随之升高,存储系统需要设计一种在对数据做转换时无缝的数据检查机制以确保数据不出错,在硬件失效后还可以及时补救数据,防止因硬件损坏而引起的数据丢失。

(2)可用性。可用性是指存储系统必须具备连续提供对外服务的能力。在系统运行过程中,软件升级、软件缺陷、供电和网络系统维护、硬件失效等因素都有可能中断系统服务。软件方面,系统模块之间需要低耦合,模块内部做到高可用性,保证某个集成或模块失效时系统其他组件仍然可用;硬件方面,可根据硬件的拓扑结构分布数据,防止某个硬件故障导致数据不可用。

(3)高性能。存储系统软件的实现需要释放存储硬件技术进步带来的性能提升。高速存储设备带宽和容量增加，时延降低，若仍用传统 CPU 调度将不能充分发挥硬件应有的性能。

（4）低成本。存储系统在保证高可靠、高可用、高性能的前提下降低成本，从根本上提高产品竞争力，同时分布式存储系统的自动容错、自动负载均衡等功能将淘汰粗暴的设备堆叠模式，使线性扩展能力增强，按需增减机器更加方便。

（5）易用性。分布式存储系统接口需求多种多样，传统用户使用最多的是块设备和文件系统，互联网新应用需要的是对象存储、分布式表格存储等分布式存储系统所需的易用的对外接口，也要求具备完善的监控、运维工具，便于系统集成与管理。

分布式存储系统需要持久化数据、状态信息的存储，同时还要求在自动迁移、自动容错、并发读写中保证数据的一致性等。

### 3.1.2 分布式存储分类

可根据数据的不同来源将工业大数据分为多个类别，数据的分类在收集、处理和应用过程中非常重要。数据的分类方式很多，每种方式都有特别的作用。以下简单介绍几种常见的分类方式。

（1）从字段类型上可分为文本类（String、Char、Text）、数值类（Int、Float、Number）、时间类（Date、timestamp）等。文本类数据常用于描述性字段，如姓名、地址、交易摘要等，这类数据不是量化值，不能直接用于四则运算；数值类数据用于描述量化属性，或用于编码，可直接用于四则运算，是日常计算指标的核心字段；时间类数据仅用于描述事件发生的时间，在统计和分析中非常重要。

（2）从数据结构上可分为结构化数据、半结构化数据和非结构化数据。结构化数据通常是指用关系数据库方式记录的数据，数据按表和字段进行存储，字段之间相互独立；半结构化数据是指以自描述的文本方式记录的数据，由于自描述数据无须满足关系数据库上非常严格的结构和关系，在使用过程中非常方便，如 HTML 格式；非结构化数据通常是指语音、图片、视频等格式的数据。这类数据一般按照特定应用格式进行编码，数据量非常大，且不能简单地转换成结构化数据。

（3）从描述事物的角度可分为状态类数据、事件类数据和混合类数据。用数据来描述客观世界，一般可以从两个方面出发。一方面是描述客观世界的实体，即一个个对象，比如人、桌子、账户等，这些对象有各自的特征，不同种类的对象拥有不同的特征，比如人的特征包括姓名、性别、年龄，桌子的特征包括材质和颜色，有些特征稳定不变，而另一些则会不断发生变化，比如账户金额、人的位置则随时可能变化。因此，可以使用一组特征数据来描述每个对象，这些数据可以随时间发生变化（数据的变化一方面依赖于对象的变化，另一方面依赖于变化反映到数据上的时间差），每个时间点的数据反映这个时间点对象所处的状态，因此称之为状态类数据；另一方面是描述客观世界中对象之间的关系，比如它们是怎么互动的，怎么发生反应的，把这一次次互动或反应记录下来，这类数据称之为事件类数据。混合类数据理论上也属于事件类数据范畴，两者的差别在于，混合类数据所描述的事件发生过程较长，记录数据时该事件还没有结束，还将发生变化。

（4）从数据处理的角度可分为原始数据和衍生数据。原始数据是指来自上游系统的，没有做过任何加工的数据。衍生数据是指通过对原始数据进行加工处理后产生的数据。这种分类方式主要用在管理数据上，对原始数据的管理和衍生数据的管理有一些差别。原始数据通常只保留一份，衍生数据却不同，管理形式比较灵活，只要有利于提高数据分析和效率，产生更大的数据价值，任何形式都可以尝试。

（5）从数据粒度上可分为明细数据和汇总数据。通常从业务系统获取的原始数据粒度比较小，包括大量业务细节。为了提高数据分析效率，需要对数据进行预加工，通常按时间维度、地区维度和产品维度等常用维度进行汇总。分析数据时，优先使用汇总数据，如果汇总数据满足不了需求则使用明细数据，以此提高数据的使用效率。

不同的分布式系统能够处理不同类型的数据，通常从数据结构的角度，可将分布式存储系统分为 4 类：分布式文件系统、分布式表格系统、分布式键值系统和分布式数据库。

## 3.2 关键系统构成

分布式文件系统主要存储 3 种类型数据：二进制大对象（Binary Large Object，Blob）、定长块和大文件。分布式文件系统内部按数据块（Chunk）来组织数据，每个数据块大小相同，每个数据块可包含多个 Blob 或定长块，而大文件可分成多个数据块，这 3 种文件构成如图 3-1 所示。分布式文件系统将这些数据块分布到存储集群中，处理数据复制、一致性、负载均衡、容错等难题，并将用户的数据操作映射为对底层数据块的操作。

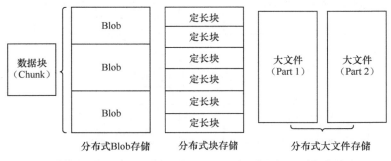

图 3-1　数据块与 Blob 对象、定长块、大文件之间的关系

分布式键值系统适用于关系简单的半结构化数据的存储，半结构化数据均封装成由 <key, value, timestamp> 键值对组成的对象，每个键值对由唯一标识符 key、属性值 value 和时间戳 timestamp 组成。分布式键值系统以键值对存储，结构不固定，每个元组可存在

不一样的字段，按需增加键值对，可扩展性好。在数据结构角度上，分布式键值系统与传统的散列表相似，分布式键值系统特点是能将数据分布到集群中多个节点存储。分布式键值系统是分布式表格系统的一种简化实现，一般用于缓存。

分布式表格系统用于关系较复杂的半结构化数据的存储。与分布式键值系统相比，其功能更强大，不仅支持常规的创建、读取、更新和删除功能，还借鉴了关系数据库的技术，比如单行事务、单个实体下的多行事务，典型系统如 Google Bigtable、Microsoft Azure Table Storge、Amazon DynamoDB 等。分布式表格系统与分布式数据库相比，它主要针对单张表格的操作，不支持复杂的操作如多标关联、多表关联，因此分布式表格系统功能介于分布式键值系统功能与分布式数据库系统功能之间。

分布式数据库由单机关系数据库发展而来，用于存储结构化数据。分布式数据库采用二维表格组织数据，提供结构化查询语言 SQL（Structured Query Language）、多表关联、事务与并发控制等功能。典型系统如 MySQL 数据库分片集群，Oracle RDBMS、Amazon RDS、Microsoft SQL Azure。分布式数据库系统往往会遇到扩展受限的问题，但并不是绝对的，如 Google Spanner 是一个支持多数据中心的分布式数据库，它不但具有丰富的数据库功能，还能扩展到多个数据中心。SQL 数据库是目前最为成熟的存储系统，但它也面临像传统关系数据库事务及二维关系模型难以高效地扩展到多个存储节点上的问题。为了解决这类问题，无关系数据库应运而生，此类系统称为无关系数据库（Non-relational SQL，NoSQL）系统。图 3-2 总结了这 4 种分布式存储系统的特点和联系。

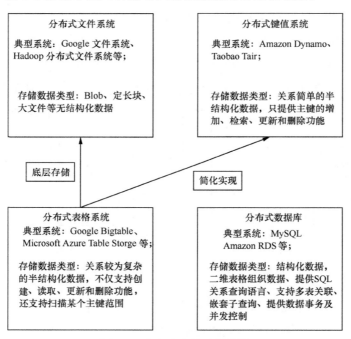

图 3-2　分布式存储系统分类

### 3.2.1 分布式文件系统

文件系统是计算机操作系统的重要组成部分，它是指操作系统中与文件管理有关的那部分软件，被管理的文件，以及管理所需要的一些数据结构，如目录、索引表等。文件系统不仅是共享数据的主要方式，还是操作系统在计算机硬盘上存储和检索数据的逻辑方法，这些硬盘可以是本地驱动器，也可以是网络上使用的卷或存储区域网络（Storage Area Network，SAN）。

本地文件系统驻留在一台计算机内，无法被其他计算机访问，文件全部放在本地文件系统中。它存在许多缺点，数据的安全性和完整性得不到保障，文件系统易丢失或受损，同时也不便于共享。而在多台个人计算机中，共享文件经常交换磁盘或显式地在网上传送文件副本，随着副本数量的增加，判断副本版本新旧就变得比较困难。随着计算机和网络技术的发展和普及，推动了网络技术和分布式技术的发展，分布式文件系统（Distributed File System，DFS）在这样的需求环境下产生了。本节主要介绍经典的分布式文件系统如 Google 文件系统（Google File System，GFS）和 Hadoop 分布式文件系统（Hadoop Distributed File System，HDFS）的主要构成、关键部件及其内部原理等，通过系统构成分析与数据读写流程掌握分布式文件系统的设计原理与常见问题的解决思路。

#### 1. Google 文件系统

Google 文件系统是一种经典的，适用于大规模可扩展的分布式文件系统，部署在廉价的商用服务器上，在保证系统可靠性和可用性的同时，降低了系统的成本。GFS 主要存储非结构化数据，它为后来的分布式文件系统提供了重要的技术参考和设计思路，具有指导意义。

GFS 的设计是为了满足 Google 快速增长的数据处理需求，其与传统的分布式文件系统具有很多相同的目标，如性能、可扩展性、可靠性和可用性等。GFS 将服务器故障视为普遍的正常现象，通常应用程序错误、操作系统异常、人为错误，以及硬盘、内存、连接器和网络等组件问题都有可能导致存储失败，GFS 系统支持对数据进行监控、故障检测、故障容忍和自动恢复等功能，提供了非常高的可靠性。

GFS 支持快照（Snapshot）和记录追加（Record Append）等操作，快照可以以很小的代价创建文件或者拷贝目录树，记录追加可以支持多个客户端并发地向同一个文件追加数据（Append Data），同时还能保证每个客户端的追加操作的原子性。GFS 中的文件一般都是大文件，且文件操作通常都是在尾部追加数据而不是重写数据，一旦文件写入完成后，大部分操作都是按顺序读文件的；同时 GFS 添加了应用程序和文件系统 API 协同设计，增加了系统的灵活性，降低了对 GFS 的一致性模型的要求，从而简化了文件系统，提供了一个原子性的追加操作,实现多个客户端对同一个文件进行追加操作时不需要彼此间进行额外的同步操作;GFS 还提供了非标准[比如可移植操作系统接口(Portable Operating System Interface,POSIX)]的文件系统接口,支持 create、delete、open、close、read 及 write 等操作接口。

GFS 的设计考虑到节点的常态化失效问题,系统会构建在大量的普通廉价的设备上,这使得节点失效的可能性很高。因此,存储系统必须具有较高的容错性,能够持续地监控自身的状态,能够及时从节点失效中快速恢复。同时存储系统应以存储大文件为主,可以存储几百 MB 甚至是几 GB 大小的文件,兼顾小文件存储;主要的读写负载为大容量连续读、小容量随机读以及追加式的连续写操作,需要根据数据负载分布进行设计,并支持高效且原子的文件追加操作,系统必须实现良好定义的语义来满足多并发读写操作,使得操作对于文件的处理具有原子性且开销降到最少;系统还应在数据传输决策上选择高吞吐传输而非低时延传输方式,存储系统面对的应用大多需要快速处理大量数据,很少会严格要求单一操作的响应时间。Google 根据其设计思路最终设计出了 Google 文件系统并于 2003 年发表学术成果。

(1) GFS 的系统架构

GFS 中的节点可分为 3 类:主控服务器(Master)、数据块服务器(ChunkServer)和客户端(Client)。一个 GFS 集群由一个 Master 和多个 ChunkServer 组成,可以被多个 Client 访问。Master 和 ChunkServer 是一个运行着用户级服务进程的商品化 Linux 机器,能轻易地在同一台机器上运行一个 ChunkServer 和 Client,只要机器资源允许,运行片状应用程序代码带来的低可靠性也是可接受的。

Master 维护所有的文件系统元数据(Metadata),包括名称空间(Namespace)、访问控制信息(Access Control Information)、从文件到数据块的映射及数据块的当前位置等。它还控制着系统范围内的活动,例如数据块租约管理,回收无用的数据块,数据块迁移、复制及定期通过心跳消息(HeartBeat Message)进行周期性通信,向数据块发送命令或收集数据块服务器状态信息。

GFS 客户端提供应用程序的访问接口,并与 Master 和 ChunkServer 通信,代表该应用程序读取或写入数据。客户端如果需要操作元数据,需要与 Master 通信,但所有纯数据通信直接与 ChunkServer 连接。客户端和 ChunkServer 均不缓存文件数据,大多数应用程序需要直接读取整个文件,因工作集太大而无法缓存。无缓存设计简化了客户端和整个系统,不需要考虑缓存一致性问题(但客户端会缓存元数据)。

GFS 文件被划分成固定大小的数据块,ChunkServer 将 Chunk 通过 Linux 系统的文件形式存储在本地,典型的 Chunk 大小为 64MB,Chunk 也是数据复制的基本单位。为了保证可靠性,每个 Chunk 都复制到多个 ChunkServer 上,GFS 默认情况下存储 Chunk 的

3 个副本。

单 Master 设计方式极大简化了系统设计，使得 Master 可以根据全局情况做出 Chunk 放置和复制的决定。因为 Master 知晓所有的元数据信息，所以可以执行更加复杂的 Chunk 位置分配和副本策略。但是，在读写数据时必须降低 Master 的参与，这样它才不会成为系统瓶颈。客户端不会通过 Master 来读写文件数据，但客户端会向 Master 发送查询 Chunk 位置分布的请求，然后客户端缓存 Chunk 的分布信息，直接向 ChunkServer 读写数据。GFS 的整体框架和信息流如图 3-3 所示。

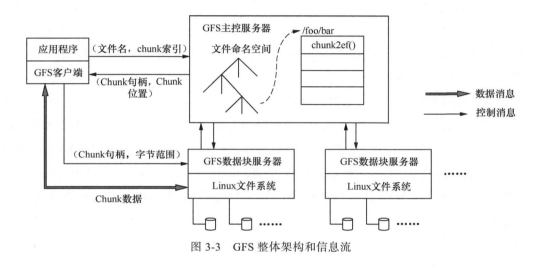

图 3-3　GFS 整体架构和信息流

通常将数据块规模（Chunk Size）大小设置为 64MB，这种设计方式在顺序访问一个超大文件时所需的 Chunk 数目较少，且客户端缓存了数据块元信息（Chunk Meta），所以 Master 的访问次数会降低，甚至客户端可以缓存所有文件的数据块元信息，即使是随机读写 Master 也不会成为系统性能的瓶颈；传输等量大文件时 Chunk 设置较大可减少网络开销，保持客户端与 ChunkServer 的 TCP 连接，执行更多的 Chunk 操作；Chunk 数目较少使得存储所需的元数据较少，降低 Master 的内存占用。

（2）Master 的数据存储类型及其作用

Master 主要存储 3 种类型的元数据（Metadata），包括文件和 Chunk 的名称空间、从文件到 Chunk 的映射和 Chunk 的副本位置等数据。所有的元数据都存储在 Master 的内存中，前两种元数据信息可以通过向操作日志（Operation Log）登记修改而保持不变的、持久化存储，操作日志存储在 Master 的本地磁盘并在多个远程机器上存有副本。操作日志使得人们可以很简单、可靠地更新 Master 的状态，即使在 Master 崩溃的情况下也不会出现不一致的问题。Master 会在每次启动及 ChunkServer 加入时询问每个 ChunkServer 所拥有的 Chunk 的情况。

Master 可以很快操作在内存中的元数据，也可以定期高效地在后台扫描它的整个状态。这种定期地扫描被用于实现 Chunk 的垃圾收集、ChunkServer 出现故障时的副本复制、为平衡负载和磁盘空间而进行的 Chunk 迁移等。GFS 系统比较关注 Chunk 数量及 Master 的可用内存量，由于文件的名称空间采用了前缀压缩的方式存储，Master 为每个 64MB 的 Chunk 维护的元数据不足 64B，除了最后一块外，文件其他 Chunk 都是满的。如果需要扩大系统规模，可以增大 Master 的内存。

操作日志记录了数据更改的历史记录，Master 可以通过回放操作日志来恢复文件系统。但为了减少系统启动的时间，必须缩减回放的日志量。Master 定期存储元数据的检查点（Checkpoint），Master 重启时可以从检查点加载元数据，然后回放检查点之后的少量日志即可。每当日志的长度增长到超过一定的规模后，Master 就要检查它的状态，它可以从本地磁盘装入最近的检查点来恢复状态。

Master 能处理名称空间的修改，且该操作方式必须是原子性（Atomicity）的，即所有事务操作必须是一体的，不可分割。名称空间互斥锁保证了操作的原子性和正确性，而 Master 的操作日志在全局范围内定义了这些操作的顺序。文件的某一部分被修改后，它可能进入确定、一致或不一致 3 种状态之一。若客户端读取任意副本时读取到不同的内容，那么这部分文件是不一致的（Inconsistent）；若客户端读取任意副本时读取到相同的内容，那么这部分文件就是一致的（Consistent）；若客户端能看到上一次修改的所有完整内容，且修改的部分文件是一致的，那么称这部分文件是确定的（Defined）。

写操作是在应用程序指定的偏移处写入数据，而数据追加操作使得数据或记录即使在有并发修改操作的情况下也至少原子性地被加到 GFS 指定的偏移处，将偏移地址返回给用户。修改后一个文件的当前状态取决于此次修改的类型及修改是否成功。若一次写入操作成功且未与其他并发操作重叠，那这部分文件是确定的，也是一致的；若有多个写入操作并发执行，那这部分文件是一致但不确定的，这种情况下，客户端所能看到的数据通常不能直接体现出任何一次修改；若写入操作失败，文件将直接进入不一致状态。它们之间的关系如表 3-1 所示。

表 3-1　文件区域状态变化表

| 操作结果 | 写入（Write） | 数据追加（Append） |
| --- | --- | --- |
| 串行成功 | 确定状态 | 确定状态 |
| 并行成功 | 一致非确定状态 | 分散不一致状态 |
| 失败 | 不一致状态 | |

在一系列成功的修改操作后，最后的修改操作保证文件区域是确定的，GFS 通过对所有的副本执行同样顺序的修改操作，并且使用 Chunk 版本号检测过时副本。在修改操作成功后，部件故障仍可使数据遭到破坏，GFS 通过 Master 和 ChunkServer 间定期交

互的心跳消息，借助校验和（Checksum）来检测部件故障对数据的破坏。一旦检测到 Chunk 故障，就将该 Chunk 的有效副本重新复制到其他服务器中，若它所有的副本都失效，则视为该 Chunk 丢失。

（3）GFS 系统交互技术

① 租约机制与数据写入

租约（Lease）实质是一个合同，即服务器给予客户端在一定期限内可以控制修改操作的权力。如果服务器要修改数据，首先要征求拥有该 Chunk 租约的客户端同意后，才可以修改。客户端从服务器读取数据时同时获取租约，在租约期限内，如果没有收到服务器的修改请求，就可以保证当前缓存中的内容是最新的。如果在租约期限内收到了修改数据的请求并且同意了，就需要清空缓存。在租约过期以后，客户端如果还要从缓存读取数据，就必须重新获取租约，通常称这个操作为续约。

GFS 中的数据写入由 Master 主导，Master 节点为 Chunk 的一个副本建立租约，这个副本被称为主 Chunk。主 Chunk 对 Chunk 的所有更改操作进行序列化，其他副本都遵循该序列进行修改操作，主要由租约中主 Chunk 分配的序列号决定。

为了保持高可用，GFS 文件系统中的数据必须拥有副本，而为了提高客户端响应速度，客户端不需要写多份数据，仅需要写一份数据到主 Chunk 即可。在租约有效期内，若 Master 未联系到主 Chunk，但客户端可访问主 Chunk，则写入操作不受影响；若租约期内 Master 与客户端均联系不到主 Chunk，则已修改所有操作全部失败，但并不会影响数据的一致性，因为没有数据写入，全部返回失败；当租约失效后，Master 重新选择主 Chunk，无论客户端能否联系到主 Chunk，操作都不会受影响。

租约机制保证了写操作的顺序性，假设 Master 与 Chunk 所在的 ChunkServer 服务器失去联系，此时存在的租约仍然有效，在租约有效期内，客户端只需访问一次 Master，减轻了 Master 的负担。主 Chunk 所在的 ChunkServer 可以不断向 Master 请求延长租约有效期直至整个 Chunk 写满。租约写控制与数据流示意如图 3-4 所示，过程介绍如下。

- 客户端向主服务器询问拥有 Chunk 租约的 ChunkServer，以及该 Chunk 的其他副本的位置。如果租约未被任何客户端使用，则 Master 将随机选择该 Chunk 的副本为主副本。

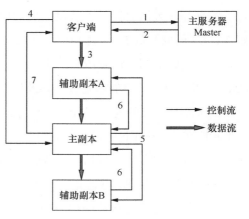

图 3-4　租约写控制和数据流示意

- Master 答复主副本及辅助副本（Secondary Replication）所在 ChunkServer 的位置信息。客户端缓存此数据以备将来使用，当主副本无法访问或答复且不再持有租约时，客户端才需要再次与 Master 联系。

- 客户端将数据追加推送到所有副本,且客户端可以按照任何顺序进行操作。每个 ChunkServer 将数据存储在内部 LRU 缓冲区高速缓存中,直到数据被使用或过期。通过将数据流与控制流分离,充分利用每个机器的网络带宽,避免网络瓶颈和时延,数据是以流水线的方式在选定的 ChunkServer 链上线性传递的。每个机器的整个对外带宽都被用作传递数据。为避免瓶颈,每个机器在收到数据后会将它收到的数据尽快传递给离它最近的机器。
- 当所有副本都确认已接收到数据,客户端就会向主副本发送写请求。该请求标识了更早推送到所有副本的数据。主副本可能从多个客户端接收到的对同一个 Chunk 的并发追加操作,通过标识的操作顺序写入本地。
- 主副本将写请求转发到所有副本。每个副本均以主副本分配的序列执行写操作。
- 辅助副本成功完成后应答主副本。
- 主副本回应客户端,若副本发生错误,即主副本写成功但辅助副本写入不成功,则主副本请求客户端重试。

② 原子记录追加(Atomic Record Appends)

GFS 提供了一个称为记录追加的原子追加操作。在传统的写入中,客户端指定写入数据的偏移量,且并发写入同一区域,操作的非序列化使得该区域最终可能包含来自多个客户端的数据片段。但是在记录追加中,客户端仅指定数据,GFS 会以它自己选择的偏移量数据原子地附加到文件中一次,原子操作即是完成该操作的写事务,是一次性全部完成或全部失败,若记录追加成功后将新数据的偏移量返回给客户端,若记录追加在任何副本上均失败,则客户端将重试该操作。GFS 不保证所有副本在字节上都是相同的,它仅保证数据至少原子地写入一次。为使操作成功,必须在某个 Chunk 的所有副本上以相同的偏移量写入数据,此外所有副本的长度至少与记录的结尾一致,如果以后有其他辅助副本成为主副本,则任何将来的记录都将被分配更高的偏移量或不同的 Chunk。

客户端将数据推送到所有副本文件的最后一个 Chunk,并将其请求发送到 Master。主 Chunk 将检查记录追加后是否会导致该 Chunk 超过 64MB,如果追加操作后数据超过最后一块的大小,它将填充该 Chunk 至最大,并告知其他备份执行相同的操作,然后回复客户端指示应在下一个 Chunk 上重试该操作。如果记录追加后不超过最大值 64MB,则主 Chunk 将数据追加到副本中,告知其他备份 Chunk 写入数据,最后成功回复给客户端。

③ 文件快照(Snapshot)

快照操作几乎可在瞬间构造一个指定的文件和目录树的副本,同时将正在进行的其他修改操作对它的影响降至最小。快照操作采用了写时复制(Copy on Write)的思想,当 Master 接收快照请求后,它首先撤回这些 Chunk 的租约,让接下来的其他客户端对这些 Chunk 进行写入时都要请求 Master,获知主 Chunk 的位置,这使得任何一个向 Chunk 写数据的操作都必须和 Master 交互以找到拥有租约的 Chunk。这就给了 Master 一个创建 Chunk 副本的机会。Chunk 租约撤回或失效后，Master 会先写入日志，然后对自己管理的命名空间进行复制操作，复制产生的新记录指向原本的 Chunk。

当有客户端尝试对这些 Chunk 进行写入时，Master 会注意到这个 Chunk 的引用计数大于1。此时，Master 会为即将产生的新 Chunk 生成一个块句柄，然后通知所有持有这些 Chunk 的 ChunkServer 在本地复制出一个新的 Chunk，应用新的块句柄，然后再返回给客户端。

（4）Master 的功能

Master 除执行所有名称空间的操作外，还负责在系统范围管理 Chunk 的复制，决定 Chunk 放置，产生新 Chunk 并将其备份，和其他系统范围的操作协同来确保数据备份的完整性，在所有的 ChunkServer 之间平衡负载并收回没有使用的存储空间。

① 名称空间管理和加锁

GFS 中没有与每个目录相关的能列出其所有文件的数据结构，不管是对文件或是目录均不支持别名（Aliases），GFS 的名称空间逻辑上是从文件元数据到路径名映射的一个查用表。Master 在执行某个操作前都要获得一系列锁，例如，它要对/d1/d2…/dn/leaf 路径进行操作，则它必须获得/d1，/d1/d2，…，/d1/d2…/dn 的读锁，/d1/d2…/dn/leaf 的读锁或写锁(leaf 可以是文件也可以是目录)，Master 操作的并行性和数据的一致性就是通过这些锁来实现的。

② 备份存储放置策略

一个 GFS 集群文件系统可能是多层分布的，一般情况下是成千上万个 ChunkServer 分布于不同的机架上，而这些 ChunkServer 又被分布于不同机架上的客户访问，因此，不同机架上两台机器之间的通信可能要通过一个或多个交换机。数据块冗余配置策略要达到最大的数据可靠性和可用性，以及最大的网络带宽利用率，如果仅仅把数据拷贝在同一机架的不同机器上很难满足及时可靠地访问的要求，必须在不同的机架上进行数据备份。这样即使整个机架被毁或是掉线，也能确保数据的正常使用，同时也使数据传输，尤其是读数据可以充分利用带宽访问到多个机架，而写操作不得不涉及更多的机架。

③ 数据块的产生、重复制和重平衡

当 Master 产生新的 Chunk 时，放置新的 Chunk 需要考虑尽量放置在磁盘利用率低的 ChunkServer 上，这样才能使各服务器的磁盘利用率逐步趋于平稳。同时还要尽量控制在一个服务器上的新建次数，基于可用性原则，还需把数据块放置于不同的机架上。Master 在可用 Chunk 副本低于用户设定的数目时需要进行重复制，这种情况通常由于服务器不可用或数据、磁盘被破坏，或备份数目被修改而发生。每个需要重复制 Chunk 的优先级根据待复制 Chunk 与空闲 Chunk 之间的距离决定，Master 按照优先级复制 Chunk，并把它们放到不同机架内的服务器上。

Master 还要周期性平衡各服务器上的负载,首先它要检查 Chunk 的分布情况和 Chunk Servers 的负载情况,从而进行负载平衡,通过心跳消息查询到各 ChunkServer 的带宽和写入情况,才能确定 Chunk 的复制策略,从而避免同一时间某个 ChunkServer 上存在大量的数据写入。

④ 垃圾收集策略

Master 还决定了哪些数据块要被移除,原则上它会清除那些空间低于平均值的 ChunkServer。当文件被应用程序删除之后,Master 会立即记录下这些变化,但文件所占用的资源却不会被立即收回,而是重新给文件指定一个隐藏名称,并附上了删除的时间戳。Master 定期检查名称空间时,被它删除超过 3 天(该时间可以设定)的隐藏名称文件,在被删除之前该文件可使用隐藏名称读取或恢复。当隐藏名称在名称空间中被删除以后,它在内存中的元数据即被擦除,切断了它和所有 Chunk 的联系。在名称空间检查中,Master 确认孤立 Chunk 位置并擦除它的元数据,每个服务器在和 Master 的心跳消息交换中报告它所拥有的 Chunk,Master 会返回元数据不在内存的 Chunk,ChunkServer 收到该消息后便将其删除。

(5)GFS 系统的容错机制

Master 和 ChunkServer 都会在服务中断后的几秒内恢复并运行,客户机发现与服务器断开后,等待请求超时并重连服务器,快速恢复与服务器的连接。用户可以针对不同的名称空间而设置不同的备份级别来防止设备故障,每个 Chunk 都会被备份并放置到不同机架上的 ChunkServer 中。在 ChunkServer 掉线或是数据被破坏时,Master 会按需复制 Chunk;同时为确保可靠性,Master 的状态、操作记录和检查点都在多台机器上进行备份。一个操作只有在 ChunkServer 硬盘上刷新并被记录在 Master 和其备份上之后才算成功,如果在 Master 上的硬盘保存失败,系统监视器会发现并通过改变域名的方式启动一个备份机,而客户端仅仅使用规范的名称来访问,并不会发现 Master 的改变。

每个 ChunkServer 都利用校验和来检验存储数据的完整性,因为每个服务器随时都有发生崩溃的可能性,并且在两个服务器间比较 Chunk 也难以实现,在两台服务器间拷贝的数据并不能保证数据一致性。每个 Chunk 按 64KB 的大小分成块,每个块有 32 位的校验和,校验和与日志存储在一起并与用户数据分开。在读数据时,服务器首先检查与被读内容相关部分的校验和,确保不会传播错误的数据。如果所检查的内容和校验和不符,服务器就会给数据请求者返回一个错误的信息,并把这个情况报告给 Master,此后客户端就会读取其他服务器来获取数据,Master 通过其他文件副本复制数据,数据复制完成后通知报告错误的服务器删除出错的 Chunk。

GFS 服务器生成诊断日志,该日志记录许多重要事件以及所有远程过程调用(Remote Procedure Call,RPC)的请求和答复。这些诊断日志可以自由删除,且不会影响系统正常运行。RPC 日志包括在网络上发送的确切请求和响应,但读取或写入的文件数据除外,通过将请求与答复进行匹配并在不同的计算机上整理 RPC 记录，人们可以重建整个交互历史以诊断问题。日志还可用于负载测试和性能分析的跟踪，日志记录对性能的影响很小，因为日志是按序异步写入，最新事件也通过日志保存在内存中，可用于连续在线监视。

（6）GFS 总结

Google 文件系统根据当前和预期的应用程序工作负载和技术环境，重新审视了传统的文件系统设计想法，根据观察结果调整设计思路，将设备故障视为常规现象，针对大型文件优化，拓展和放开标准文件系统接口提高可用性；通过持续监控，复制关键数据和快速自动恢复提供容错能力，通过 Chunk 复制的方法快速修复损坏数据并补齐损坏的副本，使用校验和监测数据损坏，单 Master 设计将客户端和 ChunkServer 之间的数据传输使用命令控制，实现任务多并发读写，提高了总体吞吐量；使用租约机制将每个 Chunk 的修改授权到 ChunkServer 减少 Master 负载，通过流水线方式复制多个副本以减少时延等。现有的分布式文件系统大多数根据 GFS 演进实现，下面将介绍 Hadoop 分布式文件系统（Hadoop Distributed File System，HDFS）的系统原理及关键技术。

### 2. Hadoop 分布式文件系统

Hadoop 分布式文件系统（Hadoop Distributed File System，HDFS）是一个适合运行在通用硬件（Commodity Hardware）上的分布式文件系统。该系统具有高度容错性，适合部署在廉价的机器上，它能提供高吞吐量的数据访问，非常适合大规模数据集上的应用。HDFS 放宽了一部分对可移植操作系统接口（POSIX）的约束，来实现流式读取文件系统数据的目的。HDFS 在最开始是作为 Apache Nutch 搜索引擎项目的基础架构而开发的。

HDFS 与 GFS 一样，考虑组成系统的存储节点会因为节点自身因素和环境因素而失效，HDFS 同样需要从频繁失效节点中即时恢复系统的功能。HDFS 上运行的应用程序需要流式（Streaming）访问数据，它们具有大量数据集。不同于通用文件系统上的应用程序，HDFS 主要用于批处理而不是用户交互，这种数据访问方式着重数据访问的高吞吐量，而不是数据访问的低时延。HDFS 中典型文件的大小为 GB 甚至是 TB 级别，HDFS 为支持大文件传输需要通信网络提供较高的聚合数据带宽，并可扩展到单个集群中的数百个节点上。HDFS 使用一次读写多次访问的模型，文件从创建、写入到关闭的过程中，除了追加和截断外无须更改，追加也仅能追加到文件末尾，不支持在文件任意点更新，这种方式简化了数据一致性问题且实现了高吞吐数据访问，非常适合 MapReduce 和 Web 爬虫等应用程序。HDFS 将计算迁移到更靠近数据的位置，当数据量较大时可最大程度减少网络拥塞，提高系统整体吞吐量，同时基于 HDFS 开发的程序非常容易迁移到其他平台。

（1）HDFS 结构

HDFS 采用主从（Master/Slave）架构。一个 HDFS 集群是由一个命名管理节点［或称为管理者（NameNode）]，以及一定数目的数据节点[或称为工作者（DataNodes）]组成。NameNode 是一个中心服务器，负责管理文件系统的名称空间及客户端对文件的访问。集群中的 DataNode 一般是一个节点，负责管理它所在节点上的存储。HDFS 提供了文件系统的名称空间，用户能够以文件的形式在上面存储数据，从内部看一个文件其实被分成一个或多个数据块，这些块存储在一组 DataNode 上。NameNode 执行文件系统的名称空间操作，例如打开、关闭、重命名文件与目录，同时它也负责确定数据块到具体 DataNode 节点的映射。DataNode 负责处理文件系统客户端的读写请求，在 NameNode 的统一调度下进行数据块的创建、删除和复制。

NameNode 和 DataNode 可以在普通的商用机器上运行，这些机器一般运行着 GNU/Linux 操作系统。HDFS 采用 Java 语言开发，因此任何支持 Java 的机器都可以部署 NameNode 或 DataNode。由于采用了可移植性极强的 Java 语言，使得 HDFS 可以部署到多种类型的机器上，一个典型的部署场景是一台机器上只运行一个 NameNode 实例，而集群中的其他机器分别运行一个 DataNode 实例。单 NameNode 方式极大地简化了系统的体系结构，NameNode 是所有 HDFS 元数据的仲裁器和存储库，这种系统的设计方式使用户数据永远不会流过 NameNode。

NameNode 负责维护文件系统的名称空间，任何对文件系统名称空间或属性的修改都将被 NameNode 记录下来。应用程序可以设置 HDFS 保存的文件的副本数目，该数目称为文件的副本系数，这个信息也是由 NameNode 保存。

HDFS 支持传统的层次型文件组织结构。用户或者应用程序可以创建目录，然后将文件保存到这些目录里。文件系统名称空间的层次结构和大多数现有的文件系统类似：用户可以创建、删除、移动或重命名文件。HDFS 架构示意如图 3-5 所示。

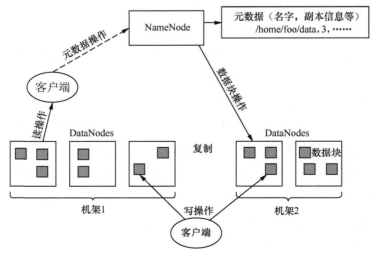

图 3-5　HDFS 架构示意

（2）HDFS 数据复制

HDFS 中数据块的大小和数据块备份因子（每个数据块的最小备份数）可根据每个文件配置，除最后一个数据块外其他数据块的大小一致。HDFS 也可支持变长块，用户在创建新的数据块时无须填充之前的数据块，且在无须配置的情况下使用新的数据块。应用程序可以指定文件的副本数，备份因子可以在文件创建时指定，以后仍可更改。但 HDFS 中的文件只能写入一次（追加和截断除外），并且在任何时候都只能有一个写入锁（Writer）。NameNode 做出有关数据块复制的所有决定，它定期从集群中的每个 DataNode 接收心跳消息和数据块报告（Block Report），NameNode 收到心跳消息则表示对应 DataNode 正常运行，数据块报告中包含 DataNode 上所有块的列表。

副本的存放位置对于 HDFS 的可靠性和性能至关重要。HDFS 与其他分布式文件系统不同，它需要优化副本存放位置来提高数据可靠性、可用性和网络带宽利用率，副本放置的优化方法需要大量调整经验。机架感知的副本放置策略短期目标是在生产系统上对其进行验证，进一步了解其行为，并为测试和研究更复杂的策略奠定基础。

在常见情况下，当复制因子为 3 时，HDFS 在副本放置时考虑写入锁情况，若写入锁位于当前 DataNode 上，则将一个副本放置在本地计算机上；否则，将其放置在与写入锁相同的机架中的随机 DataNode 上，将另一个副本放置在不同（远程）机架中的节点上，最后一个备份放置在同一远程机架中的另一个节点上。该策略减少了机架间的写流量，通常还可提高写入性能。机架出现故障的概率远小于 DataNode 出现故障的概率，因此该策略不会影响数据的可靠性和可用性。如果复制因子大于 3，首先确定每个机架的副本数量是否低于上限，计算公式为 [（副本数−1）/机架数+2]，若存在副本数不足的情况，随机确定第 4 个或更多副本的位置。当复制因子为 3 时，由于一个数据块及其副本仅放置在两个不同的机架中，减少了读取数据时使用的总网络带宽，该策略中文件的副本不会在机架上均匀分布，1/3 的副本位于一个节点上，2/3 的副本位于一个机架上，若复制因子增加后，增加部分均匀分布在其他机架上。此策略可提高写入性能，而不会影响数据的可靠性或读取性能，副本放置策略如图 3-6 所示。

HDFS 元数据维护了文件系统中文件和目录的信息，这些信息按类型可分为 3 个部分。第一部分是文件、目录自身的属性信息，例如文件名、目录名和修改信息等；第二部分是文件记录的信息和存储相关的信息，如存储的块信息、分块情况和副本数目等；第三部分则记录 HDFS 的 DataNode 信息，用于 DataNode 的管理。元数据可根据存储的位置不同，分为内存元数据和元数据文件两种，它们分别存储在内存和磁盘上。HDFS 存储在磁盘上的元数据文件又可分为两类文件，镜像文件（Fsimage）和事务日志（Editlog）。

镜像文件是元数据的一个持久化检查点，它包含 HDFS 中所有的目录和文件元数据信息，但不包含文件块位置信息，因为文件块位置信息只存储在内存中，当 DataNode 加入集群时，NameNode 询问 DataNode 获取文件块位置信息，并间断更新。事务日志存放的是 HDFS 中所有的更改操作（文件创建、删除或修改）的日志，文件系统客户端执行的更改操作会被记录到该日志中。例如，在 HDFS 中创建一个新文件会导致 NameNode 将一条记录插入到事务日志中，同样更改文件的复制因子也会导致将新记录插入到事务日志中。

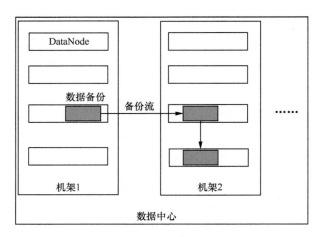

图 3-6　复制因子为 3 时 HDFS 的副本放置策略

当 NameNode 启动或由可配置的阈值触发检查点时，它将从磁盘读取镜像文件和事务日志（即整个元数据）加载到内存中，NameNode 根据事务日志中的事务记录，再通过镜像文件进行更新，将内存中的元数据同步至最新状态，然后截断旧的事务日志，因为其最新的元数据备份已应用于持久性镜像文件中，之前的操作已完整应用，此过程称为检查点。检查点的目的是通过对文件系统的元数据快照并将其保存到镜像文件中以确保 HDFS 对文件系统元数据具有一致的视图。因为客户端对 HDFS 的写操作都会保存到事务日志中，久而久之该文件变得越来越大，NameNode 重启时执行庞大的事务日志会耗费大量的时间，在这段时间中 HDFS 处于安全模式，需要定期将事务日志和镜像文件合并，减少事务日志占用的大小。为了加快集群启动时间，需使用辅助 NameNode（Secondary NameNode）来辅助主 NameNode 合并镜像文件和事务日志。

辅助 NameNode 节点上会一直运行检查点线程（Checkpointer Thread），该线程会按照指定的时间，定期查看主 NameNode 是否达到检查点条件，若此时达到检查点，辅助 NameNode 先通知主 NameNode 节点切换事务日志，主 NameNode 生成一个新的事务日志，然后将内存中的事务日志和镜像文件通过 Http Get 方式传输给辅助 NameNode，辅助 NameNode 将镜像文件导入内存，并应用事务日志中保存的事务操作合并新的镜像文件，命名为 Fsimage.ckpt，然后将该文件用 Http Post 方式传送给主 NameNode，主 NameNode 将 Fsimage.ckpt 替换旧的 Fsimage，新的 EditLog 替换旧的 EditLog。HDFS 元数据复制流程如图 3-7 所示。

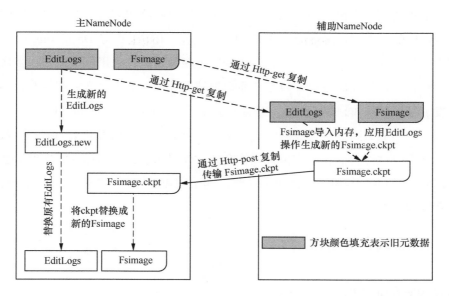

图 3-7　HDFS 元数据复制流程

（3）HDFS 故障检测与处理

HDFS 中 3 种常见的故障类型是 NameNode 故障、DataNode 故障和网络故障。每个 DataNode 定期向 NameNode 发送心跳消息，网络故障可能导致部分 DataNode 与 NameNode 失去联系，NameNode 通过缺失的心跳消息来检测网络故障。NameNode 将没有最近心跳消息的 DataNode 标记为失效状态，并且不会转发任何新的 I/O 请求，标记失效的 DataNode 的任何数据不再用于 HDFS。DataNode 失效可能导致某些数据块的备份因子降低到指定值以下，NameNode 需要不断跟踪需要备份的数据块，并在必要时启动备份。类似情况，当 DataNode 不可用，副本损坏、DataNode 上的硬盘发生故障或文件的备份因子增加时，同样需要对数据进行重新备份，用户可以设置较短的时间间隔以将 DataNode 标记为陈旧，并通过配置来避免对性能敏感的工作负载进行读或写时出现陈旧节点。

从 DataNode 提取的数据块可能由于存储设备故障、网络故障或软件故障，导致这种损坏。HDFS 客户端软件对 HDFS 文件的内容执行校验和检查，客户端创建 HDFS 文件时，它将计算文件每个数据块的校验和，并将这些校验和存储在同一 HDFS 命名空间中的单独的隐藏文件中。客户端检索文件内容时，它将验证从每个 DataNode 接收到的数据是否与相关的校验和文件中存储的校验和匹配。如果匹配失败，客户端可以选择从另一个具有该数据块副本的 DataNode 中检索数据块。

（4）HDFS 总结

HDFS 支持海量数据存储，支持流式数据访问，通过批处理方式访问数据，而非用户交互访问，数据传输具有很高的吞吐量，同时能够快速检测和应对突发故障，做到故障发生后业务快速恢复，数据及时备份。系统稳健性方面，HDFS 具有 DataNode 接入自动感知、数据自动保存多副本、副本丢失后自动恢复等多种功能，采用一次写入、多次读取的设计方式，数据再次修改时仅允许数据在原数据结尾处追加而不允许数据修改，避免文件切块、分发、复制等操作，保持数据一致性，减少系统的必要响应时间。但 HDFS 同样存在一些问题，它不能做到低时延数据访问，HDFS 优化了高数据吞吐量而牺牲了获取数据的时延，不适合小文件存储，小文件存储将会使文件目录、存储信息等大规模增加，很快突破 NameNode 的内存容量而无法快速管理，同时 HDFS 不支持并行写入，同一时间只有一个用户获取写入锁执行写操作等。

### 3.2.2 分布式表格系统

#### 1. Google Bigtable

Google Bigtable 是用于管理结构化数据的分布式存储系统，该系统旨在能可靠地处理 PB 级的海量数据，使其能够部署在上千台机器上。传统的二位数据如表 3-2 所示，它无法存储随时间变化的、不同时期的、同一个网页的统一资源定位器（Uniform Resource Locator，URL），通过将 URL+Time 形式替换 URL 方式，无法实现 URL 查询，同时浪费大量存储空间。

表 3-2 传统二位数据表

| 关键字（Key） | 内容（Content） | XXX | YYY | ZZZ |
|---|---|---|---|---|
| Baidu.com:t1 | \<Html\> | … | … | … |
| Baidu.com:t2 | \<Html\> | … | … | … |
| Baidu.com:t3 | \<Html\> | … | … | … |
| ali.com:t1 | \<Html\> | … | … | … |
| ali.com:t2 | \<Html\> | … | … | … |
| ali.com:t3 | \<Html\> | … | … | … |
| qq.com:t1 | \<Html\> | … | … | … |
| qq.com:t2 | \<Html\> | … | … | … |
| qq.com:t3 | \<Html\> | … | … | … |

Bigtable 是一个稀疏的、分布式的、持久化存储的多维有序映射表，表的索引是行关键字、列关键字和时间戳，Bigtable 中存储的表项都是未解析的字节数组，行关键字和列关键字都是字符串，时间戳是 64 位整型，而值是一个字符串，可表示为（row：string，column：string，time：int64）→string。

Bigtable 系统由多个表格组成，每个表格包含很多行，每一行通过一个行键值（Row Key）唯一表示，每一行内又包含很多列（Column），某行某列构成一个单元（Cell），每个单元内包含多个时间的数据，Bigtable 是一个分布式多维映射表，其部分表格示意如表 3-3 所示。

表 3-3  Bigtable 多维映射表

| 关键字（Key） | 内容（Content） | | XXX | | YYY | |
| --- | --- | --- | --- | --- | --- | --- |
| Baidu.com | t1 | <Html> | t1 | | t1 | |
| | t2 | <Html> | t2 | x2 | t2 | |
| | t3 | <Html> | t3 | | t3 | y3 |
| | … | <Html> | … | | … | |
| Alibaba.com | t1 | | t1 | | t1 | |
| | t2 | | t2 | x2 | t2 | |
| | t3 | <Html> | t3 | | t3 | y3 |
| | … | <Html> | … | | … | |
| Tencent.com | t1 | | t1 | | t1 | |
| | t2 | | t2 | | t2 | y2 |
| | t3 | <Html> | t3 | | t3 | |
| | … | | … | | … | |

假设人们想要保留大量网页和相关信息的副本，保存这些消息的特定表被称为 Webtable。Webtable 使用 URL 作为行关键字，使用网页的某些属性作为列名，网页的内容存在"contents:"的列中，并用网页的时间戳作为标识。Webtable 的其中一个片段如图 3-8 所示。

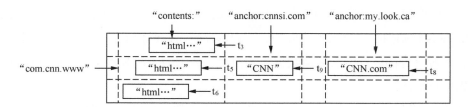

图 3-8  Webtable 片段示意

Webtable 中行名是反向排列的 URL，将"www.cnn.com"中字段反向排列表示为"com.cnn.www"，contents 列族存放了网页的内容，anchor 列族存放引用该网页的锚链接文本。该网站的主页被 cnnsi.com 和 my.look.ca 引用，因此包含了名为"anchor:cnnsi.com"和"anchor:my.look.ca"的列。每个锚链接只有一个版本，时间戳标识了列的版本，t8 和 t9 标识了两个版本，t3、t5、t6 标识了 contents。

（1）Bigtable 中的行、列关键字及时间戳

Bigtable 中行关键字可以是任意字符串（当前最大为 64KB，一般为 10~100KB），行的每次数据读取或写入都是原子性的，这种设计可以使用户很容易理解一个程序在对同一行进行并发更新操作时的行为。Bigtable 中行关键字按字典顺序存储数据，Bigtable 中的表会根据行关键字自动划分为片（Tablet），片是数据分布和负载均衡的单元。当操作只读取行中很少几列数据时效率很高，通常只需要几次机器间通信即可完成。用户可以通过选择合适的行关键字，在数据访问期间有效利用数据的位置相关性，把相同域中的网页存储在连续区域，从而提高效率，在 Webtable 中，通过反转 URL 中主机名的方式，可以把同一个域名下的网页聚集起来组织成连续的行。如 maps.google.com/index.html 的数据存放在关键字为 com.google.maps/index.html 的条目下，把相同域中的网页存储在连续区域有利于基于主机和域名的分析。

Bigtable 将列关键字组成的集合称为列族（Column Family），列族是访问控制的基本单位，同一列族下的所有数据通常都属于同一类型，因此这部分数据可以进行压缩保存。列族在使用之前必须创建，创建后才能在列族中任何列关键字下存放数据，且任一列关键字均可存放数据。列关键字的命名遵循列族限定词的语法，列族的名字必须是可打印的字符串，限定词的名字可以为任意字符串。例如，Webtable 中存在名称为语言（language）的列族，language 列族用来存放撰写网页的语言，在 language 列族中只能使用一个列关键字，存放每个网页的语言表示 ID；Webtable 中另一个列族为锚（anchor），列族中的每一个列关键字代表一个锚链接，anchor 列族的限定词是引用该网页的站点名，数据项存放的是链接文本。Bigtable 中的访问控制，磁盘和内存的使用统计都是在列族层面进行，允许一些应用添加新的数据，读取数据并创建继承的列族，控制一些应用只允许浏览数据。

Bigtable 中通过时间戳索引和区分同一份数据的不同版本，时间戳的类型为 64 位整型。Bigtable 可以精确到毫秒来赋值时间戳，用户程序也可以给时间戳赋值，应用程序必须自己生成具有唯一性的时间戳来避免数据版本冲突，数据的不同版本可按照时间戳排序，最新的数据排在最前面。

Bigtable 为数据表的使用提供不同功能的 API 函数，它提供了建立和删除数据表及列族，修改集群、表和列族元数据的 API 函数，如修改访问权限、写入或删除 Bigtable 中的值、查找与遍历数据等功能。Bigtable 还支持一些其他的特性，用户可以对数据进行更复杂的处理。Bigtable 支持单行上的事务处理，首先用户可以对存储在一个行关键字下的数据进行原子性的"读—更新—写操作"，其次提供了一个允许把数据跨行批量写入数据的接口，最后允许用户在服务器的地址空间内执行脚本程序等。同时 Bigtable 还可以和 MapReduce 等大规模并行计算框架一起使用。

（2）Bigtable 架构

Bigtable 由 3 个主要部分组成：客户端程序库（Client Library）、主控服务器（Master Server）和大量的子表服务器（Tablet Server）。客户端程序库提供 Bigtable 和应用程序之间的接口，利用接口对表格数据单元进行"增删改查"，同时通过锁服务（Chubby）获取一些控制信息；主服务器负责把子表（Tablet）分配到子表服务器，探测子表服务器的增加和过期信息，执行子表服务器的负载均衡以及 GFS 中的垃圾收集等操作；子表服务器可以根据工作负载的变化，从一个集群中动态地增加或删除信息，实现子表的装载/卸出、表格读写、子表合并与分裂等。Bigtable 的整体架构如图 3-9 所示。

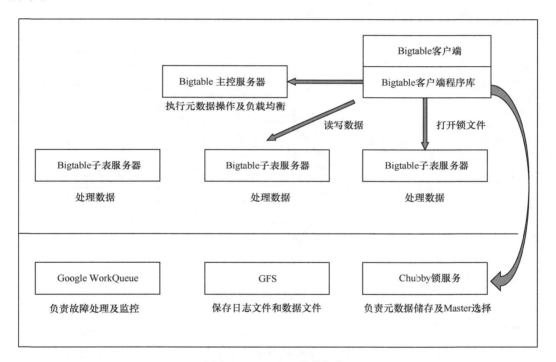

图 3-9 Bigtable 整体架构

Bigtable 还建立在其他几个 Google 基础构件上，使用 Google 分布式文件系统存储日志文件和数据文件，使用 Google WorkQueue 来处理故障和监控等。Bigtable 的一个集群通常在一个共享机器池内进行操作，这个共享机器池会运行一些其他分布式应用，Bigtable 的进程通常和其他应用的进程共享同样的机器，依赖一个集群管理系统来调度作业、在共享机器上调度资源、处理机器失败和监督机器状态。

一个 Bigtable 集群存储了许多大表，每个大表包含了一个子表集合，每个子表包含了某个范围内行的所有相关数据，子表是分布式调度和存储的最小单元。在最初阶段，每个大表只有一个子表，随着大表的增长，它会被自动分解成多个子表，每个子表大小约为

100~200MB。Bigtable 使用了类似于 B+树的三级层次来存储子表信息。

第一层是存储在 Chubby 锁服务文件中，它包含根子表（Root Tablet）地址信息，根子表以一种特殊的元数据表（Metadata Table）方式存储所有元数据子表（Metadata Tablet）的地址信息，元数据子表包含了所有用户子表（User Tablet）的地址信息。根子表在元数据表中属于一级子表，不可分割，保证子表层次结构不超过三层。元数据表将子表的位置存储在行键（Row Key）下，该值是子表标识符及其末尾行的编码，一行为一个子表元信息，大小约为 1KB。用户子表分裂时需要修改元数据子表，而元数据表的某些操作又需要修改根子表，通过使用两级元数据表结构来增加系统能够支持的数据量。平均一个子表大小为 128MB，子表元信息大小为 1KB，两级元数据能够支持 2 048PB 大小的数据量，几乎满足所有业务数据量需求。子表三级层次结构如图 3-10 所示。

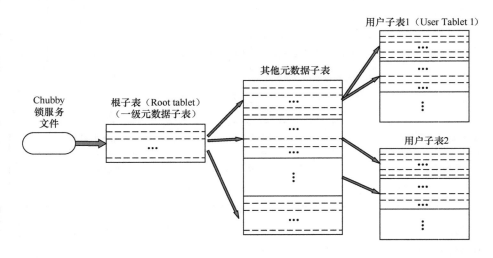

图 3-10　子表三级层次结构

客户端第一次查询时，首先从 Chubby 中读取根子表位置，从根子表中读取所需元数据子表位置，最后从元数据子表中找到待查询的用户子表位置。之后客户端会缓存（Cache）子表位置信息，客户端查询时，首先在寻址时优先查找缓存，若缓存为空或缓存信息过期，客户端需要请求子表服务器的上一级元数据表获取位置信息，用户子表缓存过期则请求元数据子表，元数据子表缓存过期则请求根子表，根子表缓存过期则需读取 Chubby 中的引导信息。如果客户端缓存是空的，那么定位算法最多需要进行 3 次轮询，其中就包括一次从 Chubby 中读取信息；如果缓存过期，最多需要 6 次请求，其中 3 次用来确认信息过期，另外 3 次获取新的地址。客户端预存（Prefetch）是在每次访问元数据表时不仅读取所需元数据，还要读取连续相邻的多个子表元数据，查找下一个子表时无须再次访问元数据子表。

Bigtable 会将数据持久化存储成 Google 排序字符表（Sorted String Table，SSTable）的文件格式，SSTable 提供一个持久化的、排序的、不可变的、从键（Key）到值（Value）

的映射，其中，键和值都是任意的字节字符串，该格式下的键值都是经过排序后不可变的。Bigtable 提供了查询一个指定键值的操作，以及在指定键值区间内遍历所有的键值对的操作。每个 SSTable 在内部都包含一个块序列，通常每个块大小是 64KB，且块大小是可配置的，存储在 SSTable 结尾的块索引用来快速定位块的位置。当 SSTable 被打开时，块索引就会被读入内存。一个查询操作只需要进行一次磁盘扫描，首先在内存的块索引当中使用二分查找方法找到合适的块，然后从磁盘中读取相应的块；也可将索引与 SSTable 完全读入内存，在进行查找操作时就不需要读取磁盘了。SSTable 构造示意如图 3-11 所示。

Bigtable 依赖一个高可用的、持久性的分布式锁服务 Chubby，Chubby 使用基于消息传递的一致性算法 Paxos 来保证数据的一致性。一个 Chubby 服务包含 5 个动态副本，其中一个被选做 Master 对外提供服务，当大部分副本处于运行状态并且能够彼此通信时，

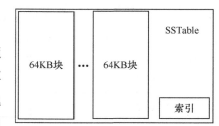

图 3-11 SSTable 构造示意

这个服务就是可用的。Chubby 提供了一个名称空间，它包含了目录和小文件，每个目录和文件可以被用作一个锁，针对文件的读写操作都是原子的。Chubby 锁服务主要存储 Bigtable 数据的引导信息、Bigtable 概要信息（即每个表的列家族信息）及访问控制列表，还配合 Master 发现和脱离子表服务器，保证在每个时间点只有一个主副本是活跃的。

（3）Bigtable 的单机存储与运行机制

Bigtable 采用合并-转存（Merge-Dump）存储方式，子表数据持久化存储在 GFS 中，包含操作日志和 SSTable 两个部分。子表更新被提交到一个操作日志，日志中记录了重做记录（Redo Log）。在这些更新当中，最近提交的更新被存放到排序缓冲区（MemTable），当内存中 MemTable 达到一定大小后，需要将 MemTable 转存（Dump）成磁盘中的 SSTable。为了恢复子表，子表服务器从元数据表中读取该子表的元数据，这个元数据包含了 SSTable 列表，其中每个 SSTable 都包括一个子表和一个重做点（Redo Point）的集合，这些重做点是一些指针，指向子表所需数据的重做日志，最后服务器把 SSTable 索引读入内存，并重构 MemTable。

当一个写操作命令到达子表服务器，Master 首先检查发送者是否被授权执行该操作。执行授权检查时，会从一个 Chubby 文件中读取具有访问权限的写入者列表，这个 Chubby 文件通常能够在 Chubby 客户端缓存中找到。每一个有效的操作都会被写到提交日志中，通常采用分组提交方式降低更新操作的吞吐量，在写操作被成功提交以后，它的内容就会被插入 MemTable 中。

当一个读操作到达子表服务器，与写操作类似，服务器也会首先检查用户权限，由于

读取数据可能同时存在 MemTable 和多个 SSTable 中,所以读取操作需要按照严格时间顺序合并(Merge)SSTable 和内存中的 MemTable,SSTable 和 MemTable 是字典排序的数据结构,合并执行时非常高效。当子表发生合并或分解操作时,正在到达的读写操作仍然可以继续进行,插入、更新、删除和添加(Add)等操作在 Merge-Dump 中均被看成一种操作。SSTable 中只记录操作而不是最终结果,随机或顺序的读取操作需要寻找多个 SSTable 才合并得到最终结果,Bigtable 单机存储模式如图 3-12 所示。

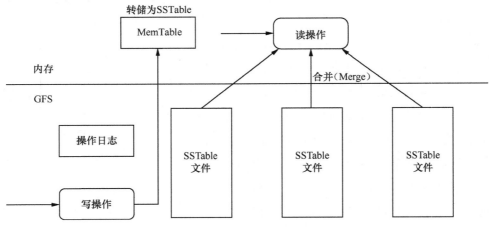

图 3-12 Bigtable 单机存储模式

随着写操作的不断执行,MemTable 的尺寸逐渐增加,当 MemTable 的尺寸到达一个阈值的时候,旧的 MemTable 就会被冻结并创建一个新的 MemTable,被冻结的 MemTable 就会转化成一个 SSTable,并被写入 GFS,这个过程被称为"次压缩"(Minor Compaction)。这个过程缩减了子表服务器的内存使用率,减小了日志大小,每一次 Minor Compaction 都会创建一个新的 SSTable,如果这种行为没有限制地持续进行,读操作可能需要从所有的 SSTable 中合并更新。因此可以对 SSTable 的数量进行限制,在后台周期性地运行一个合并压缩程序,一个合并压缩程序从一些 SSTable 和 MemTable 中读取内容,并且合并成一个新的 SSTable。压缩过程完成后,合并过程中读取的 SSTable 和 MemTable 就可以被删除,通常在 SSTable 中添加删除入口标记(Entry)标记该类 SSTable。如果一次合并将所有的 SSTable 合并到一个 SSTable 上,这个过程被称为"主压缩"(Major Compaction)。Bigtable 定期检查它的所有子表并执行 Major Compaction 操作。Major Compaction 过程可以允许 Bigtable 收回被删除数据占用的资源,查询并删除未被任何子表使用的 SSTable,保证被删除数据在一定时间内就可以从系统中消失。但子表服务器执行压缩操作生成新的 SSTable 和修改元数据子表的这两个操作不是原子的,回收资源时需避免删除刚生成但未被记录到元数据子表中的 SSTable 文件,通常选择回收一段时间未被使用的 SSTable 文件。

子表服务器定期向 Master 汇报状态信息，当有子表服务器负载过重时，Master 自动对其执行负载均衡策略，迁移该子表服务器上的子表。子表迁移需要互斥锁，互斥锁将在过载子表服务器和空闲子表服务器之间依次授权，完成过载服务器解锁、空闲服务器上锁加载等操作。若过载子表服务器发生异常，空闲子表服务器会等待互斥锁到期后再执行后续操作。子表迁移通过子表服务器进行 Minor Compaction 操作，将内存中的更新操作通过 SSTable 的文件形式转存到 GFS 中，迁移后的子表无须回放操作日志。

子表服务器发生故障时，某些子表的更新操作还在内存中，需要通过回放操作日志来恢复子表。子表服务器并未对每个子表维护一个操作日志文件，而是将它服务的子表操作日志混写进 GFS，每条日志通过<表格编号，行主键，日志序列号>来唯一标识。当子表服务器宕机后，Master 将该宕机服务器的服务子表分配给其他子表服务器，同时将一些子表服务器的日志分段排序，减少子表服务器从 GFS 读取的日志数据量。排序后同一个子表的操作日志连续存放，子表服务器恢复子表时仅需读取该字表对应的操作日志即可。但 Master 需要选择低负载子表服务器进行排序，且处理排序失败情况。

（4）Bigtable 总结

Bigtable 具有广泛适用性、扩展性、高性能和高可用性等优点，它类似一个数据库系统，但 Bigtable 自身并不支持关联数据类型存储，它向客户端提供简单/动态/模式自由的数据模型。客户端可存储任意字符串或字节数据，还可控制数据存储于内存还是硬盘中。但多客户端可能出现重复操作等导致数据不一致；同时由于 Bigtable 依赖 GFS 和 Chubby，依赖的系统本身具有一定的复杂性，集成系统的复杂性导致出现问题时难以定位问题位置；Bigtable 中的子表服务器出现故障时读写服务短时间无法提供，不适合于实时性特别高的业务。

2. Windows Azure Storage

Windows Azure Storage（WAS）是一种可伸缩的云存储系统，Azure 存储平台包括 3 种存储服务，它提供二进制大对象（Blob）文件存储的 Azure Blob，提供结构化表存储 Azure Table 和提供消息传递的队列 Azure Queue。它在 Microsoft 内部用于社交网络搜索，提供视频、音乐和游戏内容，管理病历等应用程序。此外，Microsoft 之外还有成千上万的客户在使用 WAS，任何人都可以通过 Internet 进行注册以使用该系统，WAS 客户可以随时随地访问其数据，而只需为其使用和存储的内容付费。

WAS 的设计目标是为用户提供大规模的数据存储，WAS 中数据量可扩展至 EB 级别；它提供冗余的数据备份可确保发生短暂硬件故障时数据安全可靠，同时 WAS 服务对写入到 Azure 存储账户的所有数据进行加密，对访问用户进行精确控制；它还提供可缩放的存储设计满足应用程序在数据存储和性能方面的要求，对存储的数据提供全局名称空间（Global Namespace），可在世界任何地区访问数据，并实现访问数据时服务器的自动负载均衡。用户可通过Http或Https从世界上任何位置访问Azure中的存储数据，微软用各种常见编程语言编写了适用于Azure的客户端库及成熟的API。

WAS提供一个单一的全局命名空间，该命名空间允许客户端访问其在云中的所有存储，并随时间扩展到任意数量的存储。所有数据均可通过以下格式的统一资源标识符（Uniform Resource Identifier，URI）来访问。

http(s)://AccountName.<service>.core.windows.net/PartitionName/ObjectName

WAS使用DNS作为存储名称空间的一部分，并将存储名称空间分为3部分：账户名（AccountName）、分区名（PartitionName）和对象名（ObjectName）。AccountName是客户选择的用于访问存储的账户名，且是DNS主机名的一部分，DNS通过AccountName查找存储数据的主存储集群或数据中心。在数据中心中所有请求都将到达该AccontName，一个应用程序可以使用多个AccountName在不同位置存储其数据。请求达到数据中心后，PartitionName就会定位数据，根据流量需求扩展对跨越多存储节点之间的数据访问。当PartitionName包含许多对象时，ObjectName标识该分区内的各个对象。系统支持具有相同PartitionName值的对象进行原子事务。ObjectName是可选字段，PartitionName对于某些类型的数据也可唯一标识账户中的对象。<service>字段代表了服务的类型，该字段可以是Blob、Table或Queue。

WAS的这种命名方法使它可以灵活地支持3个抽象数据的处理。对于Blob，完整的Blob名称为PartitionName，表中的每个实体（行）都有一个由两个属性组成的主键——PartitionName和ObjectName。这种区别允许使用表的应用程序将行分到同一个分区中，跨行执行原子事务。对于队列（Queue），队列名称为PartitionName，并且每条消息都有一个ObjectName在队列中唯一地标识它。

（1）WAS总体架构及其组成

如图3-13所示，WAS可由定位服务（Location Service）和存储区（Storage Stamp）两部分组成。存储区是具有 $N$ 个存储节点的机架组成的集群，其中每个机架都有冗余网络和电源，机架构成一个独立故障域。集群的范围通常为10~20个机架，每个机架约有18个磁盘密集型存储节点。为了提供低成本的云存储，需要保持生产中配置的存储利用率尽可能高，WAS的设计目标是容量，需要事务和带宽方面保持大约70%的存储利用率。系统设计时尽量避免利用率超过80%，因为保留20%的空间可用于磁盘短行程，通过利用磁盘的外部磁道来获得更好的寻道时间和更高的吞吐量，以及继续提供存储容量和存储区内出现机架故障时的可用性。当存储区存储利用率超过70%时，定位服务将使用存储区间复制（Inner-stamp Replication）将账户迁移到其他存储区。

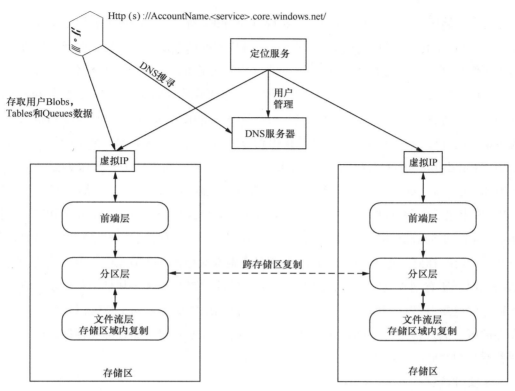

图 3-13 WAS 架构示意

定位服务管理所有的存储区，提供所有存储区的账户名并为存储区分配用户，通过管理用户的分配来实现容灾恢复与负载均衡。定位服务分布在不同的数据中心中，实现对自身的容灾恢复。定位服务会跟踪每个存储区使用的资源，当应用程序请求 WAS 数据时，定位服务会根据位置分布，考虑每个存储区负载信息并使用启发式算法，选择合适的数据区作为用户的主要访问区域，之后存储用户账户的元信息，更新 DNS 和虚拟 IP（Virtual Internet Protocol，VIP）后请求路由到最佳存储区节点上。存储区由 3 个主要部分组成，分别是文件流层、分区层和前端层。

① 文件流层（Stream Layer）：该层将数据存储在磁盘上，负责在服务器之间分发和复制数据，以使数据在存储区中保持可用性。WAS 中文件被称为流（Stream），文件系统中的数据块（Chunk）在 WAS 中被称为区段（Extent）。文件流层可以被认为是存储区中的分布式文件系统层，文件流层知道如何存储和复制数据，但并不理解高级的数据结构及其语义。虽然数据存储在文件流层中，但存储的数据只可通过分区层访问。存储区中每个存储节点上都有分区服务器（分区层中的守护进程）和流服务器。

② 分区层（Partition Layer）：分区层用于管理和理解更高级别的数据结构（Blob、Table、Queue）。它还提供可扩展的对象名称空间，提供文件处理顺序和存储的一致性，在文件流层上管理存储对象数据，及提供对象数据缓存以减少磁盘 I/O 等功能。分区层的另一个功

能是通过在存储区内划分所有数据对象来实现可伸缩性。所有对象都有一个 PartitionName，根据 PartitionName 值划分到不相交的区域，并由不同的分区服务器提供服务。另外，它还提供了跨分区服务器的 PartitionNames 的自动负载平衡，以满足对象的流量需求。

③ 前端层（Front-End Layer）：前端层由一组接收请求的无状态 Web 服务器组成。Web 服务器每收到一个请求后，前端层会查询其 AccountName 进行身份验证和授权，然后通过请求的 PartitionName 字段将其路由到分区层中的分区服务器。系统维护一个分区映射表（PartitionMap）来跟踪 PartitionName 的范围，确保每个分区服务器该为哪些 PartitionName 提供服务。前端服务器一般会缓存分区映射表，以减少一次网络请求。

WAS 中包含两种复制方式，存储区域内复制（Intra-Stamp Replication）和跨存储区（Inter-Stamp Replication）复制。存储区域内复制完全在文件流层完成，存储区域内复制将一个 Extent 存储节点（ExtentNode）的多个副本保存在其他节点中，每个成功的写操作都必须保证所有副本同步成功，实现数据强一致性；跨存储区复制是一种异步复制，专注于跨存储区复制数据，跨存储区复制将账户数据的副本保留在两个位置以进行容灾恢复且在存储区之间迁移用户数据，并在分区层上执行。数据处理大部分都在存储区中进行，下面着重介绍存储区文件流层和分区层。

（2）文件流层

文件流层提供内部接口供分区层使用，它还提供了类似于名称空间和 API 的文件系统，所有写操作都是追加操作。支持的接口操作包括打开、关闭、删除、重命名、读取、附加和串联大文件等，被操作的这些文件称为流。每个流包含一组 Extent，每个 Extent 由更小的数据块（Block）构成。图 3-14 表示流文件//foo 包含了指向 4 个 Extent（E1、E2、E3 和 E4）的指针，每个 Extent 包含一组追加的数据块，其中 E1、E2 和 E3 是封闭的（Sealed），意味着它们不能继续在其中追加数据块，只有 E4 中的最后一块后面可继续追加新的数据块。如果应用程序从头到尾读取流文件数据，则它将按 E1、E2、E3 和 E4 的顺序获取 Extent 中的数据块内容。

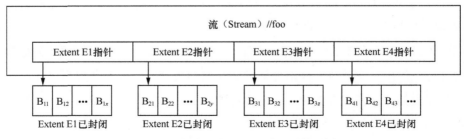

图 3-14 包含 4 个 Extent 的流文件示例

数据块是数据读写的最小单位，每个块最大不超过 4MB，数据块追加时无须大小相同。

客户端读取流文件和 Extent 的偏移量获取数据块边界，根据边界读取符合长度所需数量的数据块。文件流层中每个数据块都有一个校验和，每次读取都需要对其进行检查。此外，系统每隔几天就会根据其校验和对系统中的所有数据块进行一次验证，以检查数据的完整性。

Extent 是文件流层中复制的单位，默认复制策略是在一定范围内将 3 个副本保留在一个存储区中。每个 Extent 以 NTFS 文件保存，Extent 的默认大小为 1GB。若存储小对象，多个小对象可能共享一个 Extent；若存储大对象（Blob），如 GB 或 TB 大小的对象，则该对象会被分割成多个 Extent。WAS 中的 Extent 和 GFS 中的 Chunk 概念是一致的。

流文件用于文件流层对外接口，每个流文件在分层名称空间中都有一个名称，并且流文件在分区层上看起来像一个大文件。每个流文件都由流文件管理器（Stream Manager）存储有序的 Extent 指针，一个流文件可以由其他流文件或 Extent 聚合快速生成，流文件的更新仅涉及更新所包含的 Extent 指针。在流文件中只有最后一个 Extent 才能被追加，先前的 Extent 均不能被修改。

分区层客户端（Partition Layer Client）负责向分区层提供接口，这些接口是文件流层给分区层应用的访问接口，不遵守 POSIX 规范。这些接口包括控制层面的 open、close、delete 和 rename，数据层面则包括 read 和 append 等。分区层访问文件流层时先访问流文件管理器，然后获取交互的 Extent 节点信息，最后直接访问这些存储节点来完成数据读取或追加。

流文件管理器、Extent 存储节点（ExtentNode）是文件流层中重要的两个组成部分。流文件管理器维护文件流层元数据，包括活动流文件的命名空间、流文件到 Extent 之间的映射关系、Extent 所在存储节点信息等。它还负责监控 Extent 存储节点，整个系统的全局控制包括 Extent 的复制、负载均衡、无用 Extent 的回收等。流文件管理器定期通过心跳消息查询 Extent 存储节点，其内部通过 Paxos 协议实现高可用性。

Extent 存储节点存储每个 Extent 的副本数据，每个 Extent 存储为一个单独的磁盘文件，文件中包含该 Extent 的所有数据块数据、校验和及每个数据夹的索引信息。Extent 存储节点之间相互通信传递分区层客户端提供的追加数据，同时还需要接收流文件管理器发来的命令。

WAS 中流文件只能追加不能写入，追加属于原子操作，通常以数据块为单位进行，多个数据块经过客户端一次性提交到服务端，保证原子性。考虑客户端追加数据失败需要重试，产生重复记录，元数据和操作日志流（Commit Log Streams）中的所有数据均有一个唯一的事务编号（Transaction Sequence），顺序读取数据时忽略编号相同的事务；每个表格中的行数据流（Raw Data Streams）只有在最后一个数据块追加成功时才会被索引，追加失败的数据块不会被索引，会被系统的垃圾回收机制删除。WAS 文件流层架构和数据追加流程如图 3-15 所示，具体描述如下。

① 若分区层客户端未缓存当前 Extent 信息(Extent 封闭或追加请求新的 Extent)时，

它会请求流管理器创建一个新的 Extent。

② 流文件管理器将第一个 Extent 的 3 个副本分配给 3 个 Extent 节点（一个主节点和两个辅助节点），由流文件管理器随机选择这些副本。主副本允许客户端写操作，从副本只允许接收主副本同步的数据。写入过程中主副本保持不变，因此不需要引入租约机制，简化追加流程。

③ 写请求到达主副本后，主副本首先确定追加数据块在 Extent 中的位置，若多个客户端并发向一个 Extent 中追加数据，主副本需确定追加操作的顺序，最后将数据写入主副本。

④ 主副本将待追加数据发送给某从副本，辅助副本接着转发给其他从副本，每一个从副本严格执行主副本确定的写操作顺序。

⑤ 从副本写成功后向主副本应答。

⑥ 所有副本应答成功后，主副本向客户端回复追加操作成功消息。

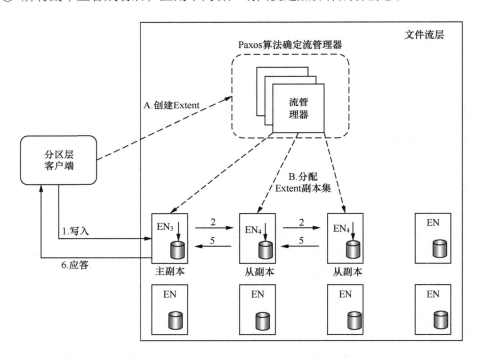

图 3-15  WAS 文件流层架构和数据追加流程

若追加过程中某副本发生故障导致追加失败，客户端将追加失败消息返回并联系流文件管理器，流文件管理器接收该请求后立即封闭失败的 Extent，使后续的追加操作不在该 Extent 上执行，同时创建一个新的 Extent 继续提供追加操作。流文件处理器处理故障的平均时间较短（20ms），新创建的 Extent 可继续完成客户端后续的追加操作，整个过程影响不大。

（3）文件流层中的磁盘优化

许多硬盘驱动器以牺牲公平性为代价来实现最大的吞吐量，它们倾向于大量数据的顺序读取或写入。文件流层中既有大容量数据的顺序读写，也有大量的随机操作，磁盘由于使用这种工作方式而使得随机操作长期处于饥饿状态，在某些磁盘上观察到随机 I/O 被阻塞长达 2 300ms。为了避免这种问题，WAS 改进了调度策略，若存储节点上已发出的请求期望完成时间超过 100ms 或最近某请求的响应时间超过 200ms 时，避免将新的 I/O 请求调度到该磁盘。这种方式可以在某些顺序请求上略微增加总体时延，实现读写之间的公平性，但牺牲了磁盘的吞吐量。

客户端的追加操作应答成功后都需要将追加数据及其副本持久化存储到磁盘，虽然该策略提高了可靠性，但每次客户端的并发追加都需要将 Extent 文件写入磁盘中，将导致大量的随机写操作，为了减少随机写入带来的高时延，在每个 Extent 节点中都保留一个磁盘或 SSD 作为单独的日志盘（Journal Drive），日志盘专用于顺序保存节点上的所有 Extent 的追加数据，当分区层进行追加操作时，数据由主 Extent 节点写入，并行发送到其他辅助节点，每个节点执行各自的追加操作，该操作分为两部分，第一部分将所有追加数据写入各自的日志盘，将随机写转变成对日志盘的顺序写；前一步操作成功后，将追加数据写入对应的 Extent 文件中，并将数据保存到系统内存中。若节点发生故障，需要通过日志盘中的数据恢复 Extent 文件。日志盘的针对一个 Extent 的连续写操作合并成对一个磁盘的顺序写操作，提高了系统吞吐量，且降低了整体时延。

（4）分区层

分区层构建在文件流层之上，用来存储不同类型的数据对象，并了解事务对于给定对象类型的含义。分区层处理不同类型对象的逻辑和语义，用于对象可大规模扩展的名称空间，负载均衡及保证事务操作顺序。

分区层提供了一种称为对象表（Object Table，OT）的内部数据结构。对象表是一个可以增长到几个 PB 的大表。基于对该表的流量负载，对象表被动态细分为连续的范围分区（Range Partitions），类似 Bigtable 中的子表，并分散在 WAS 存储区中多个分区服务器中。范围分区是对象表中从给定的低到高键值的连续行范围，给定对象表的所有范围分区都是不重叠的，并且每一行确保只在一个范围分区上。

对象表中包含用户表（Account Table）、Blob 数据表、Entity 实体数据表、Message 表。用户表存储并分配存储区中每个用户的元数据和配置；Blob 数据表、Entity 实体数据表和 Message 表分别对应了 WAS 中的 Blob、Table 和 Message 服务。分区层还存储一张全局的模式表（Schema Table），它包含了所有对象表的模式信息，即每个对象表包含的每个列名字、数据类型及其他属性等。对象表划分为很多行，每一行通过一个主键（Primary Key）定位，主键由 3 个属性构成：用户名（Account Name）、分区名（Partition Name）

和对象名（Object Name）。系统还维护一张分区映射表（Partition Map），跟踪所有对象表的当前范围分区，以及为每个范围分区提供服务的分区服务器，前端服务器根据此表将请求路由到相应的分区服务器上。

分区层主要由分区管理器（Partition Manager，PM）、分区服务器（Partititon Servers，PS）、锁服务（Lock Service）和客户端等主要部件构成。分区层数据传输流程及其架构示意如图 3-16 所示。

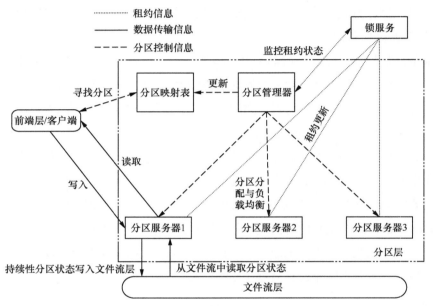

图 3-16　分区层数据传输流程及其架构示意

① 分区管理器：分区管理器负责将大量对象表划分为范围分区，每个范围分区分配给分区服务器以提供对该对象的访问。分区管理器管理所有的分区服务器，指导分区服务器的分裂与合并，通过对象表的范围分区分配情况监控分区服务器，确保一个活动的分区服务器仅分配一个范围分区。分区管理器还负责平衡分区服务器之间的负载，实现分区服务器故障恢复等。每个 WAS 存储区中有多个分区管理器，管理器之间通过租约方式获取锁服务，当前拥有租约的分区管理器被称为主管理器。

② 分区服务器：分区服务器负责服务来自上层的请求，分区服务器将所有分区状态信息持久存储到文件流层中，并在内存中保留一份分区状态表。每个分区服务器与锁服务共同维护一个租约，通过租约实现对范围分区的独占性，保证没两个分区服务器可以同时为同一个范围分区提供服务，但一个分区服务器可以服务来自不同分区表的范围分区，平均 10 个左右，它具有强大的一致性读写服务和并发事务处理能力。

③ 锁服务：Paxos 锁服务用于 WAS 存储区内主分区管理器的选取，每个分区服务器与锁服务之间维持了租约，为分区服务器上的范围分区提供服务。锁服务监控租约状态，

分区服务器租约即将到期时,会向锁服务重新续约,分区服务器租约过去后需要主动停止读写服务。若分区服务器出现故障,分区管理器等待故障分区服务器租约过期后,由故障分区服务器服务的所有范围分区都由分区管理器分配给其他可用的分区服务器。WAS 中租约与 Bigtable 中类似,此处不再赘述。

分区层会根据分区服务器上的负载自动进行负载均衡,每个分区服务器管理一定量的范围分区,如果一个分区服务器上的所有范围分区都是高负载,分区管理器会在其余分区服务器之间的心跳消息中获取该情况,并将一部分范围分区迁移到其他分区服务器,然后更新分区映射表。如果是分区服务器上的某一个范围分区负载较高,分区管理器也会下发指令将这个范围分区进一步切分,切分后的范围分区迁移到其他负载较低的分区服务器。如果某两个范围分区负载较低,分区管理器还会下发指令让其合并为一个范围分区均衡分区服务器负载。

(5)WAS 总结

GFS 中 Chunk 的大小为 64MB,但 WAS 可以将每个 Extent 的大小提高到 1GB,通过增加数据块规模的方式减少原数据,提升数据处理速度;同时 WAS 使用一级元数据目录,Bigtable 元数据目录分为根表和元数据表两级,单级元数据实现更加便捷;WAS 中的每个 Extent 及其副本之间具有强一致性,保证每个副本之间的字节完全相同,而非 GFS 中 Chunk 的弱一致性;WAS 中不同范围分区的操作写入不同的日志文件,而 Bigtable 中的每个子表服务器中的所有子表共享一个操作日志。总的来说,WAS 借鉴了 GFS 与 Bigtable 的设计,根据自身的使用环境与设计假设进行了修改与创新。

### 3.2.3 分布式键值系统

关系数据库依赖数据关系模型,常见的如一对一、一对多或多对多等关系模型,用二维表格行和列的形式存储数据,便于用户理解。因此一个关系型数据库就是由二维表及其之间的联系组成的一种数据组织。其中关系模型包括数据结构(二维表)、操作指令结合(SQL 语句)和完整性约束(表内数据约束、表间约束等)。1970 年 Edgar Frank Codd 提出大规模关系型数据库后,关系型数据库被广泛应用于大规模共享存储环境中,但由于海量数据的处理对数据库提出了更高的处理、并行和可扩展性的要求,新的数据库模型无关系数据库(Non-relational SQL,NoSQL)就此诞生,无关系数据库无须依赖关系型数据库的强数据一致性和复杂的 SQL 语句。键值存储系统是一种简单的 NoSQL 数据库,它只针对单个键值对<Key,Value>的增删改查操作,适用于一致性散列算法,同时数据库更加有效且价格低廉,受到亚马逊 Dynamo 和 Google Bigtable 的青睐。

NoSQL 根据采用的数据模型不同可分为 4 种类型,包括键值数据库、文档数据库、列族数据库和图数据库。Google Bigtable 使用列族数据库,而应用最为广泛的是键值数据库。

相比传统的关系型数据库，无关系数据库具有以下几个方面的优势。

（1）简单且有较高的吞吐率。关系型数据库为保证数据的强一致性，采用数据库事物正确执行基本要素（ACID），即保证关系型数据库操作的原子性（Atomicity）、一致性（Consistency）、隔离性（Isolation）和持久性（Durability）。而这些特性对于社交网络应用等特殊应用是完全没有必要的，保证 ACID 的数据存储往往具有很差的可用性。NoSQL 并不采取强一致性，而是采用最终统一性，设计简单且吞吐率较高。

（2）较高的扩展性。NoSQL 的设计并不依赖硬件，硬件设备的添加、脱离和故障等并不影响数据的可用性，因而使其具有较强的可拓展性。

（3）NoSQL 数据结构简单。多数 NoSQL 数据库的数据结构相比关系型数据库数据结构更为简单，例如键值存储系统。用户查询只需查找主键（Primary Key），因而具有较快的查找速率。

键值存储系统的数据模型为键值映射表<Key，Value>，每个键对应一个值。键值存储的实现大多使用散列表和平衡树，如 B 树和红黑树等。用户可根据 Key 查找、读取、写入或删除 Value，一般 Value 只存储系统中的一块数据。由于键值系统通过主键访问，所以查找速度快、性能高效且易于扩展。键值存储模型如表 3-4 所示。

表 3-4　键值存储模型

| 数据模型 | Key 与 Value 之间建立键值映射表，一般采用散列表 |
|---|---|
| 应用场景 | 处理大数据的高速访问，例如会话信息存放、用户配置及购物车数据等 |
| 特性 | 速度快，易扩展 |
| 范例 | BerkeleyDB、LevelDB、Memcached、Voldmort、Redis 和 Riak 等 |

Amazon Dynamo 是一种经典的分布式键值系统，秉承了高度去中心化、松散耦合、完全分布式的原则。即使服务器因人为原因或不可抗力因素等失去服务能力，Dynamo 仍然能够继续满足产品服务需求，因此它具有去中心化、高可用性和高扩展性等特点。Amazon 平台系统架构如图 3-17 所示。

（1）Dynamo 数据分布

Dynamo 根据应用程序需要一个永远可写的数据存储请求，不会由于故障或并发写入导致更新操作被拒绝；其次，Dynamo 建立在所有节点被认为是值得信赖的单个管理域的基础设施之上，使用 Dynamo 的应用程序不需要支持分层命名空间或复杂的关系模型；Dynamo 为时延敏感的应用程序设计，所有的读写操作需要在几百毫秒内完成，为了满足这些要求，尽量避免通过多的节点路由请求，采用零跳的一致性散列表（Distributed Hash Table）实现节点的快速访问，并使用 Gossip 算法使每个节点维护足够的路由信息直接从本地将请求路由到相应节点。

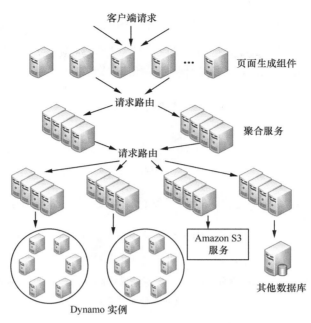

图 3-17 Amazon 平台系统架构

传统的散列式布局通过散列函数计算数据的散列值，通过散列值取模来定位数据存储的机器，其结构如图 3-18 所示。假设有 $N$ 个存储节点组成一个分布式存储系统，一个数据对象映射到存储机器编号的公式为：Hash（id）%$N$，并将这 $N$ 个存储节点从 0~$N$-1 依次编号，但需要有一台中心服务器用于完成数据定位请求，它的优点是定位迅速，根据散列算法的特性，定位所需的时间很短，但当该系统中的存储节点增加或减少时，大部分数据的定位会发生变化，需要对数据进行重新计算和定位，这时数据读取和更新被暂停，系统无法及时同外界做出反应；由于数据的不确定性，可能存在多个数据定位到同一台资源受限的机器，导致该机器负载过重而出现宕机的可能，无法将任务负载到其他存储设备中；一部分数据通过散列计算分配到了相应的存储节点，增加新数据时，散列结果能保证原来已分配的数据被分配到新的存储节点上，而不是现有的其他存储节点，散列布局方式过于简单，存储节点变更将导致的开销过大。

一致性散列算法同样使用取模的思想，散列布局的方法使用节点数量取模，而一致性散列算法是对 $2^{32}$ 取模，一致性散列算法将整个散列空间组织成一个虚拟的圆环，圆环最上方的点用 0 标记，顺时针遍历圆环一周，依次经过的点按顺序编号为 0~$2^{32}$-1，这个环也被称为散列环。一致性散列算法根据服务器的 IP 地址或主机名作为关键字进行散列，将每台存储设备映射到散列环中，对应环上的某个点；再根据数据的键使用相同的散列函数计算散列值，确定此数据在环上的位置，从数据映射到散列环上点的位置，沿环顺时针查找，查找到的第一台存储设备即为该数据定位到的存储服务器。例如，现有 3 个数据对象，分别为对象 A（Object A）、对象 B（Object B）和对象 C（Object C），3 台存储服务器 A、

B 和 C，经过散列计算后数据对象对应在散列环上的位置及从属关系如图 3-19 所示，根据一致性算法，ObjectA->NodeA 表示对象 A 定位到节点 A，ObjectB->NodeB 表示对象 B 定位到节点 B，ObjectC->NodeC 表示对象 C 定位到节点 C。

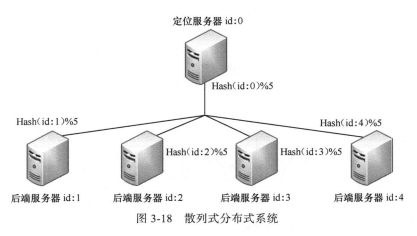

图 3-18　散列式分布式系统

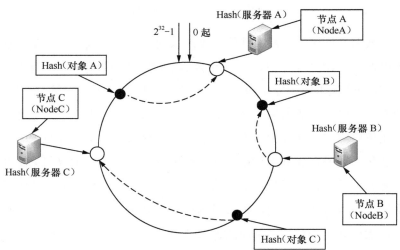

图 3-19　数据对象在散列环上的定位

当服务器 C 出现故障，对象 C 根据一致性散列算法被重新定位到节点 A（NodeA），在此过程中对象 B 和对象 A 的定位均未受影响，受影响的数据部分仅仅是此服务器到散列环上前一台服务器之间的数据［此处为节点 B（NodeB）到节点 C（NodeC）之间的数据］，其他数据不受影响。现假设新增一台服务器节点 X（NodeX），经过散列计算后其在散列环中位于节点 B（NodeB）和节点 C（NodeC）之间，对象 C 又重新被定位到节点 X（NodeX）上，而对象 A 和对象 B 并未受影响，此时数据节点在散列环上的位置如图 3-20 所示。一致性散列算法对于节点的增减值需要重新定位散列环中的一小部分数据，其具有良好的容错性和可扩展性。

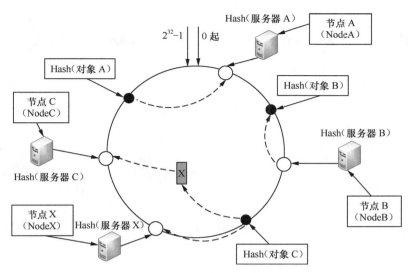

图 3-20　新增服务器 X 后数据节点在环上的位置

根据上述算法，在存储节点较少的情况下，容易因为节点分布不均匀造成数据倾斜，若两个服务器在环中的位置映射较远，中间的大量数据被定位到环中同一个服务器上，对其产生重大负荷。为了解决数据倾斜问题，一致性散列算法引入虚拟节点机制，即对每一个服务器节点计算多个散列，每次在计算结果位置放置一个虚拟服务节点，具体的实现方式可通过服务器 IP 或主机名后添加编号来实现。在加入虚拟节点后，即使在服务节点很少的情况下也能做到相对均匀的数据分布，过程如图 3-21 所示。工业界一般将安全备份数量设定为 3，假设系统中有 $N$ 个存储节点，待备份的数据存储在节点 A 上，节点 A 可通过散列环按顺序查找相邻的两个节点 B 和 C，将数据备份到节点 B 和节点 C 中，但一致性散列算法引入了虚拟节点，若节点 B 或节点 C 是一个或两个物理存储设备映射而来，此时存在至少两个数据备份位于同一台物理存储设备上，该重复备份没有任何意义，需要引入对虚拟节点的判断，防止备份数据存储在同一台设备中。

由于存储设备和人为等因素，系统中节点成员的加入和脱离经常发生，Dynamo 中某个节点每隔一段周期时间通过 Gossip 协议与其他节点通信，Gossip 协议使集群中的点互相更新节点状态、负载情况和版本信息等，如果连接成功则双方交换各自保存的集群信息，集群信息用于定位，找到数据所属的节点。客户端也缓存整个集群信息，使得大部分请求能够一次定位到目标节点。Dynamo 指定一个种子节点定期与散列环中的其他节点交换集群信息，种子节点的存在使得新加入的节点可首先与种子交换集群信息，对集群有整体的认识，同时集群也可发现新节点的加入。集群不断变化，如果发现某个节点长时间未更新状态，相邻两次更新时间间隔超过系统设定的阈值时，可判断该节点已下线。

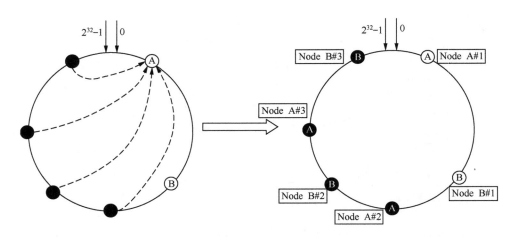

图 3-21　数据倾斜与虚拟节点均匀分布

（2）Dynamo 数据可靠性与备份

Dynamo 系统中使用廉价的存储设备来降低存储成本，存储设备因性能损坏时有发生，无法保证机器的持久性和稳健性。为了维持稳定的服务，系统必须保证部分机器出现故障时仍能继续提供服务，通常考虑增加存储系统中的数据备份来提升系统的整体性能。

当一个节点发生故障时，该节点数据丢失导致部分数据备份数目小于预定值，数据需要再次备份到一个新的存储节点中，此时新存储节点中除了保留原数据还将保留一个提示（Hint），表明副本的预期接受者，即原故障节点信息，并将所有数据保存在一个单独的本地存储中。若故障节点在短时间内重启，则新的备份节点将临时数据归还给原故障节点后删除该备份，这个过程被称为数据回传（Hinted Handoff）。在回传副本移交回原故障节点之前，该副本是不可用的。

若故障节点超过系统设定的阈值时间未重新上线，则判断该节点已失效，新加入的存储节点需进行失效节点的数据同步，Dynamo 使用了反熵（Anti-Entropy）协议使副本保持同步。一般采用默克尔树（Merkle Tree）对数据进行快速同步，默克尔树是一种散列树，其中的叶子是各个键的散列值，树中较高的父节点是其各自子节点的散列。默克尔树的主要优点在于，可以独立检查树的每个分支，而不需要节点下载整个树或整个数据集。默克尔树有助于减少在检查副本之间的不一致时需要传输的数据量。例如，如果两棵树根的散列值相等，则树中叶节点的值相等，并且这些节点不需要同步。如果存在一个数据不匹配，则从该数据对应的叶节点到根节点的散列值均会发生改变，这时数据同步只需同步从根节点到叶子节点不同的文件即可。默克尔树可最大限度地减少同步所需传输的数据量，并减少在反熵过程中执行的磁盘读取次数。

假设一个数据的 3 份备份存储在 A、B 和 C 三个物理存储设备上，此时依次出现两个请求，先写后读，假设写请求在 A 节点上更新成功，而读请求读取 B 节点数据，导致读取的 B 节点数据和写入后的 A 节点数据不一致，这时为了维护数据的一致性，需要原子地对 A、B、C 三个节点进行写入，但写操作的原子性引入将会消耗系统较多的处理时间，若 3 个节点中某个节点出现异常会导致该写操作无法完成，即数据库事务正确执行的 4 个基本要素——原子性、一致性、隔离性和持久性（Atomicity、Consistency、Isolation、Durability，ACID）不可能同时达到。

Dynamo 从中进行取舍，将 ACID 的选择权交给用户，引入 NWR 模型，其中 $N$ 代表复制的副本数，$W$ 表示成功写入的最少节点数，$R$ 表示成功读取的最少节点数。要求 $W+R>N$ 保证当存在不超过一台机器故障时，至少能读到一份有效的数据，当人们需要优化写性能时，可配置 $W=1$，即写完一个副本就算成功，其他副本通过异步操作更新，若 $N=3$，根据公式 $W+R>N$ 得到 $R=3$，至少需要读取 3 个及以上的副本判断数据是否有冲突，该操作可优化写入时间但需要读取所有节点的数据；当需要优化读取性能时，可配置 $W=N$，根据公式可得 $R=1$，此时只需读取一个副本即认为读取成功，但数据需要成功写入所有节点；当需要平衡读取性能时，可设置 $W=R$，一般可设置 $N=3$，$W=2$，$R=2$，若丢失最后的一些更新也不会有影响，可设置 $N=3$，$W=1$，$R=1$，此时不保证每次读取的数据为最新数据。

Dynamo 中由于多个节点存储的集群信息有所不同，同一数据被多节点同时更新或依次更新时版本不尽相同。通常情况下，Dynamo 将每次数据修改的结果看成是一个新的且不可修改的数据版本，允许系统中同一时间出现多个版本对象，但系统无法协调同一对象的多个版本，需要客户端自行协调。Dynamo 通过引入向量时钟（Vector Clock）来获取同一对象不同版本的因果关系。

向量时钟实际上是一个（nodes，counter）对列表，nodes 表示节点，counter 是计数器，向量时钟与每个对象的版本相关联，计数器初始为 0，节点每更新一次则计数器加 1。通过审查向量时钟，可以判断一个对象的两个版本是平行分支或因果顺序，如果第一个时钟对象上的计数器在第二个时钟对象上小于或等于其他所有节点计数器，说明第一个更新早于第二个，可被忽略，否则认为该变化是冲突的，并要求协调。向量时钟的更新如下，更新过程如图 3-22 所示。

客户端写一个新的对象（Object），处理此主键写操作的节点 Sx 进行一次写操作，增加其序列号，并使用它来创建数据的向量时钟，产生一个对

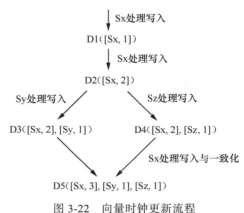

图 3-22　向量时钟更新流程

象版本 D1([Sx, 1])；客户端接着写入新的对象，假设相同的节点也处理该请求，产生第二个版本 D2([Sx, 2])。D2 继承 D1，因此可以覆写 D1；假设相同的客户端再次更新，不同的服务器 Sy 处理该请求。系统现在具有数据 D3 及其关联的时钟 D3([Sx, 2]，[Sy, 1])。

另一个客户端读取 D2 并尝试更新它，服务器 Sz 执行这个写操作，系统得到数据 D4 和其向量时钟 D4[(Sx,2)，(Sz,1)]。D1 或 D2 的节点可以在收到 D4 及其时钟后确定 D1 和 D2 被新数据覆盖，D1 和 D2 通过垃圾回收机制处理。已知 D3 且接收 D4 的节点后发现它们之间并无因果关系，换句话说，D3 和 D4 中的变化互不相关，必须保留两个版本的数据，并在读取时将其提供给客户端以进行语义协调。

现在假设某些客户端同时读取了 D3 和 D4。读取的上下文是 D3 和 D4 时钟摘要，即 [(Sx,2)，(Sy,1)，(Sz,1)]。如果客户端执行协调，且由节点 Sx 协调写操作，则 Sx 将在时钟中更新其序列号。新数据 D5 将具有新的时钟摘要，其表示为 D5[(Sx,3),(Sy,1),(Sz,1)]。

常见的版本冲突通过客户端逻辑判断或根据版本时间戳选择最近副本等方式解决。但向量时钟不能完全解决冲突，Dynamo 只保证读取的最终一致性，对于读取到数据的冲突版本需要进行版本合并，若多个节点之间更新顺序不一致，客户端可能读取不到预期的数据。

（3）Dynamo 总结

Dynamo 的主要优点是能为客户端应用程序提供可调的 3 个参数（$N$，$R$，$W$），用户通过改变 $N$、$R$、$W$ 的数值来调整 Dynamo 的 ACID，例如 $N$ 的值决定了每个对象的持久性，$W$ 和 $R$ 影响对象的可用性、持久性和一致性。Dynamo 还采用了无中心节点的分布式设计，增加系统的可扩展性，保证数据版本的最终一致性，但多客户端并发操作时难以预测操作结果。Dynamo 设计综合了许多分布式技术，为后续的分布式存储系统的相关部件设计提供了新的思路。

### 3.2.4 分布式数据库

随着传统的数据库技术日趋成熟、计算机网络技术的飞速发展和应用范围的扩充，数据库应用已经普遍建立于计算机网络之上。这时集中式数据库系统表现出它的不足，大部分数据已按实际需要在网络上分布存储，再采用集中式处理，势必造成大量通信开销。应用程序集中在一台计算机上运行，一旦该计算机发生故障，整个系统将受到影响，可靠性不高；集中式处理引起系统的规模和配置都不够灵活，系统的可扩充性差。在这种形势下，集中式数据库的"集中计算概念"向分布计算概念发展。

分布式数据库（Distributed Database）定义为一群分布在计算机网络上、逻辑上相互关联的数据库，网络中的每个节点具有独立处理的能力（称为场地自治），可以执行局部应用，同时每个节点也能通过网络通信子系统执行全局应用，在数据库领域形成一个分支。分布式数据库管理系统（Distributed DataBase Management System，D-DBMS）是支持管理分布式数据库的软件系统，它使得分布式数据库对于用户是透明的，分布式数据库系统（Distributed DataBase System，DDBS）用于表示分布式数据库与分布式数据库管理系统两者的统一。世界上第一个分布式数据库系统 SSD-1 由美国计算机公司 CCA 于 1979

年在 DEC-10 和 DEC-20 计算机上实现。从 20 世纪 90 年代以来，分布式数据库系统进入商品化应用阶段，传统的关系数据库产品均发展成以计算机网络与多任务操作系统为核心的分布式数据库产品，分布式数据库逐步向客户机/服务器（Client/Server，C/S）模式发展。常规的 DDBS 环境如图 3-23 所示。

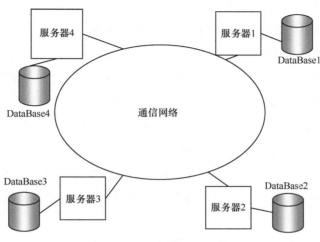

图 3-23　常规的 DDBS 环境

根据数据模型和 D-DBMS 的关系可将分布式数据库系统 DDBS 分为 3 种类型：同构同质型 DDBS、同构异质型 DDBS 和异构型 DDBS。同构同质型 DDBS，各个场地使用的是同一类型的数据模型且分布式数据库采用同一型号的 DBMS；同构异质型 DDBS，各个场地使用的是同一类型的数据模型，但使用了不同的 DBMS，如 DB2、Oracle 和 SQLServer 等；异构型 DDBS，各个场地使用的数据类型和 DBMS 均不相同，随着计算机网络技术的发展，异种机联网问题已得到较好的解决，异构 DDBS 也能存取网络中各异构库中的数据。

**1．分布式数据库的功能**

（1）分片：分布式数据库把数据库关系分割成更小的片段，并将这些片段处理成分开的数据库对象（一种关系），分片方式可以有效地减少复制带来的负面效果，每一个复制仅仅复制了数据的关系子集。分片使得数据存放的单位不是关系而是片段，有利于用户按照自身的需求较好地组织数据的分布，也有利于控制数据的冗余度。分片有 3 种通用方式，一种是水平分片（Horizontal Fragmentation），水平分片是指按照一定的条件将关系按行（水平方向）划分成若干不相交的子集，每个子集是关系的一个片段；其次是垂直分片（Vertical Fragmentation），垂直分片将关系按照（垂直方向）划分若干子集，垂直分片方式必须能够重构原来的全局关系，即垂直分片可以通过连接恢复原关系，垂直分片后的片段通常都包含关系的编码；最后一种是混合分片（Hybrid Fragmentation），在多数情况下，单一的水平分片和垂直分片并不能充分满足用户需求，可能在水平分片后需要垂直分片，或在垂直分片后需要水平分片，生成树结构的划分，这种划分存在先后关系，也称为交叉分片或嵌套分片。

（2）分配：分配是将分片后的片段集合根据分布式数据库中各站点数据库的特征进行有效分配，目的是使各片段在数据库站点上存储和更新时付出的代价最小，同时考虑数据库的性能和负载，最小化数据库响应时间并最大化系统吞吐量，但该问题的建模是一个 NP 完全问题，常用的方法如采用启发式算法来近似最优解，或提出假设降低问题复杂度。

（3）数据库集成：数据库集成可以在物理或逻辑层面上进行，物理集成将源数据库进行集成，集成后的数据库物化（Materialized）为数据仓库（Data Warehouse），集成过程采用抽取—转换—载入工具（Extract-Transform-Load，ETL）从源数据库中抽取数据，将抽取到的数据匹配全局数据模式，进行数据载入，这个过程成为物化过程。逻辑集成并不物化数据，仅维护虚拟的全局概念模式，这种方式也被称为企业信息集成（Enterprise Information Integration，EII），数据存放在运行的数据库中，全局概念模式仅提供虚拟的集成结果供于查询。

（4）数据与访问控制：语义数据控制使用高层语义对数据和访问进行控制，语义控制包括视图管理、安全控制和语义完整性控制。视图（View）是一个虚拟的关系表（Virtual Relation），它由一个或多个数据库基表导出，基表是数据库中永久存储的表，即基表就是实际存在的表。视图还反映了数据库的所有更新，外部模式可通过一组视图定义。视图还可隐藏数据库部分数据，用户仅能通过视图访问数据库，不能操作隐藏的数据，从而保障了数据的安全。数据安全包括数据保护和访问控制两个方面，数据保护可以阻止未授权用户获取数据的物理内容，通过数据加密的方法实现访问控制；访问控制保证只有授权的用户才能在授权内容上执行操作，在多用户并发访问数据情况下限制用户访问内容，访问控制是作为文件系统的服务内容，最早由分布式操作系统提供，数据库的访问控制提供了更精细的、非集中式的授权控制，主要的访问控制方法有裁决式（Discretionary）、强制式（Mandatory）或多级式（Multilevel）。语义完整性控制保证了数据库的一致性，数据库的并发控制、可靠性、保护和语义完整性控制等都属于事务管理，语义完整性拒绝可能导致状态不一致的更新事务或触发数据库状态上的特定操作来抵消不一致的更新效果，最终目的是使更新后的数据库必须满足完整性约束。

（5）查询处理与优化：关系数据库通过隐藏数据的物理组织底层细节，允许用户以简单的方式表达复杂的查询，通常由 DBMS 中查询处理程序（Query Processor）设定，查询处理程序的任务是把一个在分布式数据库上的高层次查询映射为关系片段上的数据库操作序列，查询所访问的数据必须定位到本地，在本地的片段上进行关系运算，片段上的代数查询需要用通信加以扩展或使用代价函数进行优化，但选择一个查询的最优执行策略和关系数据有关，且数学建模为 NP-Hard 问题。

（6）事务管理：事务是数据库系统中保持一致性和可靠执行的基本单位，确定查询的执行策略并翻译成数据库操作原语后，操作将以事务为单位执行查询。事务具有原子性、一致性、隔离性和持久性（ACID）。分布式数据库系统中，一个全局事务会涉及多个数据库上的数据更新，事务分布执行，将一个全局事务分解为若干子事务，所有的子事务要么一致全部提交，要么一致全部回滚。多用户系统中还必须保证分布事务的可串行性，分布式事务管理通常包括事务的恢复和并发控制。

**2. 分布式数据库系统特点**

分布式数据库系统向用户"隐藏"了系统实现的细节，将系统的高层语义和底层的实现问题相分离。完全透明的 DBMS 为复杂应用提供了高层的支持。分布式数据处理使用分而治之的办法来解决大规模数据管理问题，它处理数据的基本特点如下。

（1）物理分布性与逻辑整体性：分布式数据库系统中数据不是存储在一个站点上，而是分散在由计算机网络连接起来的若干个站点中；但这种分散存储对于用户来说几乎感觉不到，分散存储的数据在逻辑上是一个整体，被所有用户共享，且由一个 DBMS 统一管理。

（2）场地自治与集中控制相结合：场地自治是指在存储站点的数据由本地的 DBMS 管理，完成基于本地的应用，站点内所有用户均可访问本地数据库，共享站点内部数据，称为局部数据共享；系统中的所有数据库均受到一个统一的全局 DBMS 管理，全局用户可以通过全局 DBMS 访问各场地的存储数据，完成全局应用。通过本地 DBMS 和全局 DBMS 完成对个体与总体的控制与结合。

（3）数据分片与分布透明性：数据分片与分布透明性是分布式数据库系统中实现数据独立性的基本要求。数据分片将数据库关系分割成更小的片段，这些片段处理成分段的数据库对象，减少复制的负面效果，也减少了所需的空间。分布透明性是指逻辑分片在站点的分布对于用户是透明的，用户从感知上认为所有数据来自同一个数据库。

（4）数据冗余：集中式数据库中需要尽量较少冗余，因为冗余数据不仅浪费存储空间，还容易造成数据副本间不一致，为此需要付出更多的系统维护代价。分布式数据库系统中通过提高冗余副本数来保证系统的可靠性和可用性，不会因为一处故障而导致整个系统瘫痪；用户还可选择最近的副本进行操作，减少通信代价，提高系统性能。

（5）事务管理的分布性：事务是一个一致和可靠计算的基本单元，由原子性的数据库操作组成。数据的分布性造成事务的分布，例如查询事务涉及的数据分布在多个站点中，该查询事务将分解为多个站点的子事务执行，若一次操作影响多个站点数据，则需要对事务进行分布管理以保证系统的可用性。

## 3.3 数据库功能

### 3.3.1 整体结构

分布式数据库系统需要考虑数据和存储设备分散放置的特点及带来的缺陷，各站点之间的通信次数和数据传输量严重影响客户访问效率，访问数据尽可能在本地或邻近站点获取，使应用最大程度本地化；适当的冗余数据增加系统的可用性和可靠性，也是保证应用本地性的重要途径，但过于冗余的数据将增加站点同步更新开销，降低系统整体性能；同时考虑各站点间的负载程度和存储能力，合理分配站点间的空间资源和计算能力，实现站点的负载均衡。

**1. 分布式数据库结构定义**

分布式数据库中数据的定义通常从两个方面入手，说明数据的逻辑结构的方式称为模式定义（Schema Definition），而说明数据的物理结构的方式则称为物理数据描述（Physical Data Description）。从数据的模式定义出发，分布式数据库模式结构从整体上可以分为两大部分，下部是集中式数据库系统的模式结构，代表了各局部场地上局部数据库系统的基本结构；上部是分布式数据库系统增加的模式级别，包括全局外模式、全局概念模式、分片模式、分配模式、局部概念模式和局部内模式等，分布式数据库模式结构如图3-24所示。

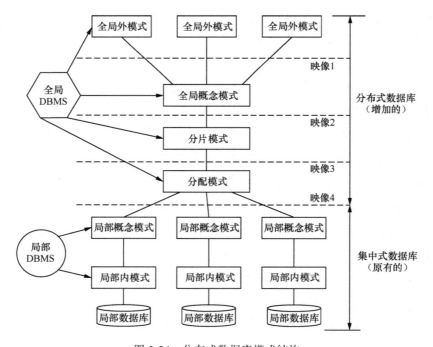

图3-24 分布式数据库模式结构

（1）全局外模式：它们是全局应用的用户视图，从一个由局部数据库组成的逻辑集合中抽取，全局外模式是全局概念模式的子集。

（2）全局概念模式：它定义了分布式数据库中数据的整体逻辑结构和数据特征，是分布式数据库的全局概念视图。全局概念模式中所用的数据模式应该易于影响其他模式，通常采用关系模型。

（3）分片模式：每个全局关系可以通过选择和投影的关系操作被逻辑划分为若干不相交的部分，每个部分称为一个片段，分片模式描述数据分片或定义片段，以及全局关系与片段之间的映像（Databaseimage），映像是将数据库的事务处理从一个 SQL Server 数据库转移到同步环境的 SQL Server 数据库中，简单地说就是数据库上的文件和日志的备份，类似于 HDFS 中的 Fsimage 镜像文件。

（4）分配模式：根据选定的数据分布策略定义一个片段的物理存放位置，即定义片段映像的类型，片段是全局关系的逻辑部分，一个片段在物理上可以分配到网络的不同节点上。分配模式定义片段的存放节点，分配模式的映像类型确定了分布式数据库是冗余的还是非冗余的。

（5）局部概念模式：局部概念模式是全局概念模式的子集，全局概念模式经逻辑划分成一个或多个逻辑片段，每个逻辑片段被分配在一个或多个站点上，这些逻辑片段被称为在某个站点上的物理映像或物理片段，全局概念模式有全局关系的若干个逻辑片段的物理片段集合，该集合是一个全局关系在某个局部场地上的物理映像，全部的物理映像组成局部概念模式。

（6）局部内模式：局部内模式是分布式数据库中关于物理数据库的描述，不仅包含局部本站点的数据存储描述，还包括全局数据在本站点的存储描述。

根据分配模式提供的信息，一个全局查询可分解为若干子查询，每一个子查询要访问的数据属于同一场地的局部数据库，由分配模式到各局部数据库的映像把存储在局部场地的全局关系或全局关系的片段映像为各局部概念模式，局部概念模式采用局部场地的 DBMS 所支持的数据类型。分片模式和分配模式是全局透明的，分片模式和分配模式以及映像的增加使得分布式数据库具有了分布透明性。

D-DBMS 是建立、管理和维护分布式数据库的一组软件，分布式数据库在设计将数据和程序放置到计算机网络上时，不需考虑分布式数据库管理软件和基于数据库系统运行的应用程序分布，因此分布式数据库管理系统体系框架大多由开发人员确定，D-DBMS 通常由 4 个部分组成：局部数据库管理系统（Local DBMS，LDBMS）、全局数据库管理系统（Global DBMS，GDBMS）、全局数据字典（Global Data Directory，GDD）和通信管理（Communication Management，CM）组成。D-DBMS 的通用结构如图 3-25 所示。

通信管理系统在分布式数据库各物理场地之间传送消息和数据，完成通信功能；全局数据库管理系统主要提供分布透明性，协调全局事务执行，协调局部 DBMS 完成全局应用，保证数据库的全局一致性、同步更新、全局恢复功能和执行并发控制等功能；局部场地上的数据库管理系统的功能是建立和管理局部数据库来提供场地的自治能力，执行局部应用和全局查询的子查询；全局数据字典里存放了全局概念模式、分片模式和分配模式的定义及模式之间映像的定义，存放用户存取权限定义，保证用户的合法权限和数据库的安全性，其中还存放数据完整性约束条件定义，与集中式数据库的数据字典类似。接下来以 Oracle 数据库为例，进一步介绍分布式数据库的结构特点。

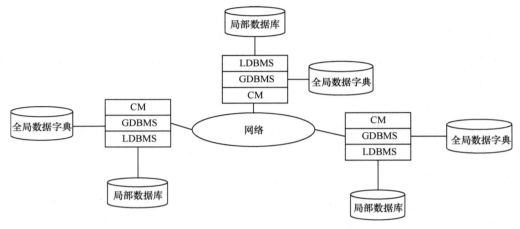

图 3-25　D-DBMS 通用结构

### 2. Oracle 数据库（Oracle Database）

Oracle 数据库又名 Oracle RDBMS，是甲骨文公司（Oracle）的一款关系数据库管理系统，也是目前世界上流行的关系数据库管理系统之一，同类型产品还有 MySQL、SqlServer 等。Oracle 数据库主要由实例（Instance）和数据库（DataBase）两个部分组成，其中 Oracle 数据库的结构可分为物理结构和逻辑结构，Oracle 的体系结构如图 3-26 所示。

### 3. Oracle 数据库的逻辑结构

Oracle 数据库的逻辑结构是一种层次结构，主要由表空间、段、区和数据块等概念组成，逻辑结构是面向用户的，用户通过 Oracle 的逻辑结构理解并开发应用程序、数据库存储层次结构及其构成关系，结构对象也从数据块到表空间形成了不同层次的粒度关系。Oracle 的逻辑结构如图 3-27 所示。

数据块是 Oracle 最小的存储单位，Oracle 数据存放在数据块中。一个数据块占用一定的磁盘空间，但 Oracle 中的数据块与操作系统上的块概念并不相同，因为 Oracle 中数据块的标准大小可以由初始化参数决定，操作系统每次执行 I/O 操作时，以操作系统的块为单位进行数据传输，而 Oracle 每次执行的 I/O 操作以 Oracle 的数据块为单位。Oracle 每次请求的数据都是数据块的整数倍，如果 Oracle 请求的数据量不到一个整的数据块，Oracle

也会全部读取。所以数据块也是 Oracle 读写数据的最小单位或者最基本的单位。

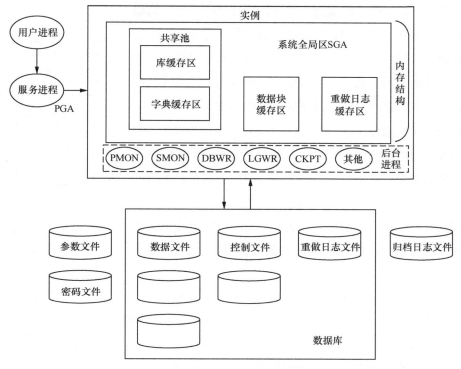

图 3-26　Oracle 体系结构

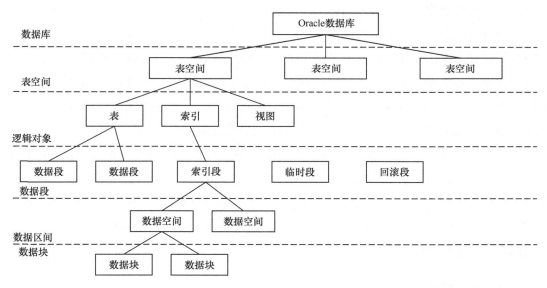

图 3-27　Oracle 逻辑结构

Oracle 数据块中存放表的数据和索引数据，但无论存放何种类型的数据，数据块的结构都是一样的。一个数据块由块头（Header）、表目录（Table Directory）、行目录（Row Directory）、空余空间（Free Space）和行数据（Row Data）组成。其中块头存放了数据块的基本信息，如数据块的物理地址、所属段的类型（是数据段还是索引段）等；表目录存放表的信息，若一些表的数据被放在该数据块中，则表的相关信息会被存放在表目录中；行目录记录数据块中的行数据信息，如行的地址等；行数据是真正存放表数据和索引数据的地方；空余空间则是一个数据块中未被使用的区域，这些区域用于插入新的行或更新已有行。数据块的结构如图3-28所示。

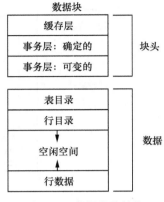

图3-28 数据块的结构

数据空间是一组连续的数据块。当一个表段、回滚段或临时段创建或需要附加空间时，系统总是为之分配一个新的数据空间。单独的数据空间不能跨越多个文件，因为它包含连续的数据块。数据空间的目的是用来保存特定数据类型的数据，也是表中数据增长的基本单位。在Oracle数据库中，分配空间就是以数据空间为单位，一个Oracle对象包含至少一个数据空间，设置一个表或索引的存储参数也要包含设置它的数据空间大小。

数据段的目的是用来保存特定对象，数据段是由多个数据空间构成，它是为特定的数据库对象（如表段、索引段、回滚段、临时段）分配的一系列数据空间。段内包含的数据空间可以不连续，并且可以跨越多个文件。Oracle数据库有4种类型的段，分为数据段、索引段、回滚段和临时段。数据段也称为表段，它包含的数据与表或簇相关。当创建一个表时，系统自动创建一个以该表的名字命名的数据段；索引段包含了用于提高系统性能的索引，一旦建立索引，系统自动创建一个以该索引的名字命名的索引段；回滚段包含了回滚信息，在数据库恢复期间使用，以便为数据库提供读入一致性和回滚未提交的事务，它是用来回滚事务的数据空间。当一个事务开始处理时，系统分配回滚段，回滚段可以动态创建和撤销；临时段是Oracle在运行过程中自行创建的段，当一个SQL语句需要临时工作区时，Oracle为此建立一个临时段，一旦SQL语句执行完毕，临时段空间便退回给系统。

表空间（System Tablespace）是数据库的逻辑划分，任何数据库对象在存储时都必须存储在某个表空间中。表空间对应若干个磁盘文件，它是由一个或多个磁盘文件构成的，相当于操作系统中的文件夹，也是数据库逻辑结构与物理文件之间的一个映射。每个数据库至少有一个表空间，表空间的大小等于所有从属于它的数据文件大小的总和，表空间是数据库存储的逻辑单位。

### 4. Oracle数据库的物理结构

Oracle数据库的物理结构包含了数据文件、日志文件、控制文件和参数文件。一个Oracle数据库有一个或多个数据文件，数据库中的所有数据文件包含全部的数据库数据，逻辑结构中的文件类型如段、表、索引等数据物理存储在数据库的数据文件中，通常一个数据文件仅与一个数据库联系，数据文件在建立后不可改变大小，表空间由一个或多个数据文件组成，数据文件可根据需要读取并存储在 Oracle 内存储区中；数据库包含两个或多个由日志文件组成的组，每一个组用于收集数据库日志，日志文件用于记录对数据的修改，用于防止数据库故障，同时 Oracle 使用镜像重做日志（Mirrored Redo Log）的方式防止日志文件本身出现故障，日志文件信息仅在系统故障或介质故障后恢复数据库时使用，主要通过日志文件记录的数据操作，将记录的正常操作回放；控制文件记录了数据库的物理结构，包含数据库名、数据库数据文件和日志文件的名字及位置，以及数据库的建立日期等，控制文件在 Oracle 启动实例时用于标识数据库和日志文件，在操作数据库之前必须打开它，数据库物理组成更改时，Oracle 会自动修改该数据库的控制文件；参数文件则记录了 Oracle 数据库的基本参数信息，主要包括数据库名、控制文件所在路径和进程等，参数文件一般在安装 Oracle 数据库系统时由系统自动创建，用户可对参数进行设定。Oracle 数据库的物理结构如图 3-29 所示。

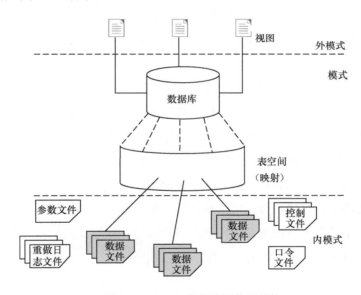

图 3-29　Oracle 数据库的物理结构

### 5．Oracle 实例

Oracle 数据库实例是用来访问一个数据库文件集的存储结构与后台进程的集合。一个单独的数据库可以被多个实例访问，但一个实例在同一时间只能访问一个数据库，数据库启动时，系统首先在服务器内存中分配系统全局区（System Global Area，SGA），构成 Oracle 的内存结构，然后启动若干个常驻内存的操作系统进程，组成 Oracle 的进程结构，内存区域和后台进程合称为一个 Oracle 实例。

系统全局区是一组为系统分配的共享内存结构，可以包含一个数据库实例数据与控制信息，如果多个用户连接到同一个数据库实例，在实例的 SGA 中，数据可以被多个用户共享，当数据库实例启动时，SGA 的内存被自动分配；当数据库实例关闭时，SGA 内存被回收。SGA 是占用内存最大的一个区域，同时也是影响数据库性能的重要因素。

SGA 主要包括数据库缓存区（DataBase Buffer Cache）、字典缓存区（Data Dictionary Cache）、重做日志缓冲区（Redo Log Buffer Cache）、共享池（Shared Pool）以及后台进程（Background Process），其结构如图 3-26 所示。

（1）数据库缓存区：数据库缓存区是 SGA 中的一个高速缓存区域，用来存储从数据库中读取数据段的数据块（如表、索引和簇）。数据块缓存区的大小由数据库服务器参数决定（用数据库块的个数表示），因为数据块缓存区的大小固定，并且其大小通常小于数据库段所使用的空间，所以它不能一次装载下内存中所有的数据库段。通常，数据块缓存区只是数据库大小的 1%～2%，Oracle 使用 LRU 算法来管理可用空间。当存储区需要自由空间时，最近最少使用块将被移出，新数据块将在存储区代替它的位置。通过这种方法，将最频繁使用的数据保存在存储区中。当多个应用程序共享同一个 SGA 时，每个应用的最近使用段都将与其他应用的最近使用段争夺 SGA 中的空间，导致数据块缓存区命中率降低，系统性能下降。

（2）字典缓存区：数据库对象的信息存储在数据字典表中，这些信息包括用户账号数据、数据文件名、段名、盘区位置、表说明和权限等，当数据库需要这些信息（如检查用户查询一个表的授权）时，将读取数据字典表，并返回读取数据存储在字典缓存区的 SGA 中。数据字典缓存区通过 LRU 算法来管理，字典缓存区的大小由数据库内部管理。

（3）重做日志缓冲区：重做日志缓冲区中存储了描述数据库修改操作的文件，它们写到联机重做日志文件中，以便在数据库恢复过程中用于向前滚动操作。但在被写入联机重做日志文件之前，事务首先被记录在重做日志缓冲区中，数据库周期地分批向联机重做日志文件中写重做项的内容，从而优化这个操作。

（4）共享池：共享池存储数据字典缓存区及库缓存区（Library Cache），库缓存区保存对数据库进行操作的语句信息。当数据块缓冲区和字典缓存区能够共享数据库用户间的结构及数据信息时，库缓存区缓存常用的 SQL 语句。共享池包括执行计划及运行数据库的 SQL 语句的语法分析树，在二次或多次运行相同的 SQL 语句时，可以利用共享池中可用的语法分析信息来加快执行速度。共享池通过 LRU 算法来管理，当共享池填满时，将从库缓存区中删掉最近最少使用的执行路径和语法分析树，以便为新的条目腾出空间。如果共享池太小，语句将被连续不断地再装入库缓存区，从而影响操作性能。

数据库的物理结构与内存结构之间的交互需要通过后台进程来完成，数据库写进程（DataBase Writer Process，DBWR）执行缓冲区数据写入磁盘的操作，日志写进程（Log Writer Process，LGWR）将日志缓冲去写入磁盘上的一个日志文件，检查点进程

(CheckPoint Process, CKPT)在检查点时出现,对全部数据文件的标题进行修改,并指示该检查点,通常配合 LGWR 一起执行;系统监控后台进程(System Monitor Process, SMON)在实例启动时执行实例恢复,还负责清理不再使用的临时段,并行服务器环境下还可对有故障的 CPU 或实例进行实例恢复;进程监控进程(Process Monitor Process, PMON)在用户进程出现故障时执行进程恢复,负责清理内存储区和释放该进程所使用的资源;恢复进程(Recovery Process, RECO)自动解决在分布式事务中的故障,负责处理所有悬而不决的事务,并将其从悬挂事务中删除。

### 3.3.2 只读事务

#### 1. 数据库事务介绍

数据库事务由作用于数据库的读写操作序列和一些计算步骤组成。它有两个目的,既为数据库操作序列提供了一种从失败恢复到正常状态的方法,又提供了数据库在异常状态下仍能保持一致性的方法。当多个应用程序并发访问数据库时,可以在这些应用程序之间提供一个隔离方法,以防止彼此的操作互相干扰。图 3-30 展示了事务从开始到结束的发展流程。

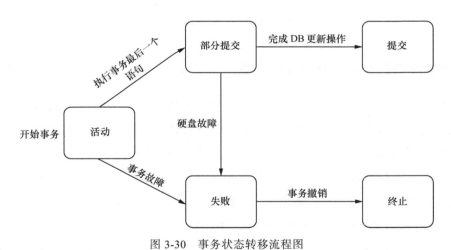

图 3-30 事务状态转移流程图

事务提供一种机制,可以将一个活动涉及的所有操作纳入一个不可分割的执行单元,组成事务的所有操作只有在所有操作均能正常执行的情况下方能提交,只要其中任一操作执行失败,都将导致整个事务的回滚。简单地说,事务提供一种"要么什么都不做,要么全都做的机制"的方法。事务是数据库系统中保证一致性和执行可靠计算的基本单位。

当事务被提交给了数据库管理系统,则 DBMS 需要确保该事务中的所有操作都成功完成且其结果被永久保存在数据库中,称该事务已提交(Commit)。如果事务没有完成任务却中途停止，则事务中所有正在执行的操作都会停止，所有已经执行的操作都需要回滚，回到事务执行前的状态。事务提交后所有执行结果都会永久保留在数据库中，无法再进行回滚，提交事务的那一刻被称为"不可返回点"，事务对数据库或者其他事务的执行无影响，所有的事务都好像在独立运行。图 3-31 展示了常规的事务管理流程。

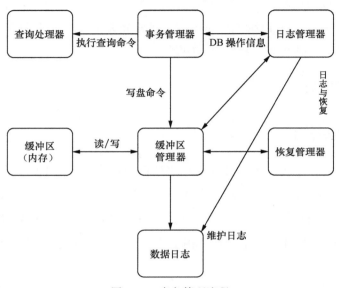

图 3-31 事务管理流程

### 2. 数据库事务 ACID 特性和并发控制

事务的一致性与可靠性由以下 4 个性质决定，分别为原子性、一致性、隔离性和持久性。它们统称为事务的 ACID 性质，这 4 个性质并非相互独立而是相互依赖。

（1）原子性（Atomicity）：事务的原子性指事务是操作的基本单元，事务的所有动作要么全都不执行，要么全被执行，事务执行过程中被故障打断，事务的原子性要求 DBMS 能够响应该故障，且能决定如何将事务从中恢复回来。其中恢复方式有两种，要么"撤销（Undo）"所有已完成的操作，要么完成剩下的操作。

（2）一致性（Consistency）：事务的一致性指事务的正确性，事务应确保数据库的状态从一个一致状态转变为另一个一致状态。一致状态的含义是数据库中的数据应满足完整性约束，系统的状态反映数据库本应描述现实世界的真实状态，例如转账前后两个账户的金额总和保持不变等。

（3）隔离性（Isolation）：隔离性是事物的一种属性，它要求在任何时候，任何事务见到的数据库都是一致的，即一个执行中的事务不能向其他事务告知执行结果，也可认为多个事务并发执行时，一个事务的执行不应影响其他事务的执行。

（4）持久性（Durability）：持久性是指一个事务已经提交后，对数据库的修改应该永久保存在数据库中，它产生的结果是永久的，不能从数据库中抹去，DBMS 会保证事务的运行结果不受之后系统故障的影响。

在事务的 ACID 特性中，一致性是事物的根本追求，数据库系统通过并发控制技术和日志恢复技术避免对数据一致性的破坏，数据一致性破坏主要有两个来源，事务的并发执行，事务故障或系统故障。DBMS 中并发控制的任务是确保在多个事务同时存取数据库中同一数据时不破坏事务的隔离性、统一性和数据库的统一性。如无并发控制容易造成下面几个问题。

（1）脏读（Dirty Read）：脏数据是指事务中已修改但未保存的数据，事务 T2 读取到事务 T1 修改但未提交的数据，之后事务 T1 执行取消，导致事务 T2 读到的是一个根本不曾存在于数据库中的值。

（2）不可重复读（Non-Repeatable Read）：事务 T1 读到的数据被事务 T2 的数据修改或者删除，并且事务 T2 提交事务。如果事务 T1 重新读取这个数据的时候，要么得到不一样的数据，要么什么都读不到，即同一事务 T1 的两次读取操作得到了不一样的结果。

（3）幻读（Phantom Read）：事务 T1 根据某一条件获取数据之后，事务 T2 新产生一条或多条数据，导致数据 T1 再次以同样的条件去获取数据时，获取到新的不同的数据。不可重复读的重点在于数据的修改和删除，而幻读的重点在于数据的新增。为了避免这些问题的出现便引入了事务隔离级别的概念。SQLServer 隔离事务之间的影响可通过锁来实现，通过阻塞隔离上述影响，隔离级别越高，加的锁越多，效率越低。

（4）未提交读（Read Uncommited）：在读取数据时不增加任何锁，也不会对数据进行检测，可能会读到尚未提交的数据；已提交读（Read commited），只读取提交的数据，读数据共享锁在数据读取完成后立即释放，解决了脏读问题；可重复读（Repeatable Read），在同一个事务内读取与事务开始时间一致，读取数据后将该数据加锁，其他事务无法修改该数据，但该方法无法限制加锁事务的写入，解决了脏读和不可重复读的问题，存在幻读现象。

（5）可串行化读（Serializable Read）：完全串行化的读取，每次读取都需要获得共享锁，读操作与写操作相互阻塞，读用读锁，写用写锁，这样可以有效避免幻读、不可重复读和脏读等问题，缺点是并发效率低，事务隔离级别标准如表 3-5 所示。

表 3-5　事务隔离级别标准

| 事务隔离级别 | 脏读 | 不可重复读 | 幻读 |
| --- | --- | --- | --- |
| 未提交读（Read Uncommitted） | 可能 | 可能 | 可能 |
| 已提交读（Read Committed） | 不可能 | 可能 | 可能 |

续表

| 事务隔离级别 | 脏读 | 不可重复读 | 幻读 |
|---|---|---|---|
| 可重复读（Repeatable Read） | 不可能 | 不可能 | 可能 |
| 可串行化读（Serializable Read） | 不可能 | 不可能 | 不可能 |

主流数据库在设计中遵守了上述 4 个定义的隔离级别标准，一般默认已提交读（Read Committed）级别，但 Oracle 数据库并未严格遵守该标准，Oracle 数据库中除保留了已提交读和可串行化读两个事务隔离级别外，还提出了第三种事务隔离级别，称为只读事务（Read-Only）。

只读事务仅查看那些在事务开始时提交的更改，且不允许插入（Insert）、更新（Update）和删除（Delete）语句，即 Oracle 数据库在设置只读事务后，当前会话所见的数据图像将不再受到其他会话事务的影响。若一次执行单条查询语句，数据库默认支持 SQL 执行期间的读一致性，Oracle 的默认事务隔离为已提交读，单条查询语句不影响 SQL 执行期间的读一致性。若一次执行多条查询语句，例如统计查询或报表查询时，多条查询 SQL 必须保证读一致性，在前一条 SQL 查询语句之后与下一条查询语句处理之前，数据或已被修改，整体的统计查询会出现读数据不一致的情况。只读事务与可重复读均支持一条数据的多次读取，但二者的区别在于只读事务不存在数据的修改，Oracle 对于只读事务不启动回滚段，不记录回滚日志，保证在同一时间点上读到的数据反映该时间点的数据真实性，保证数据整体的一致性。

### 3.3.3 写事务

Oracle 中使用写事务对数据库数据进行创建、修改和删除等能够更改数据的操作，它们是 Oracle 中的数据操作语言（Data Manipulation Language，DML），包括 select、update、insert 和 delete 指令。数据操作语言成功修改数据之后，还需要提交事务控制语言（Transaction Control Language，TCL）才能真正将数据改变应用到数据库中。

大部分的写事务只针对单行操作，组合使用 DML 语句中 insert、delete、update 语句执行单行操作或条件操作。客户端执行 OracleSQL 语句时，将该 SQL 语句发送服务器端，让服务器进程处理。服务器通过查询高速缓存，检查语句合法性和语言含义后，获取对象解析锁，最后验证客户端的访问权限。解析后的数据交由数据库服务器进程执行，服务器执行步骤如下。

（1）检查所需的数据库是否已经被读取到缓冲区缓存中。如果已存在缓存中，则直接执行步骤 3。

（2）若所需的数据库并不在缓冲区缓存中，则服务器将数据块从数据文件读取到缓冲区缓存中；服务器进程请求表锁（DML Enqueue，TM）和一些行级锁（Transaction Enqueue，TX）对数据进行加锁，加锁成功后读取数据，使用最近最少使用算法寻找空闲缓冲区和非脏缓冲区存储该数据，若空间不足时，数据库写进程（DBWR）清洗脏数据缓冲区（Dirty Buffer）腾出空间。而后服务器进程将数据文件中读入这些行所在的每一个数据库块（DataBase Block）放入数据缓冲区的空闲区域，排列在 LRU 列表头部。

（3）对想要修改的表取得数据行独占锁（Row Exclusive Lock），之后对所需要修改的数据行取得独占锁。

（4）将数据的重做记录复制到重做日志中；服务器进程现请求重做日志缓存器，将语句影响并读入数据库缓冲中的行数据唯一标识符（Rowed）、待更新的原值、新值和已提交版本系统修订号（System Change Number，SCN）等信息从程序全局区（Program Global Area，PGA）逐条写入重做日志缓存中，日志写进程（LGWR）将重做日志缓冲中的数据写入磁盘上的重做文件中（等待日志文件同步），写入完成后的日志文件对应的缓冲区锁存器会被释放，可被新的数据写入覆盖。

（5）产生数据修改的回滚数据；完成本事务所有的重做日志缓存后，服务器进程改写数据库缓冲的块头部事务列表，写入 SCN，并复制头部事务列表和 SCN 信息数据得到数据副本放入回滚段中，该副本称为"前映像"，用于回滚、恢复和一致性读。

（6）服务器修改数据库缓冲块中的数据内容，并在数据块头部写入回滚段地址，如果行数据多次更新而未提交，回滚段中会添加多个"前映像"，每个"前映像"头部包含均有 SCN 信息和"前前映像"的回滚段地址，一次更新对应一个 SCN，服务器进程在脏表中（Dirty List）中建立一条指向该数据块的缓冲，数据库写进程可找到脏表中的缓冲数据库块并写入数据文件中。而后服务器进程重复读取后续数据块，执行相同操作，当脏队列（Dirty Queue）长度达到阈值后，服务器进程通知数据库写进程将脏数据写出，释放数据库缓冲的锁存器，缓冲区变为空闲状态。

（7）数据库写进程将修改写入数据文件，并执行提交指令完成数据的修改。提交指令触发日志写进程，日志写进程不强制数据库写进程释放所有数据缓冲块锁，因为数据库写进程仍在写数据，表头行锁等待数据库写进程执行完成后释放，防止并行冲突。若提交命令触发后，数据库写程序未完成且客户端断电，提交命令之前完成的数据已属于数据文件内容，但未完全写入数据文件中，需要根据重做日志文件进行数据前滚，更新写入文件；若提交命令未触发数据库断电，此时数据不属于数据文件，数据库写进程在数据文件上的每一次修改都会被先一步记录进重做日志文件，客户端重启后根据重做日志回滚。

语句执行完毕后，查询修改后的数据仍然在服务器进程中，未被传送到客户端进程，通过服务器端的数据提取代码将数据结果返回给用户端进程，完成整个查询修改操作。

### 3.3.4 OLAP 业务支持

联机分析处理过程（On Line Analytical Processing，OLAP），也称为在线分析处理，主要用于支持企业决策管理分析。联机事务处理（On-Line Transaction Processing，

OLTP），也称为面向交易的处理。OLTP 是传统关系型数据库的主要应用，通常是基本日常的事务处理，例如在交易中记录某类业务发生的时间，OLTP 系统记录谁在何时何地发生了购买行为，相关的一行或多行数据在数据库中以增删改查的方式进新更新处理，要求系统实时性高、稳定性强，确保数据及时更新。常见的业务系统如企业资源管理（ERP）、客户关系管理（CRM）、自动化办公（Office Automation，OA）等均属于 OLTP 系统。OLTP 系统容易在 CPU 和磁盘子系统出现瓶颈，一些计算型函数频繁使用，逻辑读取频繁执行等需要消耗大量 CPU 时间，造成系统负载升高，同时数据库文件的顺序读取涉及数据块的频繁读取，系统对磁盘的输入输出操作次数超过磁盘承载极限时，会出现严重的性能问题。

当 OLTP 系统中的数据积累到一定程度时，需要对过去的数据进行统计分析，需要根据业务分析需求进行相应的数据清洗，然后存储在数据库中，由数据库统一提供 OLAP 分析。OLAP 和 OLTP 之间可认为 OLAP 在一定程序上依赖于 OLTP，OLAP 是 OLTP 的一种拓展，让 OLTP 产生的数据体现更大的价值。

OLAP 中一条语句的执行时间可能会非常长，读取的数据也非常多，在这样的系统中，考核的标准往往是磁盘子系统的传输带宽，一般用 MB/s 来表示系统流量速率，磁盘子系统的吞吐量取决于磁盘的数目，OLTP 中增加磁盘读写性能使用的缓存和 B 树索引等技术，但这些方法在 OLAP 中并不能直接提升系统吞吐量，通常需要增加磁盘数目和较大的网络传输带宽，表 3-6 展示了 OLAP 与 OLTP 的区别。

表 3-6　OLAP 与 OLTP 的区别

|  | OLTP | OLAP |
| --- | --- | --- |
| 用户 | 操作人员，底层管理人员 | 决策人员，高层管理人员 |
| 功能 | 日常操作处理 | 分析决策 |
| DB 设计 | 面向应用 | 面向主题 |
| 数据 | 当前最新的、细节的、二维的、分立的 | 历史的、聚集的、多维的、集成的、统一的 |
| 存取 | 读/写数十条记录 | 读上百万条记录 |
| 工作单位 | 简单的事务 | 复杂的查询 |
| 用户数 | 上千个 | 上百万个 |
| DB 大小 | 100MB ~ GB | 100GB ~ TB |
| 时间要求 | 实时性 | 时间要求不严格 |
| 主要应用 | 数据库 | 数据仓库 |

OLAP 数据以多维数据集或超多维数据集建模，如图 3-32 所示，它是一种逻辑多维结构，包含一个或多个度量（Measure），度量表示这个维成员（Member of Dimension）上的取值，维成员是不可再分的原子取值，维表示人们对事物观察的视角，如时间、地点、性别和年龄等。维又可以进一步层次细分，如时间进一步细分为年、月、日和时等。

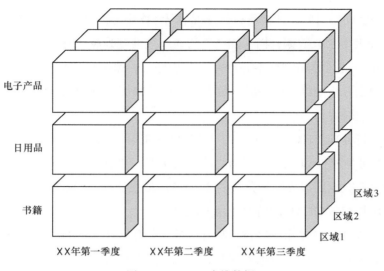

图 3-32　OLAP 多维数据

OLAP 操作分为下探（Drill Down）、上卷（Roll Up）、切片（Slice）、切块（Dice）和旋转（Pivot）等。下探将汇总数据拆分到更细的层次，如只看第一季度钻取第一季度的具体月份数据；上卷是下探的反操作，回到更高汇聚层数据；切片操作把数据按某个维度进行切分，进行数据降维，如将书籍进行切分，切分后的数据仅和日期、地点有关；切块按一个范围进行切分，切片按照一个点进行切分；旋转交换维度的行列位置，换个视角观察数据。OLAP 可按存储器的数据存储格式分为 ROLAP、MOLAP 和 HOLAP。

关系型联机分析处理系统（Relational OLAP，ROLAP）使用关系型数据库或者扩展的关系型数据库来管理数据仓库数据，而 OLAP 中间件支持其余的功能。ROLAP 包含了每个后端关系型数据库的优化、聚合、维度操作逻辑的实现、附件的工具以及服务等，这些工具通常可以存储和处理大量数据，通常具有 RDBMS 中已经包含的诸如恢复、回滚和复制之类的功能。即使是最简单的多维查询，也需要复杂的 SQL 语句，这些语句需要大量的连接，这使得查询数据库非常慢。所以 ROLAP 比 MOLAP 有更好的可伸缩性。比较典型的 ROLAP 有 Mondrian 和 Presto（Facebook），阿里的分布式关系型数据库服务（Distributed Relational Database Seravice，DRDS）也可以看作是 ROLAP。

多维联机分析处理（Multi-Dimensional OLAP，MOLAP）通过基于数据立方体的多位存储引擎，支持数据的多位视图，即通过将多维视图直接映射到数据立方体上，使用数据立方体能够快速索引预计算的汇总数据，数据立方体会预先计算和预先汇总数据，以获取快速的查询响应时间，这样会导致加载时间更长，并且通常需要大量的磁盘空间。为了避免数据库爆炸，多维数据库（Multi-Dimensional DataBase，MDDB）必须具有良好的稀疏性。比较典型的 MOLAP 有 Kylin（Apache）、Lylin（Ebay）、Pinot（linkedin）和 Druid。

MOLAP 是空间换时间，即把所有的分析情况都物化为物理表或者视图，查询的时候直接从相应的物理表中获取数据，而 ROLAP 则通过按维度分库、分表等方式，实现单一维度下的快速查询，通过分布式框架并行完成分析任务，来实现数据的分析功能。MOLAP 实现较简单，但当分析的维度很多时，数据量呈指数增长，而 ROLAP 在技术实现上要求更高，但扩展性也较好。

混合联机分析处理（Hybrid OLAP，HOLAP）混合了 ROLAP 和 MOLAP，同时具备 ROLAP 较大的可伸缩性和 MOLAP 的快速查询功能。细节数据以灵活的 ROLAP 数据形式存放，高度聚合数据则以更利于分析的 MOLAP 形式展现。但业界还没有一致的定义，目前根据不同场景和各 OLAP 的特性使用 HOLAP。

在 OLAP 系统中，常使用分区技术和并行技术。分区技术在 OLAP 系统中的重要性主要体现在数据库管理上，比如数据库加载，可以通过分区交换的方式实现，备份可以通过备份分区表空间实现，删除数据可以通过分区进行删除，至于分区在性能上的影响，它可以使一些大表的扫描变得很快（只扫描单个分区）。如果分区结合并行的话，也可以使整个表的扫描变得很快。总之，分区主要的功能是提高管理的便利性，但分区技术并不能绝对保证查询性能的提高，分区有时也会使查询性能降低。并行技术除了与分区技术结合外，Oracle10g 中分区技术与 Oracle 实时应用集群（Real Application Clusters，RAC）结合可实现多节点的同时扫描，例如 select 的全表扫描任务平均分派到多个 RAC 的节点上去。

## 本章小结

本章详细介绍了有关工业大数据的分布式存储技术概念和分布式存储分类，从非结构化数据、半结构化数据和结构化数据等方面依次阐述了工业大数据分布式文件系统的 Google 文件系统和 Hadoop 分布式文件系统、分布式表格系统的 Google Bigtable 和 Windows Azure Storage、分布式键值系统的 Amazon Dynamo 以及有关整体结构、只读事务、写事务和 OLAP 业务支持的数据库功能。

## 本章习题

1. 分布式存储的特点以及从数据结构上可以将工业大数据分为哪几类？
2. HDFS 分布式文件系统的特点有哪些？
3. 请简述键值存储模型的概况。
4. 请简述分布式数据库结构的定义。
5. OLAP 与 OLTP 的区别有哪些？

# 第 4 章

# 分布式计算技术

## ▶学习目标

1. 了解什么是分布式计算。
2. 了解典型分布式计算 MapReduce 和 Spark 的运行机制。
3. 掌握分布式计算模型中的集群技术。
4. 掌握分布式计算的编程思想。
5. 了解分布式计算模型中的简单对象访问协议。

## ▶内容导学

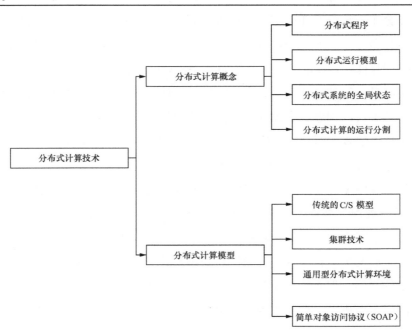

## 4.1 分布式计算概念

分布式计算是计算机科学中的一个研究方向，它研究如何把一个需要非常强大计算能力才能解决的问题分成许多小的部分，如何分配给多个计算机进行处理，最后把这些计算结果综合起来得到最终的结果。中国科学院将分布式计算定义为，"在两个或多个软件之间互相共享信息，这些软件既可以在同一台计算机上运行，也可以在通过网络连接起来的多台计算机上运行。"分布式计算具有计算资源可以共享、可以在多台计算机上平衡计算负载、可以把程序放在最适合它的计算机上运行等特点，其中资源共享和平衡负载是计算机分布式计算的核心思想之一。在介绍分布式计算前，先介绍串行、并行和分布式计算之间的关系。

串行计算在任务程序执行时不拆分任务，多个任务在同一时间段内从开始执行到最终结束，每个时刻只有一个程序在执行，只有当前程序执行完成后才可执行下一个程序，程序执行期间占用完整的计算资源。并行计算相对于串行计算来说，一次可执行多个指令算法，可分为时间并行和空间并行。时间并行算法依靠执行任务的特点，根据程序在执行期和资源等待期的时间占用设计流水线算法，实现多个任务并发加速；空间并行则使用多个处理器执行并发计算，空间并行将任务分割成多个子任务，每个子任务占用一定处理资源，并行计算中各子任务相互联系，子任务结果互相影响，串行计算与并行计算的区别见图4-1。分布式计算可看作一种特殊的并行计算，它也是将一个任务分成几个子任务，子任务占用不同的处理资源。但分布式计算的子任务之间并没有必然相关性，不同子任务独享自己的一套计算系统。分布式计算的子任务具有独立性，单个子任务的运行结果不会影响其他的子任务，所以分布式计算对任务实时性要求不高，且允许存在一定的计算错误。分布式计算的每个计算任务有多个参与者进行，计算的结果需要上传到服务器后进行比较，并对差异大的结果进行验证。常规的分布式计算如图4-2所示。

分布式系统是一组独立实体的集合，实体是指计算机硬件或软件组件，实体合作解决了单个实体无法解决的问题，实体间通过网络传递消息进行通信和动作协调。这种简单的定义覆盖了所有可部署在网络上的计算机系统，常用的因特网（Internet）就是一个典型的分布式系统。通常分布式系统具有以下显著特征。

（1）并发：网络中程序并发执行是常见的方式，用户在必要时可通过网络共享文件和Web资源，系统处理共享资源的能力会随着网络用户数及网络资源的不断增加而提高，有效处理用户间的程序请求，对共享资源的并发执行程序协调将是一个重要的问题。

（2）缺乏全局时钟：程序通过交换消息来协调它们的动作，密切的协作取决于程序动作发生时间上的共识，但网络上计算机与时钟同步所达到的准确性有限，计算机没有一个关于正确时间的全局概念，计算机各自维护一个本地时间，但全局时间受到消息传输的影响，无法统一协调，需要引入物理时钟同步算法和维护分布式系统的全局状态，以此解决程序处理过程中的次序问题。

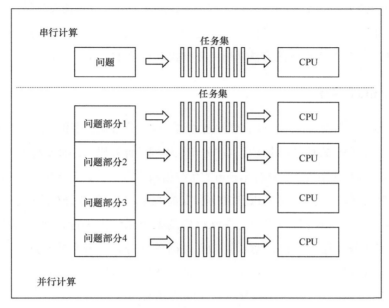

图 4-1　串行计算与并行计算的区别

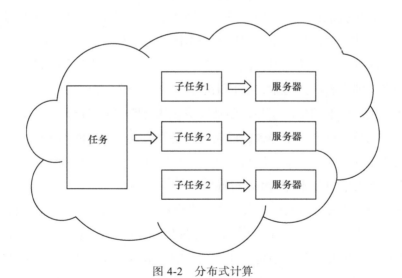

图 4-2　分布式计算

（3）故障独立性：所有的计算机系统都可能出现故障，系统设计者负责为可能出现的故障设计结果。分布式系统中可能由于网络故障而导致连接的计算机隔离，但产生网络故障并不意味着计算机内部已停止工作；同样计算机系统或硬件故障也会导致计算机之间断连，但由于故障的发生并不能同一时刻使所有的设备无法运行，所以分布式系统需要根据设备故障的特点进行有效的设计，防止设备或网络故障带来的数据安全隐患。

网络为服务器之间的信息交换提供了便利，但网络时延不可预测，服务器间不可共享公共全局内存，且系统中没有可即时访问的物理全局时钟，信道可能无法按序传递消息，由于超时和重传，消息可能会出现乱码、重复、篡改或丢失，还可能出现服务器发生错误、通信连接中断等问题。通常将分布式系统以有向图的方式建模，其中顶点处理单元，节点间的边表示单向通信通道，因而可以使用有向图的方法来研究分布式系统设计中出现的问题及其解决方法。

### 4.1.1　分布式程序

随着 Internet 的普及和计算机软、硬件技术的发展，分布式程序和应用已成为今后软件开发的主要方向之一。分布式程序是指应用程序分布在不同的计算机上，通过网络来共同完成一项任务，它们运行在分布式系统上，具有和分布式系统相同的特点。支撑分布式程序运行需要一个层次式的协议架构，包括通信平台（TCP/IP）和支撑系统，两者构成分布式程序的运行环境。

分布式程序可以在给定时间或同时在网络中的多个系统上运行，通过协调以快速有效的方式完成特定任务。通常来说，对于复杂而耗时的任务，非分布式程序需要几个小时才能完成，而分布式程序通过使用所有系统涉及的计算能力可以在几分钟内完成，但分布式程序需要考虑与运行环境的合作以及分布单元间的并发问题。

分布式程序的正确性可以从两方面入手：一方面是将分布式程序视为并发程序，偏重于并发程序的形式化验证；另一方面是考虑程序实现，强调分布式程序运行过程的监控、记录和分析。分布式程序同传统串行程序的根本区别在于程序运行的不确定性，即在运行的某一时刻，程序处于当前状态时，其下一步的动作及由该动作所导致的下一个状态不可预知。在生产者和消费者的问题中，当某生产者生产了一个产品并将其放入仓库后，接下来的可能动作是生产者继续生产产品，还是消费者从仓库中取出产品。不同的动作会导致不同的程序状态。该不确定性所导致的最大问题是程序执行过程的不可预测和不可重复。形式化验证主要是通过代数演算和逻辑推理证明程序并发过程的正确性，包括安全属性和进展属性，不考虑程序的具体实现和运行环境。

在逻辑推演中，假设分布式程序由 $n$ 个异步进程 $p_1$，$p_2$，$p_3$，…，$p_n$ 组成，记为 $P$，它们通过网络进行消息传递。在 $P$ 中进程 $p_i$ 的状态为 $s_i$，在进程执行时进行状态变换，进程状态包括进程中所有变量的值，还包括在它的影响下本地操作系统的环境中对象（文件）的值。进程都运行在不同的处理器上，进程间没有可共享的全局存储，只能通过消息传送联系。每个进程 $p_i$ 执行时会采取一系列动作，每个动作可看成是一个消息的发送/接受（Send/Receive）操作或是一个转换状态 $p_i$ 的操作，改变 $s_i$ 中一个或多个值。通常把事件定义成发生了一个动作，该动作由一个进程完成，进程 $p_i$ 中的事件序列可用全序方式排列，用→表示事件之间的关系，当且仅当在 $p_i$ 中的事件 $e$ 发生在事件 $e'$ 之前时，可表示为 $e\rightarrow e'$，多线程情况下该定义仍然适用。将进程 $p_i$ 的历史（History）定义为在该进程中发生的一系列事件，按照事件关系→排序，进程历史可表示为：
$$History(p_i) = H_i = <e_i^0, e_i^1, e_i^2, \cdots>$$

现代计算机和编程语言大都采纳 UNIX 的做法，以 1970 年 1 月 1 日 0 时 0 分 0 秒为起点开始计时，时间每过去一秒，视数据类型和精度不同，计时加 1 或 1 000，也就是所说的时间戳。计算机是以时间戳计数来描述时间，对人类而言更有可读性的表示年月日的方式，只不过是时间戳换算过来的展示形式。时间是计数，两个时间戳之间相减即为时间间隔。所以，时间对用户而言有 3 个维度的属性。

（1）顺序：描述的是定性的先后关系，用来明确事件发生的先后，以确保数据的一致性。

（2）间隔：描述的是定量的先后关系，用来度量期望事件的边界，比如心跳、事件处理的时延等。

（3）可表述性：是以对人类友好的形式描述距离时间基点的间隔。

每台计算机内部都有自己的物理时钟，它是一种电子设备，通过计算固定频率晶体的振荡次数，并将计数值分割保存在计时器寄存器中，对该设备进行编程，按照一定时间间隔产生中断，实现时间片等功能。操作系统读取到的硬件时钟值 $H_i(t)$，按比例放大并引入偏移量，得到软件的时钟 $C_i(t)=\alpha H_i(t)+\beta$，用于近似度量进程 $p_i$ 的实际物理时间 $t$。但计算机时钟与其他时钟一样，并非完全一致，两个时钟的读数之间的瞬时差成为时钟偏移，不同频率间晶体时钟给事件计数同样会产生差异，晶体振荡器还会随着温度不同而有所差异。

计算机时钟能与外部的高精度时间源同步，最准确的物理时钟使用原子振荡器，它的偏移率（参考度量的单位时间内，当前时钟和名义上完美参考时钟之间的偏移量）大约为 $10^{-13}$，原子时钟的输出被用作实际时间的标准，成为国际原子时间（International Atomic Time）。通用协调时间（Universal Time Coordinated，UTC）是国际计时标准，基于国际原子时间，偶尔需要增加闰秒或删除闰秒等同天文时间保持一致。

为了知道分布式程序 $P$ 的进程中事件发生的具体时间，通过使用权威的外部时间源同步进程的时钟 $C_i$，这种方式称为外部同步；如果时钟 $C_i$ 与其他时钟同步到一个已知的精度，则可通过本地时钟度量在不同计算机上发生的两个事件的间隔，这种方式称为内部同步。可以通过实际时间 $I$ 的一个间隔上定义两种同步模式：设一个同步范围 $D>0$，通用协调时间事件源表示为 $S$，$I$ 中实际时间为 $t$，有 $|S(t)-C_i(t)|<D$，其中 $i, j=1, 2, 3, \cdots, N$，或者说时钟 $C_i$ 在范围 $D$ 中是准确的，外部同步通过该方式定义；内部同步的定义方式相似，设同步范围 $D>0$，$I$ 中实际时间为 $t$，则有 $|C_i(t)-C_j(t)|<D$，其中 $i, j=1, 2, 3, \cdots, N$。内部同步的时钟无须进行外部同步，即使它们相互一致，它们与时间的外部源也有漂移。从单个进程角度来看，事件可唯一地按照本地时钟显示的事件进行排序，但因为不能在一个分布式系统上完美同步时钟，因此不能使用物理时间指出在分布式系统中发生的任何一对时间的顺序。因此需要根据事件发生的因果关系，给发生在不同进程里的事件进行排序，通常采用逻辑时钟数字化捕获事件发

生的顺序，逻辑时钟是一种单调增长的软件计数器，它的值与任何物理时钟无关，每个进程 $p_i$ 维护它自身的逻辑时钟 $L_i$，进程用逻辑时钟给事件加上时间戳。

在进程 $p_i$ 发出每个事件之前，时间戳加 1，表示为 $L_i:=L_i+1$，当进程 $p_i$ 发送消息 $m$ 时，在消息 $m$ 中附加值 $t=L_i$，在接受消息对（$m, t$）时，进程 $p_j$ 计算 $L_j:=\max(L_j, t)$，然后给接收事件附上时间戳。通常可得到 $e \rightarrow e' \Rightarrow L(e) < L(e')$，但若 $L(e) < L(e')$ 时推不出 $e \rightarrow e'$，此时可存在 $e$ 与 $e'$ 是并发的情况。为了解决该问题，人们又提出了向量时钟的概念。

进程的系统向量时钟是一个包含 $N$ 个整数的数组，每个进程 $p_i$ 维护它自己的向量时钟 $V_i$，用于给本地事件加时间戳，初始的时候 $V_i[j]=0$，$i, j=1, 2, 3, \cdots, N$，表示事件间时间戳为 0；$p_i$ 给事件加时间戳之前，设置 $V_i[i]=V_i[i]+1$，$p_i$ 在他发送的每个消息中附加值 $t=V_i$，该消息发送到其他进程，当 $p_i$ 接收到其他进程发送过来的消息中的时间戳 $t$ 时，设置 $V_i[j]:=\max(V_i[j], t[j])$，$j=1, 2, 3, \cdots, N$。这种取两个向量时间戳最大值的操作成为合并操作。通过向量时钟可以证明 $e \rightarrow e' \Rightarrow V(e) < V(e')$，同时若 $V(e) < V(e')$，则 $e \rightarrow e'$。

### 4.1.2 分布式运行模型

分布式程序中进程的执行包含一系列动作的顺序执行。动作是原子的，进程的原子动作可模型化描述为 3 种类型的事件：内部事件、消息发送事件和消息接收事件。各种事件的出现都将改变所对应的进程及通信信道的状态，从而导致全局系统状态的改变。一个内部事件改变其所处的进程的状态，影响其发生时所处进程的状态；一个发送事件（或者一个接收事件）会改变事件收发双方的状态。

进程中的事件可根据其出现的顺序排序，发送和接收消息体现了进程间的信息流动，并且建立了从发送进程到接收进程的因果依赖关系。分布式运行的过程可以用一个时空图描述，如图 4-3 所示。

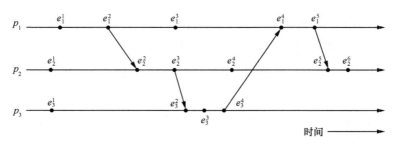

图 4-3 三进程分布式运行时空图

图 4-3 中 $p_1$，$p_2$ 和 $p_3$ 代表 3 个进程，横轴表示进程的运行时间，过程线上的点代表一个事件，事件点之间带斜箭头的线表示一次消息传递。通常，事件的执行要花费一定时间，事件执行是原子、瞬时且不可分割的，因此在过程线上以点表示。上图中对于进程 $p_1$，事

件 1 和事件 3 为内部事件，事件 2 和事件 5 为消息发送事件，事件 4 为消息接收事件。发送和接收事件表示进程之间的信息流，并建立从发送者到接收者的因果关系。

对任意两个事件 $e_i$ 和 $e_j$ 来说，如果 $e_i \rightarrow e_j$，则消息 $e_j$ 直接或间接依赖于 $e_i$。在时空图上表示存在一条起始于 $e_i$，终止于 $e_j$ 的路径，该路径由消息箭头以及沿时间增长方向的运行过程线组成。

对任意两个事件 $e_i$ 和 $e_j$，$e_i \nrightarrow e_j$ 表示事件 $e_j$ 不直接或间接依赖于 $e_i$。也就是说，事件 $e_i$ 不会对 $e_j$ 产生因果影响。事件 $e_j$ 不会知道 $e_i$ 或者任何在同一进程上 $e_i$ 在之后执行的事件的运行。

对任意两个事件 $e_i$ 和 $e_j$，如果 $e_i \nrightarrow e_j$ 且 $e_j \nrightarrow e_i$，则 $e_i$ 和 $e_j$ 被称为是并发的，其关系被记为 $e_i \parallel e_j$。因果优先关系引发一个在分布式计算的事件间的反自反偏序关系。对任意两个事件 $e_i$ 和 $e_j$，在分布式运行当中，或者 $e_i \rightarrow e_j$，或者 $e_j \rightarrow e_i$，或者 $e_i \parallel e_j$。

不必对一个进程中的每个操作都施加顺序约束，只有因果相关的操作必须按顺序发生。因果一致性比同一进程下对每个操作严格排序的一致性（顺序一致性）更宽松，属于同一进程但不同因果关系链的操作能以相对的顺序执行，也就是说按因果关系隔离，无因果关系的操作可以并发执行。因果关系的引入能防止许多不直观的行为发生。

在一次分布式计算中，两个事件是逻辑并发且它们之间无因果影响，而物理并发是不同事件在物理时间的同一时刻发生。两个或更多的事件可能是逻辑并发但它们不在同一物理时间发生。例如图 4-3 中集合 $\{e_1^3, e_2^4, e_3^3\}$ 是逻辑并发的，但它们所发生的物理时间明显不同。然而，假如处理器速度及消息时延不同的话，这些事件的执行也可能在物理时间上同时发生。因此，虽然一组逻辑并发的事件可能不会在物理时间的同一瞬间发生，但人们总是假设这些事件在物理时间的同一瞬间发生。

### 4.1.3 分布式系统的全局状态

全局时钟是分布式系统诸多难题的根源之一。在单机系统里，无论是对称多处理（Symmetrical Multi-Processing，SMP）还是非均匀存储器访问（Non-Uniform Memory Access，NUMA）架构，有且只有唯一的全局时钟。对于一系列消息的顺序问题，不再像单机系统那样有唯一的时间来确定顺序，通常采用本地时钟（Local Clock）来保证局部有序，然后同步全局时钟来保证整体有序。但时钟全局同步无论是标准计算机时间同步协议（Network Time Protocol，NTP），还是自己实现的同步协议都很难做得足够高效，因此在分布式系统下，很难准确、高效地做到全局有序。

在分布式系统里，每个系统都有自己的时钟，即便使用标准计算机时间同步协议，每个系统也无法保持严格一致的步调。即使时钟的差异小到可以忽略不计，但仍然取决于网络带宽、拥塞程度、CPU 的繁忙程度等带来的误差，且多个系统互相之间发送的消息还是非常不确定。分布式系统中，缺乏全局时钟和由此引起的全局状态获取困难是导致分布式系统应用困难的主要因素。分布式系统的一致全局状态是系统调试、状态监测和故障检测等应用的基础，但由于缺乏全局时钟，目前关于分布式网络一致全局状态的算法一般看起来都像是所有进程的瞬时全局状态。

在基于以太网的分布式系统中，进程通过消息传输进行数据交换。从事件模型的观点看，分布式系统的执行过程构成了一个事件的偏序集。同一个进程上的所有事件存在一个全序关系，进程间的消息通信事件存在一个偏序关系，因而不同进程间的事件也存在偏序关系。协同工作的进程间通常需要知道对方的状态，在本地系统中，进程可以通过访问对方的进程控制块获取其当前状态信息，对于远端进程，由于网络的时延等因素，它获得的状态信息往往是远程进程在过去某个时刻的状态。这个时间上的时延再加上各系统的时钟不同步使得进程间的协同工作变得更为复杂。

假设某客户在两家银行开有账户，在银行 A 存有 100 元。现他将此存款转入银行 B，转账过程发生在下午 3:00 前后。由于银行间距离导致转账过程具有一定的时延，如果需要在下午 3:00 统计银行账户余额，可能会出现图 4-4 所示的几种情况。

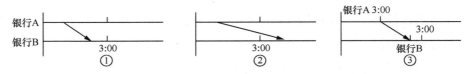

图 4-4　银行 A 与银行 B 间可能出现的转账情况

图 4-4 中水平直线代表了一个与时间相关的进程，带有箭头的直线表示两个进程间的消息传递。这里表示转账的消息传递。①表示在 3:00 以前银行间的转账过程已经结束，在 3:00 时进行统计，此时该客户在银行 A 已无存款，在银行 B 有 100 元存款；②表示在 3:00 钟进行统计时，转账过程还未结束，即银行 A 已转出 100 元而银行 B 还未收到，统计的结果是该客户在两银行的存款都为零；③表示两家银行系统时间不同步（银行 A 的时钟比银行 B 快），银行 A 在它的系统时间为 3:00 时向银行 B 转账，而银行 B 收到转账时，它的系统时间还不到 3:00。若两家银行在各自系统时间为 3:00 时进行统计，在两家银行上都有 100 元存款。显而易见，①是正确的，而后两者都是错误的。

在一个分布式系统中，对所有的节点发送和接收的消息进行全面的观察，了解全局状态才能避免错误出现。要解决因为时钟不同、步调不一致而导致的同步缺失问题，人们需要设法形成一个逻辑上的时钟，让人们都认可这个时钟而不是自己的时钟，因此全局状态是分布式系统中的一个关键概念。

分布式系统的全局状态是其组成部件本地状态的集合，包括各个处理器状态及所有通信信道状态。分布式系统需要处理在一个集中式环境中出现的并发、互斥、死锁等问题，处理器在任何时刻的状态由处理器寄存器状态、堆栈状态、本地内存状态等来定义，且依赖于分布式应用的本地语义。事件的发生会改变相关处理器和信道的状态，因此导致全局状态的变化。例如，内部事件的发生会改变其所处处理器的状态，发送事件（或接收事件）会改变该事件收发双方处理器的状态，而通信信道的状态很难形式化描述，因为信道是一个分布式实体，其状态依赖于它所连接的处理器的状态。

分布式系统运行时，为使程序按照预想的情况执行，通常要对分布式系统进行分析、测试和验证。验证分布式系统的有效性和可靠性通常采用全局状态实时记录的方式，但在分布式系统中由于没有全局共享存储器，也没有全局时钟，消息传递时延不可测，则需要处理计算一致性分布式快照问题。若分布式系统中组件能同时记录自身的本地状态，就能得到一个有意义的快照，但必须恰当地协调记录各组件的活动，所有组成部件的状态都必须在同一时刻进行记录。这种情况只存在于当所有进程的本地时钟都能够完美地与其他进程的时钟进行同步，或者存在一个所有处理器都能够随时访问的全局系统时钟才可能实现，但这两种情况都是不可能的。虽然分布式系统中所有部件的状态无法在同一瞬间被记录，但若记录了每个消息既作为被发送消息也作为被接收消息的情况，同样具有实际意义。一个消息如果没有被发送，也就无法被接收，这样的状态不会违反事件的因果性，这种状态被称为一致性全局状态。

通过历史记录方式描述每个进程的执行过程，类似的，可以考虑进程历史的任何一个有限前缀 $H_i^k=<e_i^0, e_i^1, e_i^2, \cdots>$。每个事件或进程的内部动作（变量更新），或是在与进程相连的信道上发送、接收的一个消息等，原则上可以通过进程历史记录进去，每个进程能记录本进程发生的时间，以及它经过的连续状态。用 $s_i^0$ 表示进程 $p_i$ 的初始状态，$s_i^k$ 表示进程 $p_i$ 在第 $k$ 个事件发生之前的状态。若发现进程 $p_i$ 已经记录发送消息 $m$ 到 $p_j$（$i \neq j$），通过检查 $p_j$ 是否接收到该消息即可判断出 $m$ 是否是 $p_i$ 和 $p_j$ 之间信道状态的一部分。通过单个进程历史的并集可得到进程的全局历史：

$$H = H_0 \cup H_1 \cup \cdots \cup H_{N-1}$$

数学上可以取单个进程状态的任一集合来形成一个全局状态 $S=(s_1, s_2, s_3, \cdots, s_N)$，一个全局状态相当于单个进程历史的前缀，但并不是所有的全局状态都是有意义的，全局状态中，记录在进程 $p_i$ 的本地状态中发送消息的 $m_{ij}$，消息必须出现在通道 $C_{ij}$ 状态中或出现在接收方进程 $p_j$ 收到的本地状态中，同时在接收到的全局状态中，对于每一个结果，引起结果的原因也必须出现，如果消息未被记录在进程 $p_i$ 的本地状态发送，则该消息必然不会出现在通道 $C_{ij}$ 的状态中，更不会出现在接收方进程 $p_j$ 收到的本地状态中。所以在一个一致性全局状态中，记录为已接收的消息同时会被记录为已发送。

### 4.1.4 分布式计算的运行分割

在分布式计算的时空图中，通过一条虚线与每条进程线的某个点相交，可以把整个计算过程分割为两个部分,这条虚线被称为分割线。分割线将时空图分成了两个部分,把所有分布式计算中的事件分成了两个集合,称为过去(PAST)集合和将来(FUTURE)集合。过去集合包含了分割线左边的所有事件,将来集合则包含了分割线右侧的所有事件。每条分割线对应一个全局状态。一个一致性全局状态对应的分割线中,每个在过去集中接收事件的消息都是由该集合中发送出来的,将来集合同理,人们称这条分割线为一致分割线。四进程分布式计算全局分割示意如图 4-5 所示。图 4-5 中 $C_1$ 分割线中 $p_2$ 包含了对 $p_1$ 中 $e_1^2$ 消息的接收,但 $p_1$ 中不包含该消息的发送,故 $C_1$ 不是一致分割线;$C_2$ 分割线是一致的,$C_2$ 过去集合包含前 3 次消息的接收与发送,以及 $p_2$ 中 $e_2^4$ 对消息的发送,但 $p_1$ 不包括消息的接收,这与实际执行情况相一致。

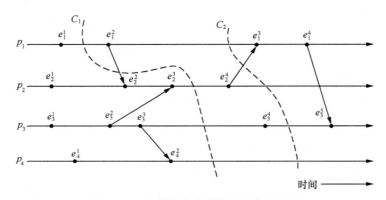

图 4-5 四进程分布式计算全局分割示意

时空图中的分割在计算全局状态的表示和推理方面提供了有力的图形帮助。如果一个全局物理时钟是可用的,那么使用简单的过程就能记录分布式系统的一个一致性全局快照。在这个过程中,快照集合的启动程序确定一个进行快照的未来时间,并把这个时间广播给每个进程,所有进程在这个全局时间的瞬间进行本地快照。通道 $C_{ij}$(表示从 $p_i$ 到 $p_j$ 的通道)的快照包含进程 $p_j$ 接收的并且其时间戳小于快照时间的消息。然而,在分布式系统中没有全局物理时钟,如何判别被记录在快照中的消息和没有被记录在快照中的消息,以及如何确定进行快照的瞬间成了需要处理的问题。因此,在记录快照之前,一个进程发送的任何消息一定会被记录在全局快照中,在记录快照之后,一个进程所发送的任何消息则一定不会被记录在全局快照中。在处理消息 $m_{ij}$ 之前,进程 $p_j$ 必须记录先它的快照,然后再由进程 $p_i$ 发送。

分布式计算系统是由空间上分离的进程组成,它们无法共享一个共用内存,在通道上异步传递消息。分布式系统中的每一个组件都有一个本地状态,进程的状态根据本地存储器和活动历史描述,通道状态是沿通道发送的消息减去接收消息的集合描述,分布式全局状态是组件本地状态的集合。全局状态谓词是一个系统的进程全局状态集映射到 {True, False} 的函数,系统死锁、终止等状态相关的谓词都是稳定的,即系统进入谓词为 True

的状态,则将在所有从该状态可达的状态中一直保持 True。使用快照算法记录的状态能够很方便地求解稳定的全局谓词值。

下面讨论一个具有代表性的分布式系统快照算法,被称为 Chandy-Lamport 算法,它描述了系统的全局状态,即使记录的状态没有在同一时刻发生,所记录的全局状态也是一致的。该算法假定系统中进程间的通信能力是不同的,描述了进程间的通信如何影响算法的设计复杂性,计算消息如何通过应用程序被交换,控制消息如何通过快照算法被交换等。除了应用程序的某些动作偶尔时延之外,快照算法的执行对应用程序是透明的。

Chandy-Lamport 算法使用了一个称为标记的控制消息。一个进程发送消息之前,先记录它的快照并沿着所有外向的通道发送一个标记,因为通道是先进先出(FIFO)型,所以标记可把通道中包含快照中的消息和未被记录在快照中的消息分隔开。在通道 $C_{ij}$ 中,$p_i$ 在完成快照、发送标记后再发送消息,进程 $p_j$ 必须在接收它的输入通道上的标记之前记录自己的快照。

Chandy-Lamport 算法是指进程通过执行标记发送规则启动快照收集,收到标记后启动标记接收规则。标记发送规则即进程记录它的本地状态并发送一个标记到每个外向通道上,标记接收规则即若进程收到标记时还未记录它的本地状态,则它把接收标记的通道状态记录为空,并执行标记发送规则来记录本地状态;若已经记录了它的本地状态,则将接收标记的输入通道状态记为在该通道上,记录本地状态之后且接收到标记之前的计算消息集合。该算法能被任何执行标记发送规则的进程启动,能在每个进程接收到所有输入通道上的标记后终止。

假设系统中包含两个进程 $p_1$ 和 $p_2$,$p_1$ 进程状态包括 3 个变量 $X_1$、$Y_1$ 和 $Z_1$,$p_2$ 进程状态包括 3 个变量 $X_2$、$Y_2$ 和 $Z_2$。它们的初始状态如图 4-6 所示。

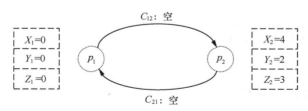

图 4-6 初始进程状态

进程 $p_1$ 作为启动者,快照记录自己的进程状态之后沿通道 $C_{12}$ 向进程 $p_2$ 发送了标记,在进程 $p_2$ 收到标记之前,进程 $p_2$ 向进程 $p_1$ 发送了一个消息 $M_1$,此时进程状态如图 4-7 所示。

进程 $p_2$ 收到来自进程 $p_1$ 的标记后,记录自己的状态并执行标记发送规则。进程 $p_1$ 收到来自进程 $p_2$ 的消息 $M_1$ 之后相当于收到了带有 $M_1$ 的标记,此时由于进程 $p_1$ 已经记录过本身状态,所以进程 $p_1$ 记录 $M_1$,此时全局快照就相当于图 4-8 中阴影部分。

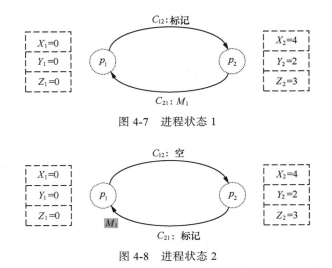

图 4-7 进程状态 1

图 4-8 进程状态 2

在生成全局快照时需要把记录的本地快照放在一起。一种方法是让每个进程将自己的本地快照发送给算法的启动者，另一种方法是让每个进程向所有外向通道发送自己的记录信息，并使每个进程接收后第一时间沿着它的外向通道传播这个消息。这时所有的本地快照都传播给了其他进程，并且所有的进程都能确认这个全局状态。可以有多个进程并发启动这个算法，每个启动的进程都需要用唯一的标记加以区别，一个进程的不同启动用顺序号标识。

此外，分布式快照算法还有 Spezialetti-Kearns 算法、Venkatesan 算法、Lai-Yang 算法、Mattern 算法和 Acharya-Badrinath 算法等，它们是根据通道处理消息方式的不同（如先入先出通道、非先入先出通道和因果关系等）及应用需求等提出的不同的分布式快照算法。

## 4.2 分布式计算模型

### 4.2.1 传统的 C/S 模型

计算机时代到来后，计算机网络和计算机应用得到了很大的发展。计算机价格不断下降，性能持续上升，逐步将网络时代中处于核心地位的大型主机赶向网络应用的角落。NetWare 和 WindowsNT 的兴起，以及大型数据库系统的出现，开辟了网络应用的客户/服务器（Client/Server）模式。这种模式是计算机网络发展第二阶段出现的一种分布式计算处理的网络系统。虽然从定义上而言，C/S 模式是指任何将事务处理分开进行的网络系统，但绝大多数的客户/服务器应用系统是基于 C/S 结构的数据库系统。

一般来讲，客户机的职责是运行用户服务请求程序，它通过局域网与服务器相连，接受用户请求，并将这些请求传送到服务器的计算机，向服务器提出请求并对数据资源进行操作。服务器的职责则是管理数据资源，响应并受理由客户机发出的请求，并将计算结果传送给客户机，客户机最终将结果呈现给用户，服务器和客户机之间、客户机与请求之间并不是一对一的关系，服务器可接收多个客户机的多个请求，将多个请求排队处理或同时处理。不难看出，C/S 结构对服务器的要求较高，因为其既要考虑客户请求的响应速度，又要顾及数据资源的安全。需要强调的是，服务器能对数据资源进行操作，服务器的类别并没有特别的限定，可以是大型机、小型机、微机、后端运行服务器程序等。

传统的 C/S 结构在技术上已经很成熟，主要特点是交互性强、具有安全的存取模式、响应速度快、利于处理大量数据。但 C/S 结构缺少通用性，系统维护、升级等需要重新设计和开发，增加了维护和管理的难度，数据的进一步拓展较为困难，所以一般 C/S 结构仅限于小型的局域网。

**1．C/S 的两层结构与三层结构**

传统的 C/S 模式是一种两层结构的系统,两层结构是在 20 世纪 80 年代后期引入的，革命性地改变了传统应用设计和系统实现方式，并且得到了广泛的应用。两层结构将系统划分为两个层次：第一层是在客户机系统上结合了用户界面与应用逻辑；第二层是通过网络结合了数据库与服务器。两个层次之间需设立一定的通信方式（如 SQL 语言等）。在这种模式下，系统的结构十分清晰，数据库服务器负责数据的处理与维护，客户机则需要对用户的请求进行解析，进行数据请求的决策并进行数据查询，对接收到的文本进行解析，还要兼顾用户界面的可视性，应用软件都安装在客户机上，数据都由客户机上的软件完成。运行数据库服务器程序的机器成为应用服务器，一旦服务器程序被启动，即可等待响应客户程序发来的请求，客户应用程序运行在用户电脑上，当需要对数据库中的数据进行操作时，客户程序能自动寻找服务器程序，并发送请求，服务器程序根据预定的规则做出应答，返回结果。应用服务器运行数据负荷较轻，服务器端与客户端的负载有一定的差异性，这种模式又称为胖客户机、瘦服务器。C/S 两层结构模型如图 4-9 所示。

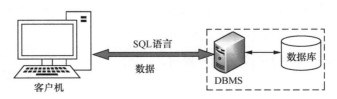

图 4-9　C/S 两层结构模型

交互性强是 C/S 固有的一个优点，两层结构将用户界面和应用逻辑完全放在了客户机，这就使客户机有了一套完整的应用程序，很容易实现用户所需的功能，也可较为容易地对用户界面进行扩展，在子程序间自由切换。这种结构之间的通信只是客户机与服务器间的 SQL 语言通信，节省了大部分的系统通信开销，可以充分利用两端硬件环境的优势。这种模式具有强大的数据操作和事务处理能力，又由于 C/S 是采用点对点的通信模式，采用适合局域网的安全性较好的网络协议，所以保证了数据的安全性和完整性；它可以将大量计算功能由前台转移到后台数据库中，既可以大大提高系统处理速度，也可以提高数据访问的正确性。

C/S 两层结构随着网络规模和结构应用范围的大幅扩大，带来的问题也逐渐显现，其中有 3 个问题较为明显。首先客户机的职责过多且缺乏灵活性，用户界面需要与应用逻辑相适应，不同的用户界面风格不同，相应的变化也需要不同的应用逻辑，这样产生的结果是系统耦合严重，维护成本高昂，模型更改困难；其次就是客户机与数据库的通信过于频繁，当数据量过大时，服务器与客户机的负载不均，就会影响到系统的响应速度；最后是安全问题，每个客户机上都有完整的应用逻辑，所以对客户访问数据库权限的控制就会有一定的困难，这就意味着会对于一些需要保护的数据造成一定的安全隐患。两层结构虽然较为简单，但只能应用到较为小型的系统中，因此两层结构在当前应用已经不多。

为了解决两层模式的问题，网络计算模式逐渐从两层扩展到多层模式，结合动态计算提出了 C/S 三层结构。在三层结构中，应用逻辑程序被分离出来，拥有独立承载的应用服务器，此时相当于一个中间件，为应用提供通用服务和功能。这种分布式模型提供了多个层次上的抽象，只要通信足够可靠，各部分之间不需要知道彼此的实现细节就可以很好的工作，不同于两层结构，数据的设计、定位和实现对于应用逻辑服务是透明的，而客户机也同样无须关心业务操作。虽然结构复杂了，但组成部件各司其职，分工更加明确，也就减少了客户机的负担。C/S 三层结构模型如图 4-10 所示。

三层结构模型主要是基于对一个应用功能的分析，将其抽象为一个包含表示层、应用层和数据层三个逻辑层的系统，并为分布式应用的构建做一定的准备。表示层（客户机）主要按照用户要求为用户提供易于理解和高效的用户界面，该层通过发送过程请求调用应用逻辑层中的功能，并对应用层的响应进行解析。中间件主要实现涉及数据安全性的应用逻辑，之所以称

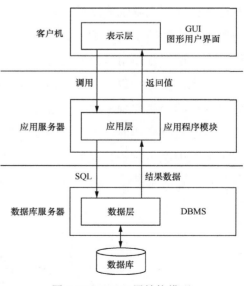

图 4-10　C/S 三层结构模型

其为中间件，是因为其作为前后台之间的媒介，根据客户机请求或本地处理返回结果向后台数据服务器发送检索命令，并将结果返回客户机。数据库的主要任务便是保存一致的信息，根据上层的请求，对数据库进行操作，并保持数据库的一致性和安全性。

在三层结构模型中，功能层和数据层可进一步细化，例如 A、B、C 部门各自有需要使用的服务器，根据需要，这些服务器可以访问不同的数据库服务器，通过中间服务器访问其他数据库服务器的方式实现。这就是常说的多层体系结构，但严格地讲，它们仍然是三层结构，多层结构主要是指逻辑上的多层，不是物理意义上的多层。三层结构设计能使前端客户机应用程序安装方便、对系统的要求降低、能够更好地支持分布式计算环境、良好的安全性等。用户只能通过应用层来访问数据层，减少了数据层的入口点，避免用户层机器直接接触数据，同时强大的扩展性和伸缩性，以及组件化设计，使得用户可以定制自己的系统，具有良好的二次开发性；拓展数据存放空间使网络内部、网络与用户以及网络之间的信息沟通更加迅速快捷。三层结构网络已变成一个智能对象，可以充分表示整个应用的实体，它使客户端变得尽可能简单。三层结构设计使逻辑设计集中在应用层，当应用逻辑改变时，只需要对应用层的应用服务器进行修改，客户端几乎不用做任何调整。

### 2. B/S 结构

随着 Internet 技术的不断发展，基于 Web 的信息发布和新型检索技术层出不穷，导致整个应用系统的体系结构从 C/S 的主从结构向灵活的多级分布式结构演变，这一演变给体系结构在当今以 Web 技术为核心的信息网络的应用赋予了新的内涵，这种新型的多级分布式结构就是浏览器/服务器（Browser/Server）系统。B/S 系统由浏览器（Browser）和服务器（Web 服务、其他服务或中间件）组成。数据和应用程序都存放在服务器上，浏览器功能可以通过下载服务器上的应用程序得到动态扩展，服务器具有多层结构，B/S 系统处理的数据类型可以动态扩展。通过 B/S 模式开发的系统维护工作集中在服务器上，客户端不用维护，操作风格比较一致，只要有浏览器的合法用户都可以十分容易地使用。随着 Internet 技术的兴起，B/S 系统成为真正的开放系统。B/S 结构如图 4-11 所示。

在 B/S 结构下，用户界面完全通过 WWW 浏览器实现，一部分事务逻辑在前端实现，但是主要事务逻辑在服务器端实现，客户端运行程序是靠浏览器软件登录服务器进行的。用户通过浏览器去访问 Internet 上由 Web 服务器产生的文本、数据、图片、动画、视频和声音等信息，每一个 Web 服务器又可以通过各种方式与数据库服务器相连，大量的数据实际存放在数据库服务器中。从 Web 服务器中将程序下载到本地执行，若下载过程中遇到与数据库有关的指令，由 Web 服务器交给数据库服务器来解释执行，并返回给 Web 服务器，再返回给用户。常见的通过浏览器访问服务的方式即为典型的 B/S 模式，其具体工作流程如图 4-12 所示。首先客户端发送请求，用户在客户端浏览器页面提交表单操作，向服务器发送请求，等待服务器响应；然后服务器端接收并处理请求，应用服务器端通常使用服务器端技术对请求进行数据处理，并产生响应；接着服务器端发送响应，把用户请求的数据（网页文件、图片、声音等）返回给浏览器，最后浏览器解释执行 HTML 文件，呈现给用户。

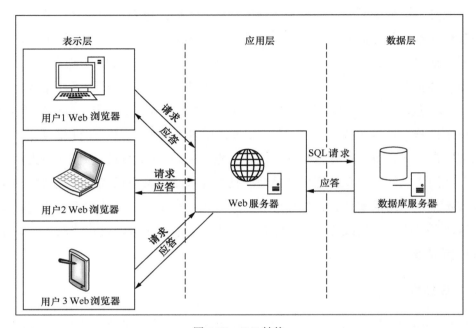

图 4-11　B/S 结构

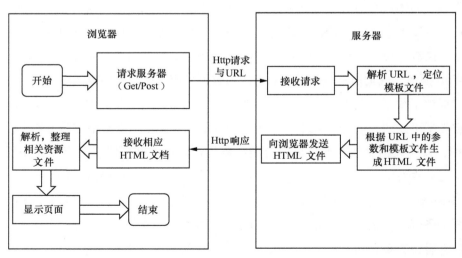

图 4-12　典型的 B/S 模式工作流程

B/S 结构主要是利用了不断成熟的 WWW 浏览器技术，结合浏览器的多种 Script 语言（VBScript、JavaScript）和 ActiveX 技术实现了原来需要复杂专用软件才能实现的强大功能，并节约了开发成本，与传统 C/S 结构相比是一种更新的软件系统构造技术。随着 Windows 98/Windows 2000 将浏览器技术植入操作系统内部，B/S 结构已成为当今应用软件的首选体系结构。B/S 模式与 C/S 模式体系相比，采用 B/S 模式的体系结构具有以下优点。

（1）界面统一、使用简单：用户端只需安装单一的浏览器软件（如 IE），不需要像 C/S 结构中那样安装数据库客户端软件、应用软件等，操作界面简单统一，这样不但可以节省客户机的硬盘空间与内存，而且安装过程更加简便。

（2）易于维护：由于用户端无须安装专用的软件，因而对应用系统进行升级时，只需更新服务器端的软件，用户从网上下载安装即可实现系统的无缝升级，减轻了系统维护与升级的成本与工作量，使用户的总体拥有成本（TCO）大大降低。

（3）扩展性好：B/S 模式由于采用标准的 TCP/IP 和 HTTP 等，使网管系统与 Internet/Intranet 有机结合，具有良好的扩展性。

（4）信息共享度高：HTML 是数据格式的一个开放标准，目前主流的软件均支持 HTML，同时多用途互联网邮件扩展类型（Multipurpose Internet Mail Extensions，MIME）技术使浏览器可访问多种格式的文件。

（5）有良好的广域网支持：B/S 模式建立在浏览器上，拥有更加丰富和生动的表现方式与用户交流。

但 B/S 模式也存在缺点，根据软件任务的不同，有时需要客户端完成大量操作，而浏览器暂时不具备所需的能力，则在第一次登录服务器时会自动下载并安装组件，B/S 结构的软件第一次运行的时间可能会比较长；此外，B/S 建立在广域网之上，面向不可知的用户群，对安全的控制能力相对较弱。B/S 具有广泛的信息发布能力，它对前端的用户数目没有限制，客户端只需要普通的浏览器即可，不需要其他任何特殊的软件，对网络也没有特殊的要求，所以 B/S 特别适用于系统同用户交互量不大的情形。

C/S 结构和 B/S 结构联系紧密，在大型系统和复杂系统中，C/S 结构和 B/S 结构的嵌套也很普遍，但 B/S 结构与 C/S 结构相比仍有许多不同点。B/S 结构建立在广域网之上，C/S 一般建立在专用网络上，B/S 结构相比于 C/S 结构具有更广的适应范围；但 B/S 结构对安全控制能力较弱，面向不可知用户，C/S 结构面向固定用户群，能较好地控制用户信息接触；B/S 结构因商业公司的开发，程序更加成熟，构件之间具有相对独立性，同时具有很强的重用性和较好的维护方式，能够轻松实现构件更换、系统无缝升级，且能够降低系统维护成本，而 C/S 结构与之相比显得臃肿一些。

### 4.2.2　集群技术

计算机集群简称集群，是一组相互独立的、通过高速网络互联的计算机，它们构成了一个组，并以单一系统模式加以管理，支持程序并行处理和人机互动，具有协调工作、高效运行的特点。通俗来说，集群是将多台服务器集中在一起，每台服务器都部署相同的服务，但每台服务器并非缺一不可，其主要作用是缓解并发压力和单点故障转移问题。集群系统中的单个计算机通常称为节点，它们通过局域网连接，客户与集群相互作用时，集群看起来就像是一台独立的服务器。集群模式是不同服务器部署同一套服务对外访问，具有服务负载均衡、系统可伸缩、整体高可用性和高性能等特点。

### 1. 集群的分类

集群系统中的节点通常通过局域网连接，也有其他的连接方式。集群计算机用来弥补单个计算机的计算速度和可靠性的不足。一般情况下集群计算机比单个计算机的性价比要高得多。不同类别的集群技术可以解决不同的问题，根据集群的特点，集群技术可分成高性能计算集群、负载均衡集群和高可用性集群3种。

（1）高性能计算集群主要关注集群的性能，它是计算机科学的一个分支，主要用于开发超级计算机，研发并行算法和开发相关软件。从本质上来说，高性能计算集群就是采用集群技术来研究高性能计算，高性能计算还可进一步分为高吞吐计算和分布计算。高吞吐计算把任务分成若干可以并行的子任务，让子任务彼此间没有什么关联；分布计算与高吞吐计算相反，子任务间的联系非常紧密，需要进行大量的数据交换。高性能计算集群常用于处理海量的数据预处理，在数据挖掘的领域中有着广泛的应用。

（2）负载均衡集群为企业需求提供了更实用的系统，使负载可以在计算机集群中尽可能平均分摊处理。由于负载通常包括应用程序处理负载和网络流量负载，所以这样的系统非常适合向同一组应用程序的用户提供服务。每个节点都可以承担一定的处理负载，并且可以处理负载在节点之间的动态分配，以实现负载均衡。对于网络流量负载，当网络服务程序接收了高入网流量，以致无法迅速处理时，网络流量会分发给其他节点上运行的网络服务程序，同时还可以根据每个节点上不同的可用资源或网络的特殊环境来进行优化。与科学计算集群一样，负载均衡集群也在多节点之间分发计算处理负载。

大多数情况下，负载均衡集群中的每个节点都是运行单独软件的独立系统。但不管是在节点之间进行直接通信，还是通过中央负载均衡服务器来控制每个节点的负载，节点之间都有一种公共关系，通常使用特定的算法来分发该负载。本地负载均衡是指对本地的服务器群做负载均衡，充分利用现有的设备，避免服务器单点故障造成数据流量的损失，它有灵活多样的均衡策略把数据流量合理地分配给服务器群内的服务器共同负担；全局负载均衡是指对分别放置在不同地理位置、不同网络结构的服务器群间作负载均衡，其主要用于在一个多区域拥有自己服务器的站点，全球用户只以一个IP地址或域名就能访问到离自己最近的服务器，从而获得最快的访问速度，也可用于子公司分布广的大公司通过企业内部互联网来达到资源统一合理分配的目的。

（3）高可用性集群通过保持用户业务程序执行的连贯性，将故障对业务的影响降低至最小，减少服务中断时间。如果高可用性集群中的主节点发生故障，故障期间的服务将由辅助节点来完成，辅助节点通常是主节点的镜像，代替主节点时可完全接管其身份，使系统环境对于用户是一致的。高可用性集群的另一大优点是它可使服务器系统的运行速度和响应速度尽可能快，能够充分利用多台机器上运行的冗余节点和服务相互跟踪，若某个节点失败，它的替补者将在几秒钟或更短的时间内接管它的职责。因此对于用户而言，集群永远不会停机，在实际的使用中，3 种类型的集群相互交融，如高可用性集群也可以在其节点之间均衡用户负载。

### 2. 集群的架构

集群的一般架构主要由两大部分组成：前端服务部分和后端服务部分，前端服务部分包括防火墙设备、交换机、负载均衡服务器和 Web 服务器。防火墙设备用于对访问用户进行过滤，通常用于拦截一些不安全的访问；负载均衡服务器合理安排调度，使服务器之间保持均衡负载；Web 服务器用于响应请求。后端服务部分包括数据库服务器（存储用户的文字数据信息）、存储服务器（存储用户的数据资料）、备份服务器（对用户存储数据信息进行统一备份，以防数据流失）和缓存服务器（存储用户经常访问的数据信息，提升请求数据信息的响应效率）。集群的一般架构如图 4-13 所示。

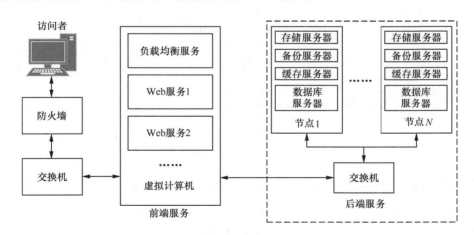

图 4-13　集群的一般架构

### 3. 微服务

微服务最早由 Martin Fowler 与 James Lewis 于 2014 年共同提出，是一种开发软件的架构和组织方法，它是一种面向服务的体系结构（Service-Oriented Architecture，SOA）的变体，将应用程序构造为一组松散耦合的服务。微服务从"微"和"服务"两个方面理解,"微"从狭义来说是指体积小、轻量化的单个服务设计方式,"服务"则是一个或一组相对较小且独立的功能单元,是用户可以感知的最小的功能集。在微服务体系结构中,软件由通过明确定义的 API 进行通信的小型独立服务组成,这些服务由各个小型独立团队负责。微服务架构使应用程序更易于扩展和更快地开发,从而加速创新并缩短新功能的上市时间。在运行期,作为一个微服务架构的平台与业务系统,除了业务应用本身外,还需要有接入服务、统一门户、基础服务等平台级服务来保障业务系统的可靠运行,公共服务就是业务处理过程中需要用到的一些可选服务。图 4-14 展示了一个常见的微服务应用平台的运行视图。

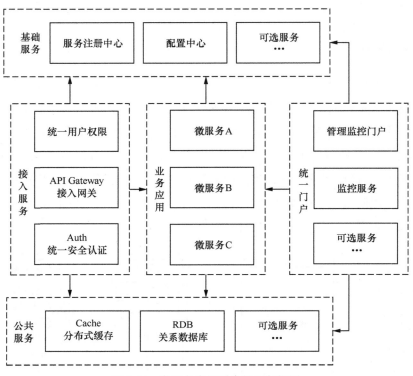

图 4-14　微服务应用平台的运行视图

通常与微服务相对的是单体应用,即将所有功能打包为一个独立单元的应用程序。比如设计一个简单的网上购物商城,设计内容分为两个部分,分别是面向客户的网站和管理客户信息与商品数据的管理后台。网站部分主要提供用户注册、登录、商品展示和下单等功能,管理后台部分主要负责用户管理、商品管理和订单管理等,两个部分的功能做好后通过云服务部署即可上线,形成一个具有初步规模的网站。但随着网站用户数量的增多,网站需要扩充现有的规模,并设计新的活动运营方式来维持大量客户,将单一的网站部署拓展到 PC 和手机应用客户端等,此时会涉及数据分析、移动端相关开发和促销活动开发等部分,需要将促销管理和数据分析放入先前设计的管理后台中,然后另外搭建移动端应用,网上购物商城设计整体架构图 a 如图 4-15 所示。

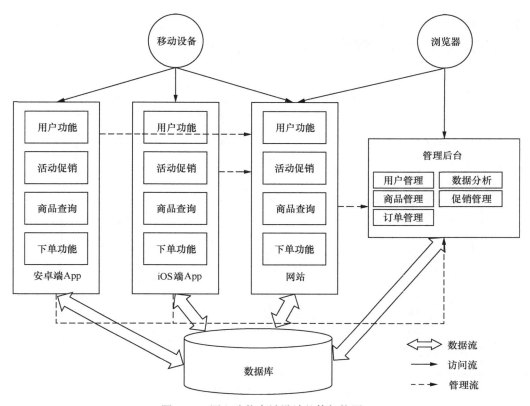

图 4-15 网上购物商城设计整体架构图 a

这种通过编写每个模块完成功能的方式只关注了自身的设计，针对网页和应用端存在相同逻辑的代码重复利用；所有的功能模块数据共享使用同一个数据库，或通过接口调用传输，导致接口调用关系混乱；后台管理随着功能的增多后容易出现性能瓶颈，影响其他应用；数据库结构难以重构与优化，最终导致开发、测试、部署、维护等各个阶段更困难，新的代码部署周期会因各种问题而延长，影响正常使用。整体工程结构可通过抽象逻辑调整，将重复使用的功能抽象为公用服务，上述网上购物商城可抽象为如下公共服务：用户服务、商品服务、促销服务、订单服务和数据分析服务，应用只需从这些服务获取所需要的数据即可，删减了冗余的代码。

抽象后的公共服务仍然需要从数据库交互数据，并未完全解决数据库性能瓶颈，存在数据库崩溃后的单点故障风险，同时数据库承载了大量的服务，其结构仍难调整。将数据库完全拆分后，各个服务可采用异构技术实现，例如数据分析服务可使用数据库作为持久化层，便于高效地进行统计和计算；商品服务和促销服务访问频率较高，加入缓存机制可实现服务快速响应等。拆分后的微服务架构使整个系统的分工更加明确，责任更加清晰，但在微服务架构中，整个应用分散成多个服务，定位故障点非常困难，服务数量的增多导致其中一个服务出现故障的概率增加，一个服务的故障可能会产生雪崩效应，导致整个系统故障，同时也会导致开发、测试、部署和管理的工作增多。最终将数据库拆分，融入各个服务并加入 Redis 消息队列和缓存机制后的架构如图 4-16 所示。

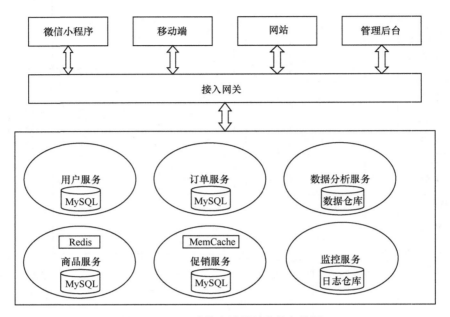

图 4-16　网上购物商城设计整体架构图 b

在高并发分布式场景下，需要建立完善的故障监控体系，尽可能提前发现故障，避免故障突然爆发导致雪崩式的系统瘫痪。微服务架构中组件繁多，不同的数据库对应不同的监控组件，如 Redis 缓存一般监控占用内存值、网络流量、数据库监控连接数、磁盘空间、业务服务监控并发数、响应延迟和错误率等指标，因为微服务使用了结合多种数据库的设计方式，所以使用一个大的监控系统来监控各组件会导致监控系统扩展性很差，且成本巨大。目前微服务的大量组件都无须自主开发，可在网络上找到其相关开源组件实现主流数据库的监控。

在微服务架构下，一个用户的请求往往涉及多个内部服务调用。为方便定位问题，需要记录每个用户的请求，以及该请求在微服务内部产生了多少服务调用、服务之间的调用关系。这种方式称为微服务的链路跟踪，通常服务调用时会在 HTTP 的 Headers 中记录用户请求调用的链路 ID（traceId）、链路跟踪的节点 ID（spanId）、父节点的节点 ID（parentId）、请求时间和响应时间等内容（requestTime&responseTime），同时需要日志收集与存储组件，完成日志收集及图形化展示链路调用的 UI 组件。监控组件理论及其实现详见 Google 开发 Dapper，Dapper 是一种大规模分布式系统的跟踪系统，其理论对应的工具是 zipkin。总的来说，监控内容主要包括服务的可用状态、请求流量、调用链、错误计数、结构化日志、服务依赖关系可视化等。

在单体应用架构中，当访问数变大，服务器规模增多时，日志文件的大小会增长到难以用文本编辑器访问，且日志文件分布在多个服务器上，排查一个问题需要登录到每台服务器获取日志文件，打开和查找过程需要很长时间。所以需要在日志收集器的基础上建立日志的搜索引擎，完成日志的快速查找。常用 Elasticsearch 工具来做日志分析，它是一种分布式、高扩展、高实时的搜索与数据分析引擎，与名为 Logstash 的数据收集和日志解析引擎及名为 Kibana 的分析和可视化平台一起开发，3 个工具集成一个解决方案，称为 "Elastic Stack" 或 "ELK Stack"。其他商业解决方案还有 splunk 和 sumologic 等。对故障的监控并不能完全避免故障的发生，监控旨在降低故障发生的可能性，当故障发生后，常见的故障处理策略是设置冗余，一个服务器部署多个实例，通过压力分担、快速替代的方式短期应对故障。通常需要根据服务功能，使用时间段动态调整实例数量，新增实例的步骤为部署新实例与新实例注册到负载均衡或 DNS 上，解决新增实例快速配置的方案是服务的自动注册与发现，"服务发现服务"提供所有已注册服务的地址信息，各新增应用服务在启动时自动将自己注册到该服务上，同时该服务定期检查应用服务的健康状态，去掉不健康的实例地址，在服务下线时直接关停服务即可，实现自动检查服务实例的增减，并配合客户端负载均衡，决定负载策略。常用的服务发现组件有 ZooKeeper、Eureka、Consul 和 Etcd 等。

在微服务中，当一个服务因某种原因停止响应时，该服务的调用方会等待一段时间，直到接收调用超时或错误的返回信息才会停止服务调用。若调用链路较长，可能会导致请求堆积，整条链路占用大量资源，使请求一直处于等待的状态。调用方多次访问一个服务失败时，达到断路器重试阈值后及时标记该服务已停止响应，直接返回失败，而后偶尔发送健康检查，查询该服务是否已恢复，直至服务恢复正常后重新连接，重新连接服务后重置断路器阈值，这种方式称为微服务的熔断机制。服务停止后，上游服务或用户会习惯性重试访问，当该服务恢复时，可能因为瞬间网络流量过大又立刻停止，需要对服务请求执行限流，常用的方法为丢弃部分单位事件内过多的请求数或丢弃部分区域的请求等。当停止的服务为非核心业务时，为保证核心业务不中断，上游服务应降级提供服务，例如商品优惠服务停止工作，而下单服务功能正常，此时只需关闭商品优惠服务即可。

微服务的目标是提供响应力，其架构的基本思想是围绕业务领域组件来创建应用，让应用可以独立开发、管理和加速，让一切去中心化是微服务的最高宗旨。

### 4. 分布式、微服务与集群架构之间的关系

单机结构是结构最为简单的项目部署方式，在系统业务量小时，可以将所有的代码放在一个项目中，该项目部署在一台服务器上即可，整个项目的服务都由一台服务器提供。单机结构的缺点是服务器一旦出现故障，整个服务就会瘫痪，毕竟单机的处理能力和容灾

能力有限。从单机结构的缺陷出发，部署多台服务器，且多台服务器为用户提供同一种服务，则可视为是将单机复制多个备份，这些备份构成了一个集群，集群中的每个单机都称为一个节点，每个节点都提供相同的服务，节点的任务调度通过负载均衡服务器实现。集群的优点是系统扩展非常容易，缺点是当节点数目增加到一定程度时，继续增加节点数目，效果提升并不明显。

微服务可将大规模集群的性能进一步提高，从单机结构到集群结构，基本不需要修改业务部署的代码；从集群结构演进到微服务结构时，需要从业务层面抽象出整体中各业务承载的服务功能，此分布式结构就是将一个完整的系统按照业务功能拆分成一个个独立的子系统，每个子系统被称为"服务"，这些服务都可以独立运行在 Web 容器中，子系统或服务之间通过 RPC 方式通信。分布式处理方式是将不同的业务分布在不同的地方，分布式与集群的不同点在于，分布式是指地点与功能的分布，集群则是将多个相同功能的实例集中实现同一业务，且分布式中的任一节点都可看成一个集群。分布式结构使得系统之间的耦合度大大降低，可独立开发、独立部署、独立测试，系统和系统之间的边界明确，便于排错，极大地提升了开发效率，分布式之间耦合度降低使得系统更易于扩展，如网购商城在促销之前，针对性地提升订单服务、产品服务的节点数量，后台管理和数据分析服务的节点数量维持原有水平即可。抽象化的子系统复用性更高，当其功能满足其他业务时，无须重复开发。总的来说，分布式是以缩短单个任务的执行时间来提升效率，而集群则是通过提高单位时间内执行任务数来提升效率。

微服务与分布式结构十分相似。微服务是一种架构风格，一个大型复杂软件应用由一个或多个微服务组成，系统中的各个微服务可被独立部署，各个微服务间是松散耦合的，每个微服务仅关注完成一件任务并将其尽善尽美，在所有的情况下，每个任务代表一个小的业务能力。微服务与集群的差异与分布式与集群的差异类似，微服务与分布式的差异在于，微服务的应用不一定是分散在多个服务器上，其架构可部署在同一个服务器中，生产环境下的微服务是分布式部署的，分布式部署的应用不一定是微服务架构。比如集群部署，它是把相同应用复制到不同服务器上，但是逻辑功能上还是单体应用，此时属于分布式而非微服务。

### 4.2.3 通用型分布式计算环境

#### 1. 分布式计算环境定义

分布式计算环境（Distributed Computing Environment，DCE）利用操作系统提供计算功能，统一管理网络资源，向用户和应用程序提供方便的管理机制、使用方法和开发手段，充分利用网络性能和资源。它的目标是使不同厂家的计算机或具有不同操作系统的计算机,能集成为一个统一的计算环境,使程序和数据具有透明的分布能力和网络连接能力,以及互操作性、可移植性的能力。

分布式计算环境的设计目标是要为分布式计算环境(可以由不同种类的系统构成)中的应用开发和应用管理提供底层的支持环境。它要为用户提供一个非常简单的逻辑,将底层各分布单元所各自具有的复杂性隐藏起来。一方面它提供操作系统及网络之间的相互连接,另一方面,它提供网络上的应用分布。通常,分布式计算环境主要由以下几个部分组成:DCE 线程服务,该服务提供进程内多线程的创建、管理及同步的手段;DCE 远程程序调用,包括开发工具、开发应用程序语言和编辑工具;DCE 目录服务,该服务维护分布式资源,提供基于 RPC 监听资源统一的命名机制,实现目录位置无关性;DCE 分布式时间服务,该服务提供不同计算机之间的时间同步机制;DCE 安全服务,该服务提供 DCE 中安全通信及资源访问控制;DCE 分布式文件系统,分布式文件系统可使用户访问或共享位于网上的文件服务器上的任意一个文件,而不需要知道该文件具体的物理地址,它包括缓存管理器、文件发布器、令牌管理器、DCE 本地文件系统和复制服务器。DCE 体系架构如图 4-17 所示。

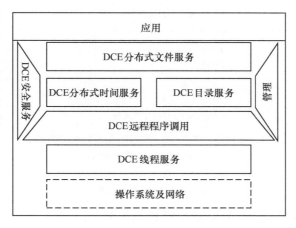

图 4-17　DCE 体系架构

### 2. Hadoop 分布式计算架构环境

Hadoop 最早起源于 Nutch,Nutch 是一种开源的网络搜索引擎,其主要设计目标是设计大型搜索系统,该系统包括网页抓取、索引、查询等功能,但由于抓取的网页数目过多,存储系统遇到了严重的可扩展问题。之后 Google 发布 Google 分布式文件系统(GFS),提出了海量文件存储方案,但 Google 未公布其源代码,Nutch 项目组根据 GFS 设计出了 Nutch 分布式文件系统(Nutch Distributed File System,NDFS),后 Google 发布了分布式计算框架 MapReduce,解决了海量网页的索引问题,NDFS 和 MapReduce 的诞生使得 Nutch

开发人员将项目移出 Nutch，成为 Lucene 的一个子项目，命名为 Hadoop。如今 Hadoop 是由 Apache 基金会开发的分布式系统基础架构，它充分利用集群的特点进行高速运算和存储，用户可以在不了解分布式底层细节的情况下，开发分布式程序。Hadoop 主要的任务部署为客户端机器、主节点和从节点 3 个部分。主节点主要负责 Hadoop 的两个关键功能模块 HDFS 和 MapReduce 的监督，当 Job Tracker 使用 MapReduce 进行监控和调度数据并行处理时，NameNode 负责 HDFS 的监视和调度；从节点负责机器运行的绝大部分工作，承担所有数据存储和指令计算，每个从节点既负责数据处理又负责维护主节点通信的守护进程。Hadoop 由 HDFS、MapReduce、HBase、Hive 和 ZooKeeper 等技术部件组成，Hadoop 整体框架如图 4-18 所示。

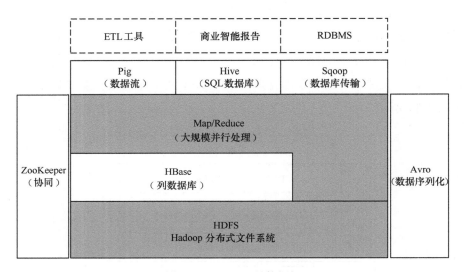

图 4-18　Hadoop 整体框架

Hadoop 中最基础、重要的部分是用于底层存储集群所有存储节点文件的文件系统 HDFS（详见第 3 章分布式文件系统），它还能执行 MapReduce 程序的 MapReduce 引擎。MapReduce 是一种编程模型，用于大规模数据集（大于 1TB）的并行运算；HBase 是一个开源的、基于列存储模型的分布式数据库；Hive 是一个基于 Hadoop 的工具，提供完整的 SQL 查询，可以将 SQL 语句转换为 MapReduce 任务进行运行；ZooKeeper 是一种高效的、可拓展的协调系统，存储和协调关键共享状态；Pig 是一个基于 Hadoop 的大规模数据分析平台，Pig 为复杂的海量数据并行计算提供了一个简单的操作和编程接口；Avro 是一个数据序列化系统，用于支持大批量数据交换的应用。

（1）MapReduce 大规模并行处理计算模型

MapReduce 是 Hadoop 的核心算法，它作为一种函数式编写的算法能够在大型集群上简化数据处理。MapReduce 运行系统可以管理输入数据的拆分、横跨多机的程序调度、硬件故障的处理，以及多机间的通信，从而大大减轻开发人员的负担。它把任务分为 Map（映射）和 Reduce（归约）两个阶段，Map 阶段使用 Map 函数将一组键值对根据其数据特点映射成新的键值对，在 Reduce 阶段重组新的键值对，保证所有映射的键值对中共享相同的键组。

MapReduce 操作流程如图 4-19 所示，当用户程序调用 MapReduce 函数后，MapReduce 首先会将输入文件分成 M 个数据片段，并在集群中启动多个程序。Master 负责调度；Worker 相当于处理器，进一步分为 Mapper 和 Reducer。Master 会对这些处理器进行任务分配，合理将 Map 任务或者 Reduce 任务分配给 Worker。在 Map 阶段中，被分配了 Map 任务的 Worker 会读取预先分好的数据片段，将键值对（Key-Value）从输入数据中解析出来，并传入用户定义的 Map 函数中，Map 函数生成的中间键值对会被缓存在中间件中。被缓存的键值对会被依次写入硬盘中，并分区到 R 个区域内。Master 需要知道被缓存的键值对在本地的位置，然后把这些位置转发给拥有 Reduce 任务的 Worker，拥有 Reduce 任务的 Worker 就会使用请求直接调用的方式去本地磁盘中读取缓存数据。读取完所有的中间数据后，拥有 Reduce 任务的 Worker 会根据中间键对数据进行排序，排序是因为通常许多不同的键会映射到同一个 Reduce 任务中，这样使得具有相同键值的数据可以聚合在一起。当完成所有的 Map 任务和 Reduce 任务后，Master 会唤醒用户程序，此时用户程序会结束对 MapReduce 的调用。

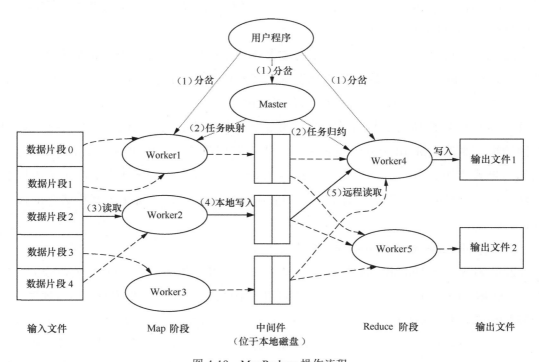

图 4-19　MapReduce 操作流程

在成功完成任务后，MapReduce 的输出结果会存放在 R 个输出文件中。一般情况下，用户无须将这些文件合并为一个文件，他们通常会将这些文件传入另一个 MapReduce 调用中，或者在另一个可以处理这些多个分割文件的分布式应用中使用。MapReduce 的最典型应用是词数统计，图 4-20 是一个通过 MapReduce 进行词数统计的简化版示例，可以通过它来简单了解 MapReduce 的操作流程。

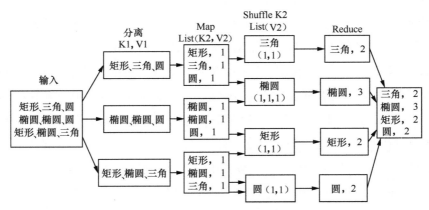

图 4-20　用 MapReduce 进行词数统计

简化版词数统计过程分为如下几步：①将一个文件进行拆分；②对作业分成多个键值对进行并行处理；③Map 阶段将每段文本按照词为单位进行再拆分；④合并数据；⑤Reduce 阶段将相同单词的个数加起来。

MapReduce 将一堆原本杂乱无章的数据按照某种特征归纳，然后处理并得到最后的结果，Mapping 过程的输入是杂乱无章的互不相关的数据，它解析每个数据，从中提取出<Key-Value>数据特征，经过 MapReduce 的数据混洗（Shuffle）阶段之后，在 Reduce 阶段得到的都是已经归纳好的数据，在此基础上可以做进一步的处理以便得到结果。当然，MapReduce 的典型应用不仅有词数统计，还包括计算 URL 的访问频率、倒排索引、分布式排序等。MapReduce 作为 Hadoop 分布式架构系统的核心算法，它为海量的数据提供了计算，是 Hadoop 利用集群进行高速运算和储存的根本保障。

（2）ZooKeeper 分布式应用程序协调服务

ZooKeeper 是 Hadoop 的子项目，它为分布式应用提供分布式、开源的调度服务，在分布式数据库中应用 ZooKeeper 协调技术可以加强集群的稳定性，加强集群的持续性，保证集群的有序性，保证集群的高效性。ZooKeeper 中运行的实例被称为 ZooKeeper 服务（ZooKeeper Service），每个 ZooKeeper 服务器可由一个或多个服务器组成，每个服务器都会保存一份元数据镜像，即内部所有服务器的元数据是一致的，通过每台服务器获取到的元数据视图也是一致的。服务器通过内存保存元数据,这是 ZooKeeper 服务器提供高性能服务的基础。ZooKeeper 整体架构如图 4-21 所示。

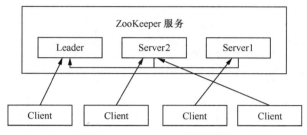

图 4-21　ZooKeeper 整体架构

ZooKeeper 使用树状层次模型来存储数据,树状层次模型中用来存储数据的每个节点被称为 Znode,每个 Znode 都有唯一的路径(Path),路径中一系列元素是用斜杠(/)分隔的,这种存储与命名模型与标准文件系统的树状层次模型非常类似,应用程序通过使用 ZooKeeper 客户端的 API 来操作 Znode 存取数据。Znode 有持久型(Persistent)和暂存型(Ephemeral)两种类型,这两种类型又可以与序列化(Sequential)属性相结合。暂存型 Znode 会在创建它的会话(Session)结束后被删除,而持久型 Znode 则不会被删除。ZooKeeper 通过序列化属性分配给 Znode 一个唯一的序列号,并保证该序列号单向增长,客户端可以通过 API 在 Znode 上设置监控(Watch)关注 Znode 的状态变化,当 Znode 被删除或更新时,客户端会收到通知从而做出相应的处理。ZooKeeper 的分层存储与命名模型如图 4-22 所示。

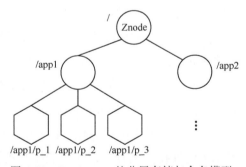

图 4-22　ZooKeeper 的分层存储与命名模型

ZooKeeper 提供基本的分布式锁服务,HDFS 中 Master 启动后并引入 ZooKeeper,此时有两个节点竞争 Master,设为节点 A 和节点 B,它们启动后均向 ZooKeeper 注册一个 Znode。假设节点 A 注册的 Znode 名字为 master-00001,节点 B 注册的 Znode 名字为 master-00002,注册完毕后进行选举,注册编号最小的节点 A 在选举中获胜,获得锁成为 Master,节点 B 将被阻塞成为一个备用节点。若此时 Master(节点 A)故障,这时候它所注册的 Znode 将被自动删除,ZooKeeper 自动感知 Znode 变化,再次发起选举,节点 B 在选举中获胜,替代节点 A 成为 Master;若此后节点 A 恢复,它会再次向 ZooKeeper 注册一个 Znode,但此时注册的 Znode 名称是 master-00003,ZooKeeper 会感知节点变化再次发起选举,节点 B 在选举中再次获胜继续担任 Master,此时节点 A 为备用节点。其流程如图 4-23 所示。

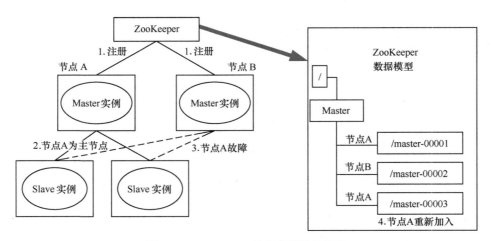

图 4-23 ZooKeeper 分布式锁服务流程

（3）Redis 远程字典服务

Redis（Remote Dictionary Server）即远程字典服务，是一个使用 ANSI C 语言编写的 Key-Value 开源数据库软件，传统数据库数据存储在本地的文件系统中，而 Redis 的数据存储在内存中，所以读写速度非常快，Redis 被广泛用于缓存中，也常用作分布式锁。

在分布式计算环境中，响应速度十分重要，对于用户而言，系统的响应速度直接关系到其体验，而分布式的响应速度依赖于负责不同业务的机器对数据的读取/写入速度，通常将执行耗时长且固定计算结果的 SQL 放入缓存，后续的请求就去缓存中读取，使请求能够迅速响应。

在大量进程并发执行的情况下，若所有的请求直接访问 SQL 数据库而没有非常成熟的事务处理流程，数据库将会发生连接或读写操作异常。这时可使用 Redis 做一个缓冲操作，让请求先访问到 Redis，然后再调用 SQL 数据库，保证并发的安全性。

Redis 虽然是内存数据库，但在服务器缓存设备遇到断电或者重启时，数据也能够恢复，具有较强的可用性。Redis 周期性地把更新的数据写入磁盘或者把修改操作写入追加的记录文件中，实现数据的持久化。Redis 提供了文件追加和 Redis 数据库（Redis DataBase，RDB）两种持久化方式，文件追加方式将 Redis 的操作日志以追加的方式写入文件，可以随时打开文件看到详细的操作记录，RDB 是 Redis 的默认持久化存储方式，在指定的时间间隔内将内存中的数据集快照写入磁盘。除此之外，Redis 还提供主从模式（Master-Slave）、哨兵模式（Sentinel）和集群模式（Cluster）等可用方案。

Hadoop 中 HDFS 的存储机制使得它无法面向终端用户，通常的做法是将计算结果导入面向用户的存储中，而基于内存进行操作的 Redis 通常是这种储存的最佳选择，因为其有丰富的数据结构，单点的性能也非常高效。Redis 支持 5 种数据类型，包括字符串（String）、散列（Hash）、列表（List）、集合（Set）、有序集合（Sorted Set，又称 Zset）。字符串类型是 Redis 最基本的数据类型；Redis 散列是一个字符串类型的 Key 和 Value 映射表，散列表特别适合用于存储对象；Redis 列表是简单的字符串列表，按插入顺序排序；Redis 集合是一个无序集合，通过散列表实现，集合中的字符串不能重复；Redis 有序集合相比 Redis 集合，集合中的元素会关联一个双精度浮点（Double）类型的分数，通过分数为集合成员从小到大排序，集合成员唯一，但分数可以不唯一。Redis 集群分区系统架构如图 4-24 所示。

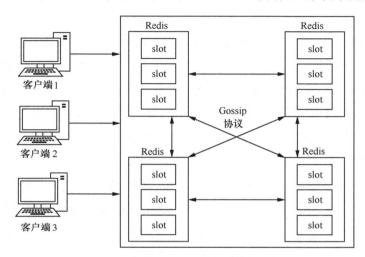

图 4-24　Redis 集群分区系统架构

Redis 社区版在 3.0 版本后开始引入集群策略，Redis 集群按时隙（Slot）进行数据的读写和管理，一个 Redis 集群包含 16 384 个时隙。每个 Redis 分片负责其中一部分时隙，在集群启动时，按需将所有时隙分配到不同的节点，在集群系统运行后，按时隙分配策略，将数据键值（Key）进行散列计算，并路由到对应的节点访问。Redis 集群是一个去中心化架构，每个节点记录全部时隙的拓扑分布。若客户端把键值分发给了错误的 Redis 节点，Redis 会检查请求键值所属的时隙，如果发现键值属于其他节点的时隙，会通知客户端重新定向到正确的 Redis 节点访问。

Redis 集群下的不同 Redis 分片节点通过 Gossip 协议进行互联，使用 Gossip 协议的优势在于该方案无中心控制节点，更新不会受到中心节点的影响，可以通过通知任意一个节点来进行管理。Gossip 协议不足之处在于元数据的更新会有时延，集群操作会在一定的时延后才通知到所有 Redis。Redis 集群在进行扩容时，可以向集群内任意一个节点发送 Cluster Meet 指令，将新节点加入集群，然后集群节点会立即扩散新节点到整个集群。

（4）Kafka 高吞吐分布式发布订阅消息系统

Kafka 是由 Apache 软件基金会开发的开源流处理平台，是一种基于 ZooKeeper 协调的分布式日志系统，常用于 Web/Nginx 日志、访问日志和消息服务等，其有高吞吐量、高可扩展性的特点。Kafka 通过 Hadoop 的并行加载机制统一了在线和离线的消息处理，其服务器节点（Broker）、数据发布者或生产者（Producer）、数据消费者（Consumer）都原生自动支持分布式，自动实现负载均衡。Kafka 也是一种发布-订阅模式的消息队列。

Kafka 中的关键术语有 Broker、Topic、Partition、Producer、Leader、Follower 和 Consumer 等。主题语句（Topic）表示每条发布到 Kafka 集群的消息的类别，类似于数据库表名，Topic 中的数据被分割成一个或多个分块（Partition），每个 Topic 都至少有一个 Partition，每个 Partition 是一个有序的队列，Partition 中的每条消息都会被分配一个有序的 id；Broker 是服务器节点，用来存储 Topic 的数据，一个 Broker 可以储存 Topic 的一个或多个 Partition。Producer 为数据的发布者或生产者，它将消息发布到 Kafka 的 Topic 中，与之相对应的是数据消费者（Consumer），数据消费者可以从 Broker 中读取数据，也可以消费多个 Topic 中的数据；领导者（Leader）表示当前负责数据读写的 Partition，每个 Partition 有多个副本，但有且仅有一个能成为 Leader，非 Leader 副本称为追随者（Follower），Follower 的所有写请求都通过 Leader 路由，数据变更会广播给所有 Follower，并与 Leader 保持数据同步，如果 Leader 失效，则从 Follower 中选举出一个新的 Leader。

Kafka 的整体结构和消息发送流程如图 4-25 所示，图中一个 Topic 配置了 3 个 Partition，其中 Partition 1 有两个偏执（Offset）0 和 1，Partition 2 有 4 个，Partition 3 有 1 个，Broker 中的副本 id 和副本所在的服务器 id 恰好相同，若一个 Topic 的副本数为 3，Kafka 将在集群中为每个 Partition 创建 3 个相同的副本。集群中的每个 Broker 存储一个或多个 Partition，多个 Producer 和 Consumer 可同时生产和消费数据。发布者将数据推送给 Broker 代理，消费者从 Broker 代理中读取数据，Kafka 使用 ZooKeeper 作为其分布式协调框架，可以很好地将消息生产、消息存储、消息消费的过程结合在一起。同时借助 ZooKeeper，Kafka 能够将生产者、消费者和 Broker 在内的所有组件在无状态的情况下，建立起生产者和消费者的订阅关系，并实现生产者与消费者的负载均衡。

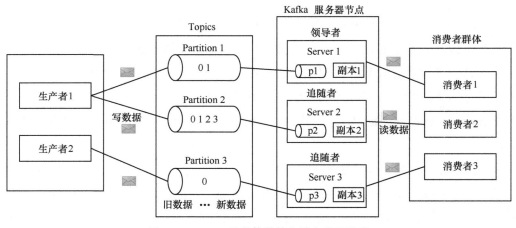

图 4-25 Kafka 的整体结构和消息发送流程

### 3. Spark 大数据处理框架

Apache Spark 是一个围绕速度、易用性和复杂分析构建的大数据处理框架，最初在 2009 年由加州大学伯克利分校的 AMPLab 开发，并于 2010 年成为 Apache 的开源项目之一，是一个快速的、多用途的集群计算系统。它提供了 Java、Scala、Python 和 R 等高级编程语言 API，且在伯克利数据分析栈（Berkeley Data Analytics Stack，BDAS）框架中处于核心地位，主要提供 4 个范畴的计算框架，Spark SQL 提供通过 ApacheHive 的 SQL 变体 Hive 查询语言（HiveQL）与 Spark 进行交互的 API，每个数据库表被视为一个抽象弹性分布式数据集（Resilient Distributed Datasets，RDD），Spark SQL 查询被转换为 Spark 操作；Spark MLlib（Machine Learning Library）是一个机器学习算法库，算法被实现用于 RDD 的 Spark 操作，并提供机器学习的各种模型和调优；Spark Streaming 用于对实时数据流进行处理和控制，允许程序能够像普通 RDD 一样处理实时数据；GraphX 是用于图形和图形并行计算的组件，提供图的操作和算法。Spark 计算框架如图 4-26 所示。

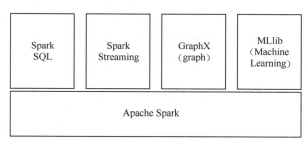

图 4-26　Spark 计算框架

Spark 是一个 Hadoop MapReduce 的通用并行框架，专门用于大量数据下的迭代式计算，Spark 相较于 Hadoop 具有较快的运算速度，Hadoop 中 MapReduce 在第一次运算之后将结果从内存写入磁盘中，第二次运算时又会从磁盘中读取数据，而 Spark 将数据一致缓存在内存中，直到计算出最终结果后再将其写入磁盘，在多次运算后 Spark 能有效节省 Hadoop 的磁盘 I/O 时间，优化迭代式工作负载。

弹性分布式数据集（RDD）是 Spark 底层的分布式存储的数据结构，是 Spark 的核心。Spark API 的所有操作都是基于 RDD。RDD 数据分布存储在多台设备上并行处理，并且只读不能修改，可以执行确定的转换操作创建新的 RDD。RDD 进行转换（Transformation）和动作（Action）函数操作，转换操作表示当一个 RDD 进行操作后，产生的结果将会在一个新的 RDD 上，代码中在 RDD 变换前后都是使用同一个变量表示，RDD 里面的数据并不是真实的数据，而是一些元数据信息记录了该 RDD 是通过哪些转换得到的，在计算机中使用血系（Lineage）形成一个有向无环图（Directed Acyclic Graph，

DAG）来表示这种结构。每次对 RDD 数据集操作后的结果都会缓存到内存中，下一个操作可以直接输入内存执行计算，省去大量的磁盘 I/O 操作。RDD 进行 Transformation 操作后返回值仍为 RDD，执行操作后的 RDD 不会立即提交到 Spark 集群运行，下一次操作仍可在内存中进行；RDD 执行 Action 操作后会形成 DAG 图并提交到 Spack 集群运行，并立即返回结果，Action 操作会真正启动计算。

分布式共享内存（Distributed Shared Memory，DSM）提供一个逻辑上统一的地址空间，任何一台处理机都可以对这一地址空间直接进行读写操作。RDD 相比 DSM 可以实现高效地容错，丢失部分数据可以通过 Lineage 重新计算，不需要做特定的检查点，除此之外 RDD 还有其他特点，可实现类 MapReduce 的预测式执行，可通过数据的分区特性和数据本地性提高性能，数据可序列化，当内存不足时自动改为磁盘存储，提供不低于 MapReduce 的性能。Spark 运行架构如图 4-27 所示。

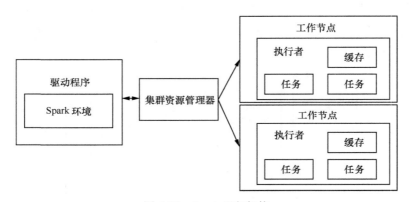

图 4-27　Spark 运行架构

Spark 驱动程序创建 Spark 环境（SparkContent），通过 Spark 环境负责与集群资源管理器通信，进行资源申请、任务分配和监控等功能，Spark 环境在用户应用程序执行完成后关闭；集群资源管理器用于分配集群中的资源，目前有 3 种模式的集群资源管理器：Spark 独立模式集群、Mesos 内核模式和 YARN 资源协调者模式；执行者（Exector）是某个应用程序运行在工作节点（Worker Node）上的一个进程，该进程负责运行某些任务，并且负责将数据存在内存或者磁盘上。工作节点是集群中可以运行应用程序代码的节点，任务（Task）是在执行者程序中执行任务的工作单元，多个任务组成一个阶段（Stage），又称为任务集（TaskSet）；DAG 调度器（DAG Scheduler）根据工作（Job）构建基于 Stage 的任务调度器（Task Scheduler），通过 RDD 之间的依赖关系划分 Stage，任务调度器则将工作集交给工作节点运行，向每个执行者分配任务。Spark 运行流程如图 4-28 所示，其过程描述如下。

（1）构建 Spark 应用程序的运行环境（启动 Spark 驱动），Spark 驱动向集群资源管理器注册并申请运行执行者资源。

（2）资源管理器分配执行者资源并启动独立模式后端（Standalone Executor Backend），执行者运行情况将随着心跳消息发送到资源管理器上。

（3）Spark 驱动构建 DAG 图，将 DAG 图分解成阶段，并把任务集发送给任务调度器。执行者向 Spark 环境申请任务。

（4）任务调度器将任务发放给执行者运行的同时，Spark 驱动将应用程序代码发放给执行者。

（5）任务在执行者上运行，运行完毕释放所有资源。

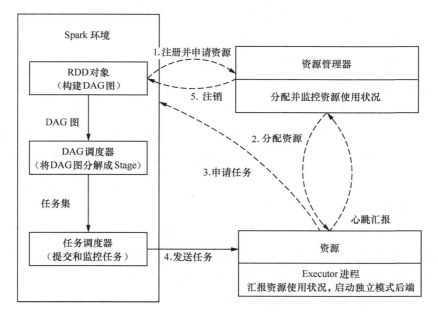

图 4-28　Spark 运行流程

Spark 中每个应用程序获取专属的执行者进程，该进程在应用程序期间一直驻留，并以多线程方式运行任务。这种应用程序隔离机制有其优势，从调度角度看，每个 Driver 调度它自己的任务；从运行角度看，来自不同应用程序的任务运行在不同的 Java 虚拟机（Java Virtual Machine，JVM）中。但 Spark 应用程序不能跨程序共享数据，除非将数据写入外部的存储系统。Spark 执行与资源管理器无关，只要应用程序能够获取执行者进程，并能保持相互通信即可。提交 Spark 环境的客户端应靠近工作节点，因为 Spark 应用程序在运行过程中，Spark 环境和执行者之间有大量的信息交换。Spark 还可使用 RPC 将 Spark 环境提交给集群，可保持工作节点与 Spark 环境的距离尽量接近。

### 4．Storm 分布式实时流计算框架

Storm 是一款 Twitter 开源的分布式实时大数据处理框架，被业界称为实时版 Hadoop。

在一个多节点集群上，每秒可以轻松处理上百万条消息。随着 Hadoop 的 MapReduce 高时延无法满足越来越多的场景需求，如网站统计、推荐系统、预警系统、金融系统（高频交易、股票）等，大数据实时处理解决方案（流计算）的应用日趋广泛。Storm 可以实时处理消息和更新数据库，对一个数据量进行持续查询并返回客户端（持续计算），对一个消耗资源的查询做实时并行化的处理，Storm 的基础 API 可以满足大量的场景；Storm 的可伸缩性可以提高 Storm 每秒处理的消息量，Storm 使用 ZooKeeper 来协调集群内的各种配置，使 Storm 的集群可以轻松扩展；Storm 保证每一条消息都会被处理，其集群非常容易管理，轮流重启节点不影响应用，在消息处理过程中出现异常时，Storm 还会进行重试，具有较好的容错性；Storm 的拓扑和消息处理组件（Bolt）可支持多编程语言定义，这使得任何人都可以使用 Storm。

Storm 的每个 stream 都有一个源，称为数据源头（Spout），Spout 是拓扑中的数据源节点，Bolt（数据闩）处理数据流内的元组，它可以处理任意数量的输入，Bolt 允许元组数据流入与流出，Bolt 可与 Spout 配合将特定数据进行处理并导向其他 Bolt 或目的地，Spout 和 Bolt 可通过有向无环图连接，形成一个抽象图拓扑（Topology），拓扑可看成是 Storm 中的 Job 抽象概念。元组数据是一个值列表（Value List），列表中的每个值可以是任意可序列化的类型，拓扑的每个节点都要说明它所发射出的元组的字段名称，其他节点只需要订阅该名称即可接收处理元组数据。

Storm 还有两个重要的组件——主控进程（Nimbus）和监控进程（Supervisor），Nimbus 又可称为 Master Node，它是 Storm 集群工作的全局指挥，负责工作接口监听并接受客户端提交的拓扑，根据集群工作节点的资源情况进行任务分配，并将分配结果写入 ZooKeeper；它还监听监控进程下载拓扑代码请求，为监控进程提供下载服务。监控进程是 Storm 集群的资源管理者，定时从 ZooKeeper 中检查是否有新的拓扑代码未下载，定时删除旧的拓扑代码，并根据主控进程的任务分配，按需监控和使用工作节点。这两种组件都是快速失败的，没有状态。任务状态和心跳消息等都保存在 Zookeeper 上，提交的代码资源都在本地机器的硬盘上。如果任何一个组件进程意外失败或销毁，可通过 ZooKeeper 获取之前的状态，不会造成任何数据丢失。Storm 架构与数据处理流程如图 4-29 所示，过程描述如下。

（1）拓扑提交后，主控进程负责在集群里面发送拓扑代码，给机器分配工作并监控状态，主控进程全局只有一个。

（2）主控进程将任务分配情况写入 ZooKeeper，ZooKeeper 除了保存主控进程的任务分配外，还存储每台机器上工作节点的心跳消息，主控进程又可读取 ZooKeeper 保存的心跳消息，实现对监控进程反馈与任务调度。

（3）监控进程会监听分配工作的机器，按需启动或关闭工作进程。每个运行 Storm 的机器上都要部署监控进程，通过从 ZooKeeper 获取到的拓扑代码和获取主控节点分配的相应任务，启动工作节点和执行者执行相关工作，工作节点启动后执行工作并向 ZooKeeper 发送心跳消息。

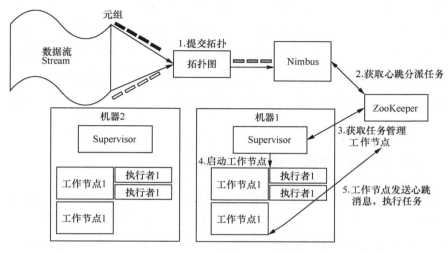

图 4-29　Storm 架构与数据处理流程

Storm 优势就在于它是实时的连续性分布式计算框架，一旦运行，除非将它整个程序停止，否则它会一直处于计算或等待计算的状态。Storm 可以用来处理源源不断的消息，处理之后将结果写入某个存储，由于 Storm 的处理组件是分布式的，而且处理时延极低，所以可以作为一个通用的分布式 RPC 框架来使用。相比于 Hadoop 和 Spark，Storm 部署较为简单，模块无状态，随时宕机重启，Storm 还提出了 ACK 消息追踪框架和复杂的事务性处理方案，能够满足很多级别的数据处理需求，但数据处理需求越复杂，Storm 性能下降越严重。

### 5. 总结

Hadoop 实现了 MapReduce 的思想，通过数据切片计算来处理大量的离线数据，Hadoop 处理的数据必须是已经存放在 HDFS 上或者类似 HBase 的数据库中，所以 Hadoop 是通过移动计算到这些存放数据的机器上来提高效率。Hadoop 适用于海量数据的离线分析处理、大规模 Web 信息搜索和数据密集型并行计算等。

Spark 基于 MapReduce 算法实现的分布式计算，拥有 Hadoop MapReduce 所具有的优点，但不同于 MapReduce 的是，Job 中间输出和结果可以保存在内存中，从而不再需要读写 HDFS，因此 Spark 能更好地适用于数据挖掘与机器学习等需要迭代的 MapReduce 的算法。Spark 适用于多操作特定数据集的应用场合，需要反复操作的次数越多，所需读取的数据量越大，受益就越大，数据量小但是计算密集度较大的场合，受益就相对较小。

由于 RDD 的特性，Spark 不适用增量修改的应用模型，如 Web 服务的存储或者是增量的 Web 爬虫和索引。

Storm 是实时流式计算框架，由 Java 和 Clojure（高级、动态的函数式编程语言）编写，Storm 支持全内存计算，对于实时计算的意义类似于 Hadoop 对于批处理的意义，Storm 的处理组件是分布式的，而且处理时延极低，所以可以作为一个通用的分布式 RPC 框架来使用。总的来说，Hadoop 适合于离线的批量数据处理，适用于对实时性要求极低的场景，Storm 适合于实时流数据处理，实时性方面做得很好，Spark 兼顾 Hadoop 的 MapReduce 批处理框架和 Storm 的流数据处理框架，在批处理方面性能优于 MapReduce，但是流数据处理还是弱于 Storm。

### 4.2.4 简单对象访问协议（SOAP）

Web 服务是松散耦合、可复用的软件模块，也是可编程的 URL，是使用标准 Internet 协议（如 HTTP 或 XML）、远程可调用的应用程序组件。它试图提供一个与操作系统无关、与程序设计语言无关、与机器类型无关、与运行环境无关的平台。Web 服务使用了面向服务的体系结构（Service Oriented Architecture，SOA），SOA 架构突出强调任何系统都有两个重要的方面，即角色和操作。在这里，角色指的是不同类型的实体，而操作指的是为了使 Web 服务工作，这些实体所完成的功能。Web 服务是互联网应用需求和技术发展的双重产物，它代表新一代的软件架构模式，服务即软件，Web 服务被普遍认为是下一代分布式系统开发的模型。Web 服务是新一代的 Web 应用程序，它代表了组件技术和 Web 技术的结合，可远程透明地调用和集成世界任何一个角落不同平台上的一个服务。Web 服务是一种通过 URL 标识的软件应用，其接口及绑定形式可通过 XML（可扩展标记语言）标准定义、描述和检索，并能通过 XML 消息及互联网协议完成与其他应用的直接交互。超文本传输协议（Hyper Text Transfer Protocol，HTTP）是服务器到客户端传输文件的机制，HTTP 需要拓展来满足更多 Web 服务，而简单对象访问协议（Simple Object Access Protocol，SOAP）更好地满足了这个要求。SOAP 加入了一套 HTTP 标题和丰富的 XML，能够在 Internet 实现复杂的应用通信。Web 服务与 SOAP 之间的关系如图 4-30 所示。

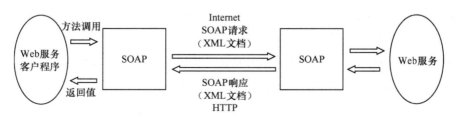

图 4-30　Web 服务与 SOAP 之间的关系

SOAP 通过定义一个关于远程组件如何请求信息，以及如何描述递交的信息的标准，扩展了 Web 的应用用途。SOAP 是一个基于 HTTP 和 XML 的请求/响应 RPC 协议，把 XML 的使用代码转化为请求和响应参数编码模式，并用 HTTP 传输，利用几行代码和一个 XML 解析器，HTTP 服务器立刻成为 SOAP 对象请求代理（SOAP Object Request Broker，SOAP ORBs）。SOAP 本身并没有定义任何应用程序语义，如编程模型或特定语义的实现，它提供一个有标准组件的包模型和在模块中编码数据的机制，定义了一个简单的表示应用程序语义的机制。这使得 SOAP 能够被用于从消息传递到 RPC（远程进程调用）的各种系统。

综上所述，SOAP 是一种使用 XML 在松散分布式环境中交换结构化、类型化数据等信息的轻量级协议。它本身并不定义任何应用语义，只是定义一种可通过模块化的封装机制和对应用定义的数据进行编码的编码机制，SOAP 传递消息的基本承载单元是基于 XML 的 SOAP 消息，SOAP 可广泛作为各种应用的信息传递协议。SOAP 与编程语言、对象模型、操作系统及实现平台无关。

### 1. SOAP 协议内容

SOAP 规范主要由 SOAP 信封（SOAP Envelope）、SOAP 编码规则、SOAP RPC 表示（SOAP RPC Representation）和 SOAP 绑定（Binding）4 个部分组成，SOAP 的 4 个组成部分在功能上是相交的，SOAP 信封和编码规则是被定义在不同的 XML 命名空间中，有利于模块化定义和简明实现。SOAP 消息结构如图 4-31 所示。

SOAP 信封定义了一个整体的 SOAP 消息表示框架，可用于表示消息是什么，是谁发送的或由谁接受并处理；SOAP 编码规则定义了一个数据的编码机制，通过编码机制定义应用程序中需要使用的数据类型；SOAP RPC 表示（SOAP RPC Representation）是远程过程调用和应答协议，利用 XML 的扩展伸缩性来完成 RPC 调用的交换和封装，并绑定现有的 HTTP、SMTP、POP3 等 Internet 协议调用响应机制，完成 SOAP 调用和响应；SOAP 绑定定义了底层传输协议，确定了节点间如何交换 SOAP 信封的方式，并实现 SOAP 与 HTTP 的协同工作。

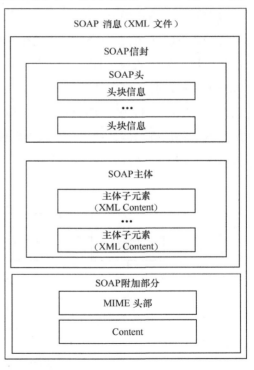

图 4-31 SOAP 消息结构

SOAP 定义了请求消息（Request）和响应消息（Response）来提供服务请求者和服务提供者的消息回应方式。SOAP 消息包括消息头和 XML 消息体两个部分，XML 消息体部分结构如图 4-31 所示，主要包括 SOAP 信封、SOAP 头和 SOAP 主体。SOAP 信封（SOAP Envelope）用 4 个 XML 包装传输的消息，表示该消息 XML 文档的顶级元素，在句法上包含了所有其他元素，定义了 SOAP 消息其他部分使用的各个名称空间；SOAP 头（SOAP Header）是 SOAP 消息的可选部分，是用来扩展其他诸如安全、事务等服务的重要机制，能够被 SOAP 消息路径中任意的 SOAP 接受者处理的一组 SOAP 块；SOAP 主体（SOAP Body）是一组和多组 SOAP 条目的信息，在 SOAP 消息中必须出现且必须是 SOAP 封装元素的直接子元素，能够被 SOAP 消息路径中任意的 SOAP 接受者处理的一组 SOAP 块；SOAP 块是一个句法上的结构，用于包含一个逻辑上的单一元素，这一元素是需要被 SOAP 节点处理的，封装在 SOAP 头中的 SOAP 块称为头块，而封装在 SOAP 主体中的 SOAP 块为主体子元素。

### 2. SOAP 的消息交换

SOAP 节点表示 SOAP 消息路径的逻辑实体，用于进行消息路由或处理。SOAP 节点可以是 SOAP 消息的发送者、接收方、消息中介。在 SOAP 消息模型中，消息中介为一种 SOAP 节点，负责提供发送消息的应用程序和接收方之间的消息交换和协议路由功能，还负责处理 SOAP 消息头中定义的部分消息。SOAP 发送方和接收方之间可以不存在消息中介或存在多个消息中介，为 SOAP 接收方提供分布式处理机制。

一般 SOAP 消息中介分为转发中介和活动中介，转发中介通过在所转发消息的 SOAP 消息头块，使用头块中描述和构造的语义规则实现消息处理；活动中介利用一组功能为接收方节点修改外部绑定消息，从而提供更多的消息处理操作。在 SOAP 消息交换路径中，借助于 SOAP 中间方，可以向 SOAP 应用程序中集成如转发、过滤、事务、安全、日志记录、智能路由等功能，使得分布式处理模型在 SOAP 消息交换中得以实现。SOAP 消息交换流程如图 4-32 所示。

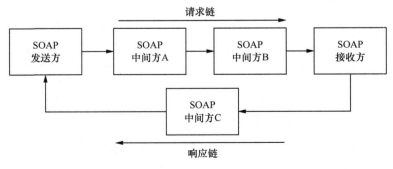

图 4-32　SOAP 消息交换流程

SOAP 消息在发送方和接收方之间通过单项传输方式，以请求应答实现，SOAP 也可通过开发特定的网络系统来优化其实现方式。接收 SOAP 消息的应用程序首先识别应用程序需要的

SOAP 消息，检查应用程序是否支持发送方的 SOAP 消息，若不支持则丢掉发送方消息；而消息中介节点在处理 SOAP 消息时会检查消息的发送方，若根据 SOAP 消息处理后得知消息并非来自该发送方，则根据路由协议继续传输该消息，并将处理 SOAP 消息的数据删除。

### 3. SOAP 与 Web 服务结合的优势

在传统的分布式计算方案中，公共对象请求代理体系结构（Common Object Request Broker Architecture，CORBA）应用较为广泛，完善地提供了异构平台中不同应用程序通信的解决方案，CORBA 能够使分布式、面向对象的应用之间通信，无论应用安装在何种平台均能够通信，但 CORBA 难于开发和部署，实现 CORBA 所需的代价有时远超其应用通信带来的好处，同时 CORBA 较难与防火墙协同工作。CORBA 通信采用专门的二进制协议，虽然分布式组件对象模型（Microsoft Distributed Component Object Model，DCOM）同样采用二进制协议来实现对远端服务器程序对象的请求处理，但 CORBA 和 DCOM 的二进制协议并不相同，且二者的传输协议使用了表示传送信息的语义，导致由这两种模型构建的程序难以通信。SOAP/Web 服务是新的分布式计算实现方案，可让编程人员在任何平台下使用熟悉的语言进行开发服务，且 SOAP 通信建立在 HTTP 协议上，几乎所有防火墙均能正确识别，方便企业的应用集成；SOAP 没有定义信息的语义，采用 XML 消息编码，XML 消息有很强的可读性，使得 SOAP 更加通用；SOAP/Web 服务体系架构松耦合，服务升级与平台转移对于用户来说都是透明的，满足 Internet 上分布式应用程序的开发要求。SOAP 与 Web 服务具有强大的集成能力，通过该架构建立的分布式系统可以通过其标准来建立、沟通、协调和相互调用系统间的设备和应用，为不同的服务提供者封装服务，并通过客户端的接口调用，不需要使用特定的 API 接口。SOAP 与 Web 服务的结合还能实现服务与应用系统的即插即用，任何一个 Web 服务或者应用都可以轻松地加入 Web 服务架构系统中，为用户提供新的服务，即对于 Internet 上的企业资源可重复利用，实现 Internet 上目标无缝集成。其集成模型如图 4-33 所示。

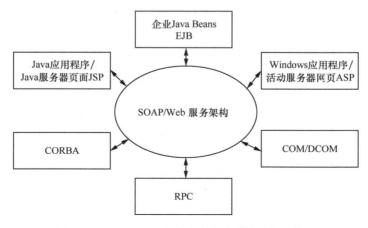

图 4-33　SOAP/Web 服务与各组件模块的集成模型

## 本章小结

本章给出了有关分布式计算技术的具体内容，包括分布式计算概念、分布式程序、分布式运行模型、分布式系统的全局状态、分布式计算的运行分割以及分布式计算模型等，并且在分布式计算模型中详细总结了传统的 C/S 模型 B/S、集群技术、通用型分布式计算环境以及 SOAP。

## 本章习题

1. 请简述分布式计算的概念。
2. 什么是分布式计算的运行分割？
3. 说明典型的 B/S 结构工作流程。
4. 说明分布式、微服务与集群架构之间的关系。
5. 请简述通用型分布式计算环境有哪些？它们各自的特点又是什么？

# 第5章

# 大数据分析技术

## ▶ 学习目标

1. 熟悉并掌握基本的 Python 语言。
2. 掌握数据可视化的相关技术并利用 Python 进行数据可视化实践。
3. 掌握数据预处理的有关方法。
4. 掌握朴素贝叶斯、决策树、神经网络、深度学习的基本原理。
5. 了解典型数据挖掘技术的有关应用。

## ▶ 内容导学

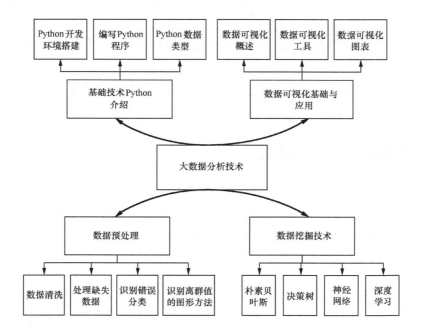

## 5.1 基础技术 Python 介绍

计算机的发展使得大数据的处理越来越方便，尤其是一些编程语言的出现，如 Python、R 等。这些编程语言不仅能提供有效的数据处理手段，而且还能提供数据可视化的功能，这使得用户能从不同的角度了解数据，从而分析数据背后隐藏的秘密。

在工业大数据领域中，从客户需求到销售、订单、计划、研发、设计、工艺、制造、采购、供应、库存、发货、交付、售后服务、运维、报废或回收再制造等整个流程产生的各类数据都可以用 Python 来分析。

由于篇幅有限，本节只介绍当前最为流行的数据处理语言——Python。20 世纪 80 年代末到 90 年代初，吉多·范罗苏姆在荷兰国家数学和计算机科学研究所设计了 Python 语言。它包含了 ABC、Modula-3、C、C++、Algol-68、SmallTalk、UNIX shell 和其他的脚本语言的部分特性，并由此发展而来。

Python 是一种高层次的脚本语言，它具有解释性、编译性、互动性和面向对象等特点。具体来说。

（1）Python 是应用广泛的语言。对初级程序员而言，Python 是一种伟大的语言，它支持广泛的应用程序开发，从简单的文字处理到 WWW 浏览器再到游戏。

（2）Python 是解释型语言。在 Python 程序运行过程中没有编译环节，类似于 PHP 和 Perl 语言。

（3）Python 是交互式语言。编程人员可以直接通过终端窗口来与 Python 交互，在一个 Python 提示符 ">>>" 后直接执行代码。

（4）Python 是面向对象语言，与 Java 类似，是一类以对象作为基本程序结构单元的程序设计语言。

（5）Python 是可读性很强的语言。它具有比其他语言更有特色的语法结构，严格遵照缩进策略来编写，所以编程者可以很快地找到程序的各个模块。

### 5.1.1 Python 开发环境搭建

本节将分别介绍如何在本地和服务器搭建 Python 开发环境，用户可以通过终端窗口输入 "python" 命令来查看本地是否已经安装 Python 以及 Python 的安装版本。Python 可应用于多平台，包括 Windows、Linux 和 macOS X 等。本节将分别介绍 Windows、Linux 和 macOS X 平台上 Python 环境的搭建。

1. Python 的下载

通过访问 Python 的官方网站，用户既可以得到 Python 的最新源码、二进制文档和一些新闻资讯，还可以下载关于 Python 的 HTML、PDF 和 PostScript 等格式的文档。

2. Python 的安装

Python 可用于多平台，对于不同平台的用户，用户应该下载适用于平台的二进制代码，然后用不同的安装方法安装 Python。需要注意的是，如果下载的二进制代码是不能使用的，用户需要使用 C 编译器手动编译源代码。

以下是在不同平台上安装 Python 的方法。

（1）在 Windows 平台安装 Python。

对于 Windows 平台的用户，安装 Python 是非常简单方便的。

① 首先在官方网站的下载列表中选择相应的安装包，安装包的格式为：python-XXX.msi，XXX 是用户想要安装的版本号。如图 5-1 所示，只要单击 Python 2 或者 Python 3 的最新版本就可以自动下载安装包了。

Python >>> Downloads >>> Windows

## Python Releases for Windows

- Latest Python 3 Release - Python 3.9.0
- Latest Python 2 Release - Python 2.7.18

图 5-1　Windows 安装 Python

② 下载完成后，用户需要找到安装包的位置，打开安装包之后，用户只需使用默认的设置一直单击"下一步"直到安装完成即可。

（2）在 UNIX&Linux 平台安装 Python。

① 通过 Web 浏览器访问 Python 官方网站。

② 选择 UNIX/Linux 平台对应的源码压缩包，并选择相关的版本号。

③ 下载完成后，找到压缩包并解压。

④ 执行相应的脚本操作来安装 Python。

执行完以上操作后，Python 会被安装在/usr/local/bin 目录中，Python 库安装在/usr/local/lib/python。

（3）在 Mac 平台安装 Python

对于 Mac 平台的用户，如果没有特殊的要求，那么用户可以使用 macOS 系统自带的 Python 2.x 版本的环境。如果有使用 Python 3.x 版本的需求，那么用户也可以在 Python 官方网站下载最新版本的 Python，并按照安装向导一步一步安装即可。

### 3. 环境变量配置

由于操作系统在搜索相应的可执行文件时不能找到 Python 的可执行文件，所以用户需要将 Python 的可执行文件的目录存放在环境变量中。

path 环境变量一般是指在操作系统中用来指定操作系统运行环境的一些参数，如临时文件夹位置和系统文件夹的位置等。环境变量是在操作系统中一个具有特定名字的对象，它包含了一个或者多个应用程序将使用的信息。

（1）UNIX 平台的环境变量配置：PATH=$PATH:/usr/local/python/bin。注意，在 UNIX 中，PATH 是要区分大小写的。

（2）Windows 平台的环境变量配置：注意在 Windows 平台，PATH 是不区分大小写的。图 5-2 所示为 Windows 中 Path 变量的配置界面。

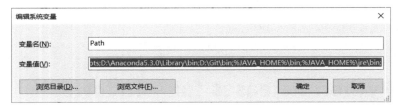

图 5-2　Windows 中 Python 环境配置 Path 变量

（3）在 macOS 中，如果用户在安装过程中改变了 Python 的安装路径，那么就需要在 PATH 中添加 Python 目录。

### 4. 运行 Python

对于用户来说，一般有 3 种方式来运行 Python，分别是集成开发环境直接运行、交互式运行、命令行执行。

（1）集成开发环境

集成开发环境（Integrated Development Environment，IDE）是用于提供程序开发环境的应用程序，一般包括代码编辑器、编译器、调试器和图形用户界面等工具。常见的集成开发环境有 PyCharm、VsCode 等。

PyCharm 软件运行界面如图 5-3 所示，PyCharm 是一种专门应用于 Python 的 IDE。它可以提高用户在使用 Python 语言开发时的效率，并且它具有很多人性化的功能，比如智能提示、自动填充、单元测试、语法高亮、项目管理等。此外，PyCharm 还提供了一些扩展功能，包括 Django 开发、Google App Engine、IronPython 等。

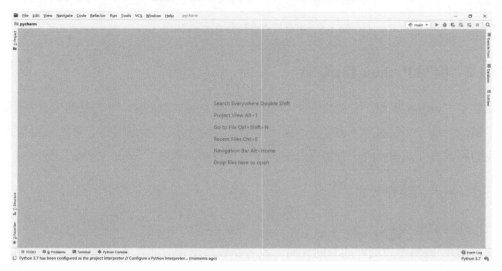

图 5-3　PyCharm 软件运行界面

VsCode 并不是专门用于开发 Python 的 IDE，不过它也很好地兼容了 Python，用户也可以在 VsCode 中享受到 PyCharm 的便捷性。它包括智能提示、自动填充、单元测试、语法高亮、项目管理等功能，并且还有更加丰富的扩展应用，比如 Excel、Map 等。用户可以根据自己的编程喜好来选择 PyCharm 或 VsCode。

（2）交互式解释器

Python 是典型的交互式语言，用户可以在终端输入操作来获取相关的反馈。

① 对于 Windows 系统，用户需要打开命令行窗口并进入 Python，然后输入操作代码，那么执行之后就会反馈相应的结果。如图 5-4 所示，只需要在 ">>>" 后面输入正确指令即可得到反馈。

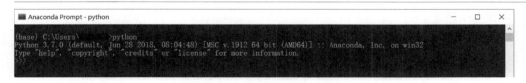

图 5-4　Windows 系统交互式运行 Python

② 对于 UNIX、DOS 等提供了命令行或者 shell 的系统，用户也可以直接打开命令行，执行 Python，然后进行相关的 Python 编码工作。

（3）命令行执行

对于已经写好的 Python 文件来说，用户可以用终端到达此文件的目录下，通过执行 Python 脚本来直接执行 Python 文件，如图 5-5 所示。

图 5-5　命令行直接执行 Python 程序

## 5.1.2　编写 Python 程序

要编写 Python 程序，首先应了解 Python 的语法结构。Python 与其他语言在语法上有很多相似的地方，但是也存在不小的差异，比如缩进格式、循环操作、输入输出格式等。本节我们将重点介绍 Python 的基础语法，并编写一个简单的"Hello World"程序。

### 1. Python 的编程方式

（1）使用 IDE 编程

使用 IDE 能使用户更好地看到代码，或者在程序出错时能更方便地调试程序。用户在配置好相应的 IDE 之后，可以直接在 IDE 中创建 Python 文件，然后只需要单击运行就可以在输出控制台看到结果，如图 5-6 所示。

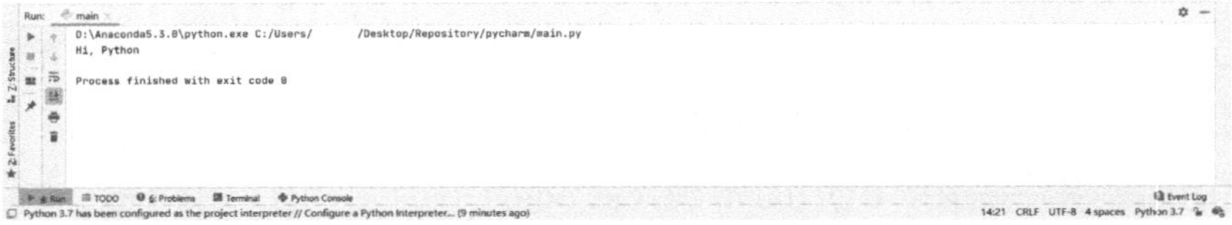

图 5-6　IDE 运行 Python 的结果

（2）交互式编程

此种编程方式不需要用户单独创建脚本文件，可直接通过 Python 解释器的交互模式编写代码。在这种方式下，Linux 平台和 Windows 平台的操作类似。

① 对于 Linux 平台，用户只需要在命令行中输入 Python 命令即可启动交互式编程窗口，如图 5-7 所示。

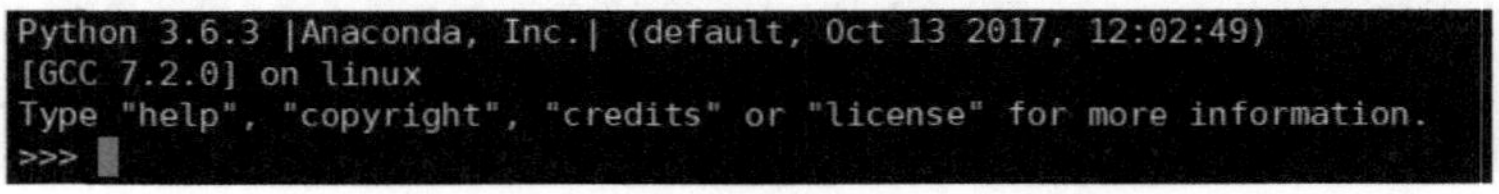

图 5-7　Linux 平台交互式运行 Python

② 对于 Windows 平台，只需要在 Python 安装目录下找到已经安装好的交互式编程客户端，双击便可打开，如图 5-8 所示。

（3）脚本式编程

对于此种方式，用户需要单独创建一个扩展名为.py 的文件，通过脚本参数调用解释器开始执行脚本，直到脚本执行完毕。操作方式如下。

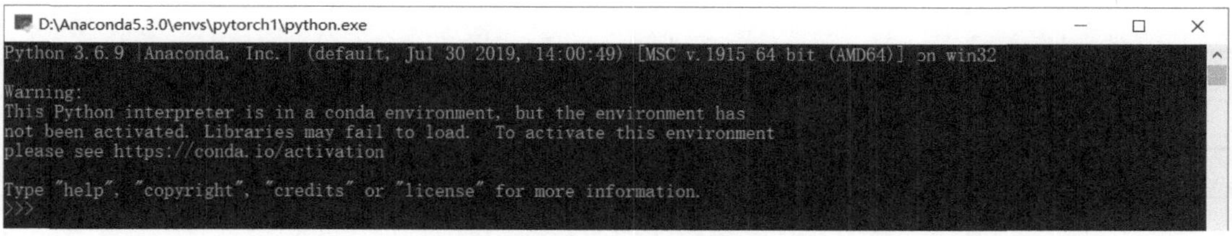

图 5-8　Windows 平台交互式运行 Python

用户先写一个简单的 Python 脚本程序，并且将此 Python 文件以.py 为扩展名存储到一个目录下。然后打开 Python 解释器，输入图 5-5 中所示的 pythcn picture.py 命令来执行相应的脚本程序。

### 2．Python 的保留字

保留字（Reserved Word），是指在高级语言中已经定义过的字，使用者不能再将这些字作为变量名或过程名使用。保留字包括两个部分。（1）关键字：关键字指的是 Python 语言中具有特定含义且成为语法中一部分的那些字；（2）未使用的保留字：在 Python 中，一些保留字可能并没有应用于当前的语法中，但是这部分字有可能在将来被使用到，保留字的出现是为了保证 Python 语言的扩展性。

因此 Python 语言中也包括很多保留字。这些保留字不能用作常量名或变量名，或任何其他标识符名称，需要注意的是 Python 的关键字只包含小写字母。Python3 中包括 33 个保留字，这些保留字如表 5-1 所示。

表 5-1　Python3 中的保留字

| 编号 | 关键字 | 关键字的定义和作用 |
| --- | --- | --- |
| 1 | and | 用于表达式运算，逻辑与操作 |
| 2 | as | 用于类型转换 |
| 3 | assert | 断言，用于判断变量或条件表达式的值是否为真 |
| 4 | break | 中断循环语句的执行 |
| 5 | class | 用于定义类 |
| 6 | continue | 继续执行下一次循环 |
| 7 | def | 用于定义函数或方法 |
| 8 | del | 删除变量或者序列的值 |
| 9 | elif | 条件语句，与 if else 结合使用 |
| 10 | else | 条件语句，与 if、elif 结合使用，也可以用于异常和循环使用 |
| 11 | except | 包括捕获异常后的操作代码，与 try、finally 结合使用 |
| 12 | for | 循环语句 |
| 13 | finally | 用于异常语句，出现异常后，始终要执行 finally 包含的代码块，与 try、except 结合使用 |

续表

| 编号 | 关键字 | 关键字的定义和作用 |
|---|---|---|
| 14 | from | 用于导入模块，与 import 结合使用 |
| 15 | global | 定义全局变量 |
| 16 | if | 条件语句，与 else、elif 结合使用 |
| 17 | import | 用于导入模块，与 from 结合使用 |
| 18 | in | 判断变量是否存在序列中 |
| 19 | nonlocal | 声明的变量不是局部变量，也不是全局变量，而是外部嵌套函数内的变量 |
| 20 | is | 判断变量是否为某个类的实例 |
| 21 | lambda | 定义匿名函数 |
| 22 | not | 用于表达式运算，逻辑非操作 |
| 23 | or | 用于表达式运算，逻辑或操作 |
| 24 | pass | 空的类、函数、方法的占位符 |
| 25 | raise | 异常抛出操作 |
| 26 | return | 用于从函数返回计算结果 |
| 27 | try | 包含可能会出现异常的语句，与 except、finally 结合使用 |
| 28 | while | 循环语句 |
| 29 | with | 简化 Python 的语句 |
| 30 | yield | 用于从函数依次返回值 |
| 31 | False | Python 中的布尔类型，与 True 相对 |
| 32 | None | None 是 Python 中特殊的数据类型'NoneType'，None 与其他非 None 数据相比，永远返回 False |
| 33 | True | Python 中的布尔类型，与 False 相对 |

### 3. Python 标识符

Python 中的标识符是用于识别变量、函数、类、模块以及其他对象的名字。在 Python 中，标识符可以包含字母、数字及下划线"_"，但是需要特别注意的是，Python 中的标识符必须以一个非数字字符开始。此外，标识符对大小写敏感，因此 FOO 和 foo 是两个不同的对象；对于特殊符号，如$、%、@等，不能用在标识符中；Python 保留字也不能用作标识符，如 assert、return、while、with、if 等。

### 4. 行和缩进

Python 对编程格式的要求很严格，它最具特色的特点就是用缩进来写模块，每个模块的起始完全依靠缩进来判断。因此，Python 与其他语言一个很大的区别就是，其他语言（如 C++）会用大括号{}来控制类的边界、函数以及其他逻辑判断等，但是 Python 不支持这种写法。

Python 缩进的空白数量是可变的，但是一个 Python 文件中所有代码块语句必须包含相同的缩进空白数量，这个必须严格执行，如果没有按照相同缩进来编写代码，那么就会报错，报错的类型如下。

（1）IndentationError: unindent does not match any outer indentation level 错误。这个错误显示：你使用的缩进方式不一致，有的是 tab 键缩进，有的是空格键缩进。对于这种错误，你需要将缩进改为相同的方式，统一用 tab 键缩进或者空格键缩进。

（2）IndentationError: unexpected indent 错误。这个错误显示：你的 Python 文件中的格式是错误的，出现这种错误的原因可能是 tab 和空格没对齐。对于这种错误，你需要统一缩进的空白数量，无论是用 tab 还是空格来缩进，都需要有相同的缩进空白数量。

由于这种错误在实际编程中是不可避免的，因此需要用户在编写代码时使用统一的标准来做，建议在每个缩进层次使用单个制表符 tab 或者两个空格或者四个空格，并且要牢记 tab 和空格时不能混用。

**5. 同一行显示多条语句和一个语句分为多行**

（1）Python 可以在同一行中写多条语句，但是语句之间使用分号";"分割。

（2）在 Python 中，由于没有语句结束符，所以语句一般以新行作为结束标识。但是如果语句很长，需要将同一条语句分行书写，这时可以使用斜杠"\"来将一行的语句分为多行显示；但是如果语句中包含"[]"，"{}"或"()"括号就不需要使用多行连接符。

**6. Python 引号和注释**

（1）在 Python 中包括 3 种引号：单引号"'"、双引号"""、三引号"'''"或""""""。这些引号可以用来表示字符串，引号的开始与结束必须是相同类型的。

特别需要注意的是，三引号可以由多行组成，编写多行文本的快捷语法，常用于文档字符串，并且三引号可以被当成注释。

（2）Python 中的注释分为单行注释和多行注释。

① 单行注释：使用#开头。注释可以在语句或表达式行末。

② 多行注释：使用 3 个单引号"'''"或 3 个双引号""""""。

**7. Python 中不同版本的 print 输出**

（1）Python 2.x 的输出：Python 2.x 可以使用小括号括起来要输出的内容，也可以不用小括号括起来。对于 Python 2.x 的用户来说，如果想使用 Python 3.x 的 print 函数，可以导入\_\_future\_\_包，该包禁用 Python 2.x 的 print 语句，采用 Python 3.x 的 print 函数。

（2）Python 3.x 的输出：Python 3.x 的输出必须用小括号括起来要输出的内容。

另外，Python 3.x 与 Python 2.x 的许多兼容性设计的功能可以通过__future__这个包来导入。

### 8. 编写一个简单的"Hello World"程序

如果用户想要编写一个简单的"Hello World"程序，那么首先应该创建一个 Python 文件，然后在 Python 文件中写一个 Hello_world 函数，Hello_world 函数中只需要一个 print 函数就可以输出"Helllo World"，最后在主模块调用 Hello_world 函数，就可以在控制台看到"Hello World"的输出，如图 5-9 所示。

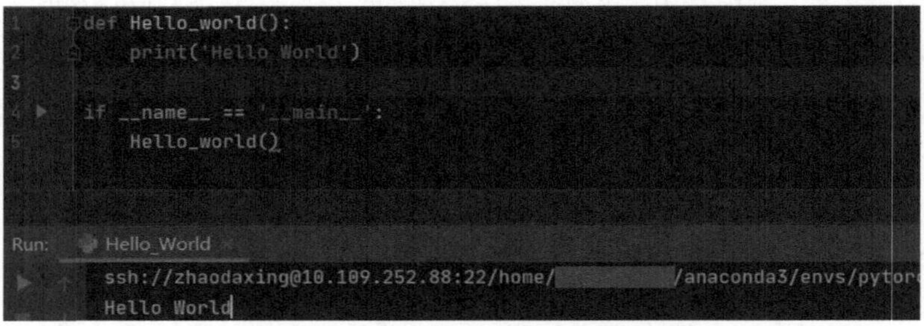

图 5-9 编写一个简单的"Hello World"程序

## 5.1.3 Python 数据类型

Python 中的数据类型包括不可变数据类型和可变数据类型。不可变数据类型有 3 个，分别是 Number（数字）、String（字符串）、Tuple（元组）；可变数据类型也有 3 个，分别是 List（列表）、Dictionary（字典）、Set（集合）。

### 1. 不可变数据类型

（1）Number（数字）类型——int、float、complex

Python 中存在 3 种不同的数字类型，分别是整数、浮点数和复数。此外还包括布尔值，布尔值是整数的子类型。

① int 整数具有无限精度。Python 中可以使用 numpy 包来选择不同精度的 int。

② float 浮点数底层是使用 C 语言的 double 来实现的；如果想知道机器的浮点数精度和内部表示法，可以在 sys.float_info 中查看。

③ complex 复数包含实部和虚部，分别以一个浮点数表示。从一个复数 z 中提取这两个部分，可使用 z.real 来提取实部，使用 z.imag 来提取虚部。

Python 还提供了标准库，标准库中包含了附加的数字类型。如果对浮点数的精度有要求，可以使用标准库中的 decimal.Decimal 来定制精度，也可以使用标准库中的 fractions.Fraction 来表示有理数，还可以使用构造函数 int()、float()和 complex()用来构造特定类型的数字。

（2）String（字符串）类型

字符串是由数字、字母、下划线组成的一串字符，比如"Hello_World"是一个字符串，"Youaregood"也是一个字符串。Python 中字符串的内容几乎可以包含任何字符，英文字符也行，中文字符也行。但是不同版本的 Python 对于中文字符串的支持是不同的，Python 3.x 对中文字符支持较好，但 Python 2.x 则要求在源程序中增加 "#coding:utf-8" 才能支持中文字符。

① 字符串既可用单引号括起来，也可用双引号括起来，这两者是没有任何区别的，为了保持美观，建议在同一个文件中使用相同的表示方法。

② 需要特别注意的是，当一个字符串中出现单引号或者双引号时，Python 并不能自动检测，需要做特殊的处理让 Python 来识别，也就是转义字符的应用。Python 允许使用反斜线"\"将字符串中的特殊字符进行转义。假如字符串既包含单引号，又包含双引号，就应使用转义字符。

③ Python 还可以进行字符串的拼接，如果直接将两个字符串紧挨着写在一起，Python 就会自动拼接它们。

④ 上文③中这种写法只是书写字符串的一种特殊方法，并不能真正用于拼接字符串。Python 使用加号"+"作为字符串的拼接运算符。

⑤ 有时候，需要将字符串与数值进行拼接，而 Python 不允许直接拼接数值和字符串，程序必须先将数值转换成字符串。为了将数值转换成字符串，可以使用 str()或 repr()函数。

（3）Tuple（元组）类型

元组是不可变序列，通常用于存储异构数据的多项集，例如由 enumerate()内置函数所产生的二元组。元组也被用于需要同构数据的不可变序列的情况，例如允许存储到 set 或 dict 的实例。元组实现了所有一般序列的操作。

可以用多种方式构建元组。

① 使用一对圆括号来表示空元组：( )；

② 使用一个后缀的逗号来表示单元组：a, 或 ( a, )；

③ 使用以逗号分隔的多个项：a, b, c, ( a, b, c)；

④ 使用内置的 tuple ( )：tuple ( ) 或 tuple ( iterable )。

构造器将构造一个元组，其中的项与 iterable 中的项具有相同的值与顺序。iterable 可以是序列、支持迭代的容器或其他可迭代对象。如果 iterable 已经是一个元组，会不加改变地将其返回。例如，tuple（'abc'）返回（'a'，'b'，'c'）而 tuple（[1，2，3]）返回（1，2，3）。如果没有给出参数，构造器将创建一个空元组（ ）。需要特别注意的是，决定生成元组的其实是逗号而不是圆括号。圆括号只是可选的，生成空元组或需要避免语法歧义的情况除外。例如，f（a，b，c）是在调用函数时附带 3 个参数，而 f（（a，b，c））则是在调用函数时附带一个三元组。

### 2. 可变数据类型

（1）list（列表）类型

list（列表）是可变序列，通常用于存放同类项目的集合。可以用多种方式构建列表。

① 使用方括号来表示空列表：[]；

② 使用方括号，其中的项以逗号分隔：[a]，[a，b，c]；

③ 使用列表推导式：[x for x in iterable]；

④ 使用类型的构造器：list（ ）或 list（iterable）。

构造器将构造一个列表，其中的项与 iterable 中的项具有相同的值与顺序。iterable 可以是序列、支持迭代的容器或其他可迭代对象。如果 iterable 已经是一个列表，将创建并返回其副本，类似于 iterable[：]。例如，list（'abc'）返回['a'，'b'，'c']，而 list（（1，2，3））返回[1，2，3]。如果没有给出参数，构造器将创建一个空列表[]。

（2）dictionary（字典）类型

dictionary（字典）映射属于可变对象。mapping 对象会将 hashable 值映射到任意对象。Python 语言中目前仅有一种标准映射类型字典。

字典中的键值可以是任何值。需要特别注意的是，非 hashable 的值（即包含列表、字典或其他可变类型的值）不可用作键；数字类型用作键时遵循数字比较的一般规则：如果两个数值相等（例如 1 和 1.0），则两者可以被用来索引同一字典条目；字典中用整数作为键值是很常见的，并且也不会出现很大的问题，字典中也可以用浮点数作为键值，但是由于计算机对于浮点数存储的只是近似值，因此将其用作字典键是有可能会出现错误的，是一种不精确的表示方法，所以建议慎重使用浮点数作为键值。可以用多种方式构建字典。

① 字典可以通过将以逗号分隔的（键：值）对列表包含于花括号之内来创建，例如：{'jack'：4098，'sjoerd'：4127}或{4098：'jack'，4127：'sjoerd'}。

② 字典也可以通过 dict 构造器来创建。

（3）set（集合）类型

set（集合）是由具有唯一性的 hashable 对象所组成的无序、多项集合。常见的用途包括成员检测、从序列中去除重复项以及数学中的集合类计算。

常见的集合类运算包括交集、并集、差集与对称差集等。与其他多项集一样，集合也支持 x in set、len（set）和 for x in set。作为一种无序的多项集，集合并不记录元素位置或插入顺序。相应地，集合不支持索引、切片或其他序列类的操作，如果需要用到这些操作，建议将集合转为 set 来进行操作。

Python 语言中目前有两种内置集合类型，set 和 frozenset。

① set 类型是可变的，其内容可以使用 add()和 remove()来改变。由于 set 类型是可变类型，它没有散列值，且不能被用作字典的键或其他集合的元素。

② frozenset 类型是不可变的并且为 hashable，其内容在被创建后不能再改变，因此它可以被用作字典的键或其他集合的元素。

## 5.2 数据可视化基础与应用

数据可视化，是关于数据视觉表现形式的科学技术研究，这种视觉表现形式被定义为以某种概要的形式提炼出来的信息，包括各种信息单位的各种属性及变量。数据可视化是一个不断变化的概念，其边界在不断地扩大，所包含的内容和方法也在不断增加。随着计算机科学的高速发展，数据可视化使用的技术方法越来越高级，这些技术方法允许用户利用图形、图像处理、计算机视觉以及用户界面，通过表达、建模以及对立体、表面、属性、动画的显示，对数据加以可视化解释。需要注意的是，数据可视化比立体建模之类的特殊技术方法所涵盖的技术方法要广泛得多，并且应用也更多。

### 5.2.1 数据可视化概述

#### 1. 数据可视化的简介

数据可视化主旨是借助于图形化手段，清晰有效地传达与沟通信息。但是，这并不意味着数据可视化就一定因为要实现其功能用途而令人感到枯燥乏味，或者是为了看上去绚丽多彩而显得极端复杂。为了有效地传达思想概念，美学形式与功能需要齐头并进，通过直观地传达关键的方面与特征，从而实现对相当稀疏而又复杂的数据集的深入洞察。然而设计人员往往并不能很好地把握设计与功能之间的平衡，从而创造出华而不实的数据可视化形式，无法达到其主要目的，即传达与沟通信息。数据可视化与信息图形、信息可视化、科学可视化及统计图形密切相关。当前在研究、教学和开发领域，数据可视化是一个极为活跃而又关键的方面。"数据可视化"这条术语实现了成熟的科学可视化领域与较年轻的信息可视化领域的统一。

### 2. 数据可视化的意义

可视化的终极目标是洞悉蕴含在数据中的现象和规律，这里面有多重含义：发现、决策、解释、分析、探索和学习。可视化的意义在于，人们可以借助可视化的图表来记录数据中的关键信息。其次，图形化的符号可以将用户的注意力引导到重要的目标。

### 3. 数据可视化的目标

传统的可视化可以大致分为探索性可视化和解释性可视化，按照应用来分，可视化有多个目标。

（1）将数据的重要特征以图形化的方式呈现给使用者；
（2）揭示客观规律；
（3）辅助理解事物概念和过程；
（4）对模拟和测量进行质量监控；
（5）提高科研开发效率；
（6）促进沟通交流和合作。

### 4. 数据可视化的发展历程

（1）史前时代—14世纪

古巴比伦人、埃及人、希腊人和中国人都开发出了以视觉方式表达信息的方法，如他们将天空的景象绘制成天象图，将地上的景象绘制成地图等来记录世界。

（2）14世纪—17世纪

这一段时期被称为文艺复兴时期，这段时期的欧洲出现了很多科学和艺术界的大家。如笛卡儿发明了解析几何和坐标系；费马提出了概率论，欧洲各国的科学家开始了人口统计学研究。这些科学和艺术的发展，拉开了数据可视化的帷幕。

（3）17世纪—19世纪

这一时期为数据可视化奠定了重要的基础。在这一时期出现了很多的图形表示方法，如散点图、直方图、极坐标图形和时间序列图等。

（4）20世纪80年代—90年代

这一时期被称为科学可视化时期。1987年，美国国家科学基金会报告《科学计算之中的可视化》对于这一领域产生了很大的促进和刺激作用。这份报告充分强调了计算机技术在可视化领域的重要性，同时提倡人们用全新的计算机技术来进行可视化。随着计算机运算能力的迅速提升，人们建立了规模越来越大、复杂程度越来越高的数值模型，从而造就了形形色色体积庞大的数值型数据集。同时，人们不但利用医学扫描仪和显微镜之类的数据采集设备产生大型的数据集，而且还利用可以保存文本、数值和多媒体信息的大型数据库来收集数据。因而，需要高级的计算机图形学技术与方法来处理和可视化这些规模庞大的数据集。专有名词"Visualization in Scientific Computing"后来变成了"Scientific Visualization"（即"科学可视化"），前者最初指的是作为科学计算的组成部分的可视化，即科学与工程实践当中对于计算机建模和模拟的运用。

（5）20世纪90年代

这一时期被称为信息可视化时期。数据在可视化领域的地位逐渐提升，包括来自商业、财务、行政管理、数字媒体等方面的大型异质性数据集合。20世纪90年代初期，人们提出了一个全新的"信息可视化"的研究领域，旨在为许多应用领域中抽象的异质性数据集的分析工作提供支持。

（6）20世纪90年代至今

数据可视化时期。这一时期最显著的特点是，人们将计算机技术和数据可视化融合在一起，使得可视化乘上了计算机这趟高速发展的列车。

### 5.2.2　数据可视化工具

本节将介绍进行数据可视化要使用到的工具。如果使用Python来进行数据可视化，那么用户可以选择第三方可视化库Matplotlib、Seaborn和Bokeh；如果不使用Python，用户还可以使用其他可视化库D3.js、Echarts、ggplot2等。

以下内容将主要介绍使用Python进行数据可视化所用到的3个可视化库Matplotlib、Seaborn和Bokeh。

#### 1．Matplotlib

（1）Matplotlib简介

Matplotlib是一个Python的2D绘图库，它是以各种硬拷贝格式和跨平台的交互式环境生成出版质量级别的图形。Matplotlib可用于Python脚本、Python和IPython Shell、Jupyter笔记本、Web应用程序服务器及4个图形用户界面工具包。通过Matplotlib，开发者仅需要几行代码便可以生成绘图、直方图、功率谱、条形图、错误图、散点图等。

（2）Matplotlib安装

在Windows平台或者Linux平台，用户可以直接使用pip或者conda来安装Matplotlib，如图5-10所示。

（3）Matplotlib导入

在Python文件中，使用"import Matplotlib"语句可以将Matplotlib可视化库导入文件中,用户可以在文件中使用 Matplotlib 可视化库的函数了。

图 5-10  pip 安装 Matplotlib

(4) Matplotlib 常用函数介绍

这里选取了部分运用频率高的函数来进行说明,如表 5-2 所示。

表 5-2  Matplotlib 常用函数

| 编号 | 函数名 | 函数功能 |
| --- | --- | --- |
| 1 | plt.savefig( ) | 存储图片 |
| 2 | plt.xlabel( )、plt.ylabel( ) | 定义画布中 $x$ 轴和 $y$ 轴的名称 |
| 3 | plt.axis( ) | 定义画布中 $x$ 轴和 $y$ 轴的取值范围 |
| 4 | plt.subplot( ) | 在一张画布中显示多张图片 |
| 5 | plt.plot(x, y) | 运用 $x$ 和 $y$ 的数据在画布中画图 |
| 6 | plt.title( )、plt.text( ) | 为画布添加标题和添加文本 |
| 7 | plt.hist( ) | 绘制直方图 |
| 8 | plt.bar( ) | 绘制条形图 |
| 9 | plt.scatter( ) | 绘制散点图 |
| 10 | plt.pie( ) | 绘制饼状图 |

(5) Matplotlib 效果图

Matplotlib 是最广泛使用的 Python 可视化工具,支持的图形种类非常多,包括柱状图、散点图、折线图等,如图 5-11 所示。Matplotlib 的很多函数都需要用户来实现,并且各种参数都需要用户自己填写,所以相较于其他可视化工具,Matplotlib 的代码量要多一点。

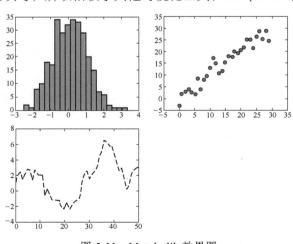

图 5-11  Matplotlib 效果图

## 2. Seaborn

（1）Seaborn 简介

Seaborn 是基于 Matplotlib 的图形可视化 python 包。它提供了一种高度交互式界面，便于用户制作各种有吸引力的统计图表。Seaborn 是在 Matplotlib 基础上进行封装的，目的是让困难的东西变得简单。用 Matplotlib 最大的困难是其默认的各种参数，而 Seaborn 则完全避免了这一问题。Seaborn 是针对统计绘图的，一般来说，Seaborn 能满足数据分析 90%的绘图需求，复杂的自定义图形还是要使用 Matplotlib。Seaborn 旨在使可视化成为探索和理解数据的核心部分。其面向数据集的绘图功能对包含整个数据集的数据框和数组进行操作，并在内部执行必要的语义映射和统计聚合，以生成信息图。

（2）Seaborn 安装

在 Windows 平台或者 Linux 平台，用户可以直接使用 pip 或者 conda 来安装 Seaborn，如图 5-12 所示。

图 5-12  pip 安装 Seaborn

（3）Seaborn 导入

在 Python 文件中，使用"import Seaborn"可以将 Seaborn 可视化库导入文件中，用户就可以在文件中使用 Seaborn 可视化库的函数。

（4）Seaborn 中常用的 API

Seaborn 面向数据集的 API 来确定变量之间的关系，如表 5-3 所示。

表 5-3  Seaborn 中常用的 API

| 编号 | 函数名 | 函数功能 |
| --- | --- | --- |
| 1 | sns.distplot( ) | 直方图 |
| 2 | sns.jointplot( ) | 散布图 |
| 3 | sns.barplot( ) | 柱状图 |
| 4 | sns.pointplot( ) | 散点图 |

（5）Seaborn 效果图

Seaborn 是为了统计图表设计的，它是一种基于 Matplotlib 的图形可视化库，也就是在 Matplotlib 的基础上进行了更高级的 API 封装，使得制作图表更加容易，在大多数情况下使用 Seaborn 能制作很有吸引力的图，而使用 Matplotlib 能制作具有更多特色的图，图 5-13 为 Seaborn 效果图。

图 5-13　Seaborn 效果图

### 3. Bokeh

（1）Bokeh 简介

Bokeh 是一个专门针对 Web 浏览器的呈现功能的交互式可视化 Python 库。这是 Bokeh 与其他可视化库最核心的区别。Bokeh 的特点如下。

① 它是专门针对 Web 浏览器的交互式、可视化的 Python 绘图库。

② 它可以做出像 D3.js 简洁漂亮的可视化效果，并且其使用难度低于 D3.js。

③ 它可以处理大量、动态的数据流。

④ 它的支持性很强，不仅支持 Python，还支持 Scala、R、Julia 等。

（2）Bokeh 安装

在 Windows 平台或者 Linux 平台，用户可以直接使用 pip 或者 conda 来安装 Bokeh，安装方法可参考 Seaborn 的安装。

（3）Bokeh 导入

在 Python 文件中，使用"import Bokeh"可以将 Bokeh 可视化库导入文件中，用户就可以在文件中使用 Bokeh 可视化库的函数了。

（4）Bokeh 接口

① Charts：高层接口，以简单的方式绘制复杂的统计图表。

② Plotting：中层接口，用于组装图形元素。

③ Models：底层接口，为开发者提供了最大的灵活性。

（5）Bokeh 效果图

Bokeh（Bokeh.js）是一个 Python 交互式可视化库，支持 Web 浏览器，可提供非常完美的展示功能。Bokeh 的目标是使用 D3.js 样式提供优雅、简洁、新颖的图形化风格，同时提供大型数据集的高性能交互功能。Bokeh 可以快速地创建交互式的绘图、仪表盘和数据应用，图 5-14 所示为 Bokeh 的几种效果图。

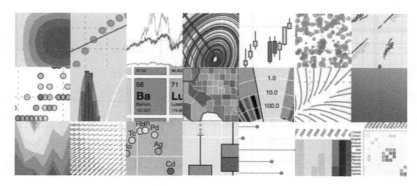

图 5-14　Bokeh 效果图

### 5.2.3　数据可视化图表

工业大数据的可视化有自己的特点，呈现出与互联网大数据可视化不同的难点和方向，工业大数据可视化有以下几个特点：（1）数据是海量的，并且数据更新很快；（2）在工厂的各个角落都有监控点，无法对全部数据进行有效的展示；（3）一个工厂有很多个分厂组成，整个工厂的数据和各个分厂的数据难以进行有效的整合；（4）工业大数据的类别庞杂且数量巨大，难以进行工业数据的有效检索和推送；（5）用户偏好行为的获取存在一定的阻碍，难以将工业数据转化为有效的信息提供给特定的用户。

在本节中，我们将运用 Python 的第三方可视化库 Matplotlib 和 Seaborn 为例来绘制各种不同的可视化图表，下面将介绍几种典型的图表。

#### 1. 饼状图

饼状图可以显示一个数据系列中各项的大小与各项总和的比例，图中的数据点显示为整个饼状图的百分比。

**案例分析**：国家能源局发布了 2020 年 10 月全社会用电量的数据，数据显示，10 月，全社会用电量 6 172 亿千瓦时。第一产业用电量为 73 亿千瓦时，第二产业用电量为 4 315 亿千瓦时，第三产业用电量为 984 亿千瓦时，城乡居民生活用电量为 800 亿千瓦时。使用 Matplotlib 中的 pie 函数绘制 10 月全社会用电量饼状图，如图 5-15 所示，第一产业、第二产业、第三产业、城乡居民生活用电的比例分别为 1.2%、69.9%、15.9%、13.0%，并且第二产业的用电量最多，占比为 69.9%。

#### 2. 柱状图

柱状图，又称长条图、条状图、棒形图，是一

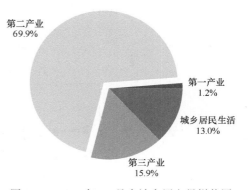

图 5-15　2020 年 10 月全社会用电量饼状图

种以长方形的长度为变量的统计图表。

**案例分析**：国家能源局统计了 2020 年 1 月到 10 月全社会用电量的数据。其中第一产业 1—10 月的用电量分别为 61、53、52、62、69、76、85、94、85、73 亿千瓦时；第二产业 1—10 月的用电量分别为 3 698、2 523、3 750、3 904、4 176、4 412、4 593、4 804、4 108、4 315 亿千瓦时；第三产业 1—10 月的用电量分别为 1 095、833、702、796、890、1 037、1 164、1 313、1 162、984 亿千瓦时；城乡居民生活 1—10 月的用电量分别为 952、988、988、810、791、825、982、1 083、1 099、800 亿千瓦时。使用 Matplotlib 中的 bar 函数来绘制堆叠柱状图，如图 5-16 所示。

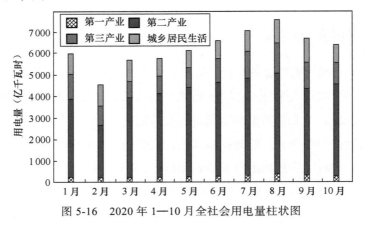

图 5-16　2020 年 1—10 月全社会用电量柱状图

### 3. 折线图

在折线图中，数据是递增还是递减、增减的速率、增减的规律（周期性、螺旋性等）、峰值等特征都可以清晰地反映出来。当有多组相关数据在同一张图中时，也可用来分析多组数据随时间变化的相互作用和相互影响。

**案例分析**：如上述小节的案例所示，使用 Matplotlib 中的 plot 函数绘制折线图，分析 2020 年 1—10 月全社会的用电量数据，如图 5-17 所示。

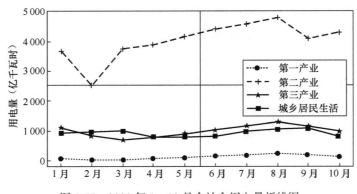

图 5-17　2020 年 1—10 月全社会用电量折线图

从图 5-17 可以看到从 2020 年 1 月到 10 月每个行业的用电量趋势。对于第一产业来说，从 1 月到 10 月的用电量处于平稳状态，没有较大的波动；对于第二产业来说，从 2 月到 8 月的用电量呈明显的上升趋势；对于第三产业来说，从 3 月到 8 月的用电量呈上升趋势，但上升趋势比第二产业小；对于城乡居民生活来说，从 1 月到 10 月的用电量处于轻微波动状态，没有明显的上升和下降趋势。

### 4. 直方图

直方图是条形图的一种，是对数值数据分布情况的精确表示。这是一个连续变量（定量变量）的概率分布的估计，并且被英国统计学家卡尔·皮尔逊首先引入。为了构建直方图，第一步是将值的范围分段，即将整个值的范围分成一系列间隔，然后计算每个间隔中有多少值。这些值通常被指定为连续的、不重叠的变量间隔。间隔必须相邻，并且通常是相等的大小。

**案例分析**：用 Python 中的 numpy 库随机生成 1 000 个正态分布的数，将这些数用 Matplotlib 中的 hist 函数可视化出来，就可以看到这些数的分布情况，如图 5-18 所示。

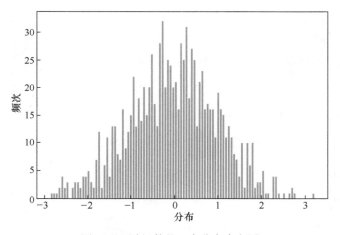

图 5-18　随机数的正态分布直方图

### 5. 散点图

散点图是指在回归或者聚类分析中，数据点在直角坐标系平面上的分布图，散点图表示因变量随自变量而变化的大致趋势。

**案例分析**：用 Python 中的 numpy 库随机生成两组数，一组是 300 个平均值为 2、方差为 1.2 的浮点数，另一组是 300 个平均值为 7.5、方差为 1.2 的浮点数。使用 Matplotlib 中的 scatter 函数来绘制散点图，从而能区分出这两组数。

如图 5-19 所示，这里清晰地区分出两组不同的数，类别 A 代表了 300 个平均值为 2、方差为 1.2 的浮点数，而类别 B 代表了 300 个平均值为 7.5、方差为 1.2 的浮点数。

### 6. 热力图

热力图是数据可视化项目中比较常用的显示方式。通过颜色变化的程度可以直观反映出热点分布、区域聚集等数据信息。

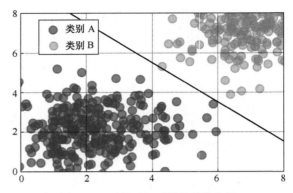

图 5-19　区分两组不同数的散点图

**案例分析**：在对大数据进行分类预测的时候，我们能得到预测的混淆矩阵，将混淆矩阵进行热力图的绘制，便可以很清楚地看到分类的效果。我们将搜集到的 100 余万条新闻分为 10 类，运用 SVM 来进行分类，使用 Matplotlib 中的 colorbar 函数得到的混淆矩阵热力图如图 5-20 所示。

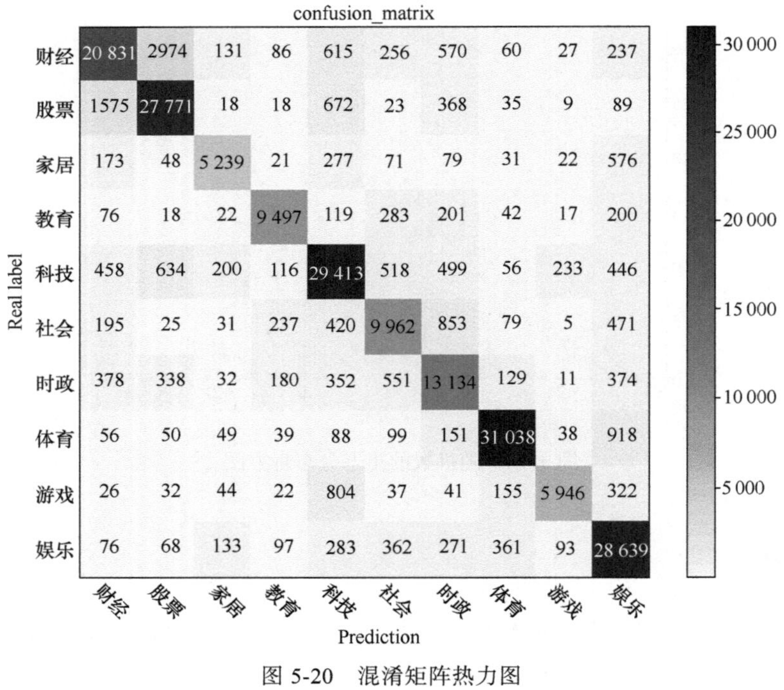

图 5-20　混淆矩阵热力图

分析图 5-20，颜色较深的 10 个正方形块显示了预测正确的数量，从而可以得出此 SVM 的预测效果是很好的。

### 7. 雷达图

雷达图是以从同一点开始的轴上表示的 3 个或更多个定量变量的二维图表的形式显示多变量数据的图形方法。轴的相对位置和角度通常是无信息的。雷达图也称为网络图、蜘蛛图、星图、蜘蛛网图、不规则多边形图、极坐标图或 Kiviat 图。它相当于平行坐标图，轴径向排列。

**案例分析**：我们在 NBA 官方网站上得到了某位球星的能力值，将他的能力值转换为百分制，分别取了得分、篮板、助攻、盖帽、抢断、罚篮这 6 项能力值，使用 Matplotlib 的 polar 函数得到此球员的能力值雷达图，如图 5-21 所示。

分析图 5-21，可以清晰地看出此球员的得分、篮板、助攻能力较强，相对来说盖帽能力较弱。

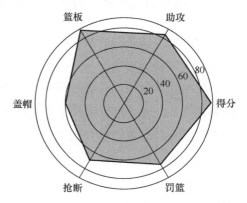

图 5-21　NBA 某位球员的能力值雷达图

## 5.3　数据预处理

### 1. 数据预处理简介

工业大数据变得越来越"大"，并且存在着各种各样的问题，进行工业大数据预处理是完全有必要的。在对工业大数据进行处理的时候，不仅需要人们识别脏数据，还要求人们用特定的处理方法来填充或者修正脏数据。

数据预处理（Data Preprocessing）指的是在对数据问题进行求解之前对所需要的数据进行的一些提前的处理，它是数据挖掘一个热门的研究方向。

那么为什么人们需要对数据进行预处理？因为现实世界中的数据大体上都是不完整、不一致的，人们称这些不完整的数据为脏数据。对于脏数据来说，人们无法直接对其进行数据挖掘，或者即使对此部分数据进行了挖掘，挖掘效果也不会很好。所以，为了提高数据挖掘的质量，人们需要对数据进行预处理。

### 2. 数据可能存在的问题

（1）Noisy（数据噪声）：数据中某个属性值不合理，与常规值相差很多。

（2）Inconsistent（数据不一致）：数据中某个属性值前后格式不同。

（3）Redundant（数据冗余）：数据量或属性数目超出数据分析需要量。

（4）Incomplete（数据缺失）：数据中某个属性值为空。

（5）Outliers（离群点/异常值）：数据中远离数据集中其余部分的数据。

（6）Duplicate（数据重复）：在数据集中多次出现相同的数据。

（7）Imbalance（数据集不均衡）：数据中各个类别的数据量相差悬殊。

**3. 数据预处理的一般性操作（内容）**

数据的预处理的一般性操作包括数据的审核、数据的筛选、数据的排序。

（1）数据的审核

数据的审核指的是在进行数据整理之前对原始数据的审查和核对。对于通过调查取得的原始数据，主要审核完整性和准确性两个方面：完整性审核主要是检查数据是否有缺失、是否有遗漏等，或者检查数据中的属性值是否齐全；准确性审核主要包括两个方面：检查数据是否真实地反映了客观实际情况；检查数据是否有错误，计算是否正确等。

准确性审核的方法主要有逻辑检查和计算检查：逻辑检查主要是审核数据是否符合逻辑，内容是否合理，各项目或数字之间有无相互矛盾的现象，此方法主要适合对定性（品质）数据的审核；计算检查是检查调查表中的各项数据在计算结果和计算方法上有无错误，主要用于对定量（数值型）数据的审核。

（2）数据的筛选

数据的筛选指的是在进行了数据的审核之后，人们明确了哪些数据是有效的，哪些数据是无效的，人们需要从有效的数据中筛选出需要的数据。数据筛选的目的是为了提高之前收集存储的相关数据的可用性，更有利于后期数据分析。数据的价值在于其所能够反映的信息。然而在收集数据的时候，人们并没有能够完全考虑到数据在未来的用途，在收集时只是尽可能收集数据。为了进一步获得数据所包含的信息，人们可能需要将不同的数据源汇总在一起，从中提取所需要的数据，然而这就需要解决可能出现的不同数据源中数据结构相异、相同数据不同名称或者不同表示等问题。可以说数据筛选的最终目的就是为数据挖掘做准备。

数据筛选包括数据抽取、数据清理、数据加载3个部分。（1）数据抽取：数据在抽取后最终是要放入数据仓库中，因此数据抽取的主要任务就是要把不同数据源中的数据按照数据仓库中的数据格式转入数据仓库中，其主要任务就是统一数据格式。（2）数据清理：数据清洗包含缺失数据处理、重复数据处理、异常数据处理及不一致数据整理4个部分。数据清理是直接处理数据的第一步，直接影响后续处理的结果，因此十分重要。（3）数据加载：数据加载到数据库的方式分为全量加载和增量加载。

（3）数据的排序

数据排序是按照一定顺序将数据排列，以便于研究者通过浏览数据发现一些明显的特征或趋势，找到解决问题的线索。除此之外，排序还有助于对数据检查纠错，为重新归类或分组等提供依据。对于分类数据和数值型数据的排序，人们有不同的处理方式。（1）分类数据：a. 字母型数据：排序有升序与降序之分，但习惯上普遍使用升序，因为升序与字母的自然排列相同。b. 汉字型数据：排序方式有很多，比如按汉字的首位拼音字母排列，这与字母型数据的排序完全一样，也可按笔画排序，其中也有笔画多少的升序降序之分。交替运用不同方式排序，在汉字型数据的检查纠错过程中十分有用。（2）数值型数据：排序只有两种，即递增和递减。排序后的数据也称为顺序统计量。

**4. 数据预处理的方法**

数据预处理有多种方法：数据清理、数据集成、数据变换、数据归约等。这些数据处理技术在数据挖掘之前使用，大大提高了数据挖掘模式的质量，减少了实际挖掘所需要的时间。

**5. 数据预处理的步骤**

数据进行预处理主要有以下步骤。

（1）Data Cleansing（数据清洗）；

（2）Data Transformation（数据转换）；

（3）Data Description（数据描述）；

（4）Feature Selection（特征选择）或 Feature Combination（特征组合）；

（5）Feature Extraction（特征抽取）。

### 5.3.1 数据清洗

**1. 数据清洗的简介**

数据清洗是指发现并纠正数据文件中可识别错误的最后一道程序，它的主要内容包括删除原始数据集中的无关数据、重复数据、平滑噪声数据、筛选和数据挖掘主题无关的数据、处理缺失值、处理异常值等。

**2. 数据清洗的方法**

（1）缺失值的处理方法

① 人工填充：人工填写缺失值是最朴素的方法，在很多数据处理工具还没出现的时候，人们对缺失值的处理一般是通过人工填写来解决，但是它的缺点是如果缺失的数据量很大时，所耗费的精力和时间是相当大的。

② 忽略缺失值：有时候人们对缺失值的真实值没有一个大致的估计，那么为了保证数

据的相对真实性，人们就必须抛弃掉有缺失值的数据项。

③ 常量填充：使用一个全局常量来填充缺失值，例如全部填 0，但是这种方法不可靠。

④ 均值填充：使用相对应属性值的均值填充缺失值，这种方法在特定的情况是具有一定作用的，但是对于人们并不熟悉的属性，直接填充均值是容易造成数据失真的。

⑤ 最大可能填充：使用这种方法的前提是人们对这个属性值有一个很清晰的了解，人们可以通过一定的手段来得到这些缺失值的近似值。使用回归、贝叶斯形式化的基于推理的工具或者决策树归纳确定缺失值的近似值是比较流行的处理方法。

（2）错误值的处理方法

① 统计学方法：识别可能的错误值或异常值，如偏差分析、识别不遵守分布或回归方程的值。

② 简单规则库方法：检查数据值，或使用不同属性间的约束、外部的数据来检测和清理数据。

（3）数据光滑技术

① 分箱：指的是通过脏数据的邻居值来光滑有序数据的值，有序值分布到一些"桶"或箱中。由于分箱方法考察邻居的值，因此进行的是局部光滑。有几种流行的分箱技术：用箱均值光滑、用箱边界光滑、用箱中位数光滑。

② 回归：可以用一个函数（如回归函数）拟合数据来光滑数据。线性回归涉及找出拟合两个属性（或变量）的"最佳"线，使得一个属性可以用来预测另一个属性。多元线性回归是线性回归的扩展，其中涉及的属性多于两个，并且数据拟合到一个多维曲面。

③ 聚类：通过聚类检测离群点。

（4）偏差检测技术

有大量商业工具帮助人们进行偏差检测，包括数据清洗工具、数据审计工具、数据迁移工具、ETL 工具。新的数据清理方法强调加强交互性，如 Potter's Wheel，集成了偏差检测和数据变换。

（5）计算机编程技术

人们可以编写专门的应用程序来处理不同领域的脏数据，搜集到数据之后，人们只需要将数据以特定的形式输入到程序中，程序会自动帮人们选择相应的数据清洗方法。这种方法的优点是可以复用程序，缺点是人们很难编写一个或者一群程序来处理所有的脏数据问题。

### 5.3.2 处理缺失数据

#### 1. 缺失数据的分类

（1）完全随机缺失（Missing Completely at Random，MCAR）：所缺失的数据发生的

概率既与已观察到的数据无关,也与未观察到的数据无关。例如,门店的计数器因为断电断网等原因在某个时段数据为空。

(2)随机缺失(Missing at Random,MAR):假设缺失数据发生的概率与所观察到的变量是有关的,而与未观察到的数据的特征是无关的,即数据是否缺失取决于另外一个显性属性。

(3)非随机、不可忽略缺失(Not Missing at Random,or Nonignorable,NMAR):不完全变量中数据的缺失依赖于不完全变量本身,这种缺失是不可忽略的,数据缺失与自身的值有关。例如,高收入的人可能不愿意填写收入。

### 2. 缺失数据的处理方法

(1)删除元组:如果所搜集到的数据量很大,而缺失数据的占比很小时,人们可以直接删除掉这些数据。

(2)手工填补:在数据量很小的情况下,人们可以运用手工的方式来填充缺失数据。

(3)均值填补:使用已有的属性值的均值来填充缺失数据,这种方法在一定程度上是有效的,但是容易造成数据的失真。

(4)最近距离填充:这种方式使用了 $K$ 最近距离算法,取得与缺失数据最相近的 $K$ 个数据值,用这 $K$ 个数据值的均值来填充缺失数据。

(5)极大似然估计:在缺失类型为随机缺失的条件下,假设模型对于完整的样本是正确的,那么通过观测数据的边际分布可以对未知参数进行极大似然估计。这种方法也被称为忽略缺失值的极大似然估计,对于极大似然的参数估计实际中常用的计算方法是期望值最大化(Expectation Maximization,EM)。该方法比删除个案和单值插补更有吸引力,它有一个重要的前提:适用于大样本。有效样本的数量足够保证估计值是渐近无偏的并服从正态分布。但是这种方法可能会陷入局部极值,收敛速度也不是很快,并且计算很复杂。

(6)多重填补:多重插补方法分为 3 个步骤。

① 为每个空值产生一套可能的插补值,这些值反映了无响应模型的不确定性;每个值都可以被用来插补数据集中的缺失值,产生若干个完整的数据集合。

② 每个插补数据集合都用针对完整数据集的统计方法进行统计分析。

③ 对来自各个插补数据集的结果,根据评分函数进行选择,产生最终的插补值。

### 5.3.3 识别错误分类

人们可以按照识别的原理将识别错误的方法分为空间识别法和计量识别法。空间识别法主要利用了数据之间的距离来判断是否有离群值;而计量识别法主要运用了各种机器模型来区分离群值。

### 1. 空间识别法

（1）空间距离识别：最常用的是欧式距离：两个 $n$ 维向量 $a(x_1, x_2, \cdots, x_n)$ 与 $b(y_1, y_2, \cdots, y_n)$ 间的欧氏距离；在量纲不一致且数据分布异常的情况下，可以使用马氏距离代替欧式距离判断数据是否离群。

（2）拉依达准则：这种判别处理原理及方法仅局限于对正态或近似正态分布的样本数据处理，它是以数据充分大为前提的，当数据较少的情况下，最好不要选用该准则。正态分布（高斯分布）是最常用的一种概率分布，通常正态分布有两个参数 $\mu$ 和 $\sigma$ 为标准差。$N(0,1)$ 即为标准正态分布。

（3）分位数识别：运用箱式图的方法来实现，Python 语言中的 percentile 函数可以直接实现。

### 2. 计量识别法

（1）PCA 识别：PCA 为主成分分析技术，它运用降维思想，把多指标转化为少数几个综合指标，所以人们可以在低维空间内对错误值进行识别。

（2）Isolation Forest（孤立森林）：Isolation Forest 是由 Isolation Tree 构成。

（3）神经网络识别：如 Replicator Neural Network（RNN）。

（4）G-test 或 Likelihood Ratio 方法：G-test 方法在医学方面运用较多，常用于检验观测变量值是否符合理论期望的比值。现在这类方法也用在电商、出行、搜索领域检验一些无监督模型的质量、数据质量。

（5）模型拟合：这类方法属于简单有监督识别，常见的识别方法包括贝叶斯识别、决策树识别、线性回归识别等。需要提前知道两组数据：正常数据及非正常类数据，再根据它们所对应的特征，去拟合一条尽可能符合的曲线，后续直接用该条曲线去判断新增的数据是否正常。

## 5.3.4 识别离群值的图形方法

### 1. 离群点简介

（1）离群点的定义：离群点是远离数据集中其余部分的数据。

（2）离群点的产生方式：概括地说，离群点是系统受外部干扰而造成的。形成离群点的系统外部干扰是多种多样的，以下几种情况均可以产生离群值。

① 首先可能是采样中的误差。比如在搜集工业大数据时，工作人员将数据记录错了、工厂机器本身出现错误而产生了错误的数据、工作人员在计算数据值时出错等，都有可能产生极端大值或者极端小值。

② 其次可能是被研究现象本身由于受各种偶然非正常的因素影响而产生的离群点。比如，在某个工厂由于机器出现了概率很小的事故，那么此时的数据就会偏离其他值，并且这些数据是没有相似值的，也不能进行预处理来修正，只能删除。

（3）离群点的处理：如何处理取决于离群点的产生原因以及应用目的。

① 若是由随机因素产生，必须直接删除离群值，防止离群值对整个数据带来不平衡。

② 若是由系统的不同机制产生，则应该好好利用这种离群值。由系统通过不同机制产生的离群值的一个应用是异常行为检测，如在处理工厂劣质产品识别中，通过对大量的产品信息进行向量化建模和聚类，可以发现聚类中远离大量样本的点显得非常可疑，因为它们和其他优质产品的信息是完全不同的。

### 2. 离群点图形识别方法

无论是对离群点提出还是重点研究应用，首先需要检测出离群点。在 sklearn（一个 Python 机器学习包）中提供了多种方法，如 OneClassSVM、Isolation Forest、Local Outlier Factor（LOF），还有其他图形方法包括箱型图等。

本节重点介绍的是离群点图形识别的典型方法：箱型图识别法。如图 5-22 所示，箱型图中的五数概念（Five-number Summary）由中位数（Q2）、四分位数 Q1 和 Q3、最大（Maximum）和最小（Minimum）观测值组成，依次是 Minimum、Q1、Q2、Q3、Maximum。可疑的离群点通常落在 Q3 之上或 Q1 之下至少 1.5IQR。Python 可实现箱型图识别，假设某热水锅炉的出水温度数据如表 5-4 所示。

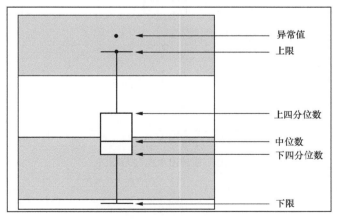

图 5-22　箱型图原理

表 5-4　某热水锅炉的出水温度

| 小时 | 1 | 2 | 3 | 4 | 5 | 6 | 7 | 8 | 9 | 10 | 11 | 12 |
|---|---|---|---|---|---|---|---|---|---|---|---|---|
| 温度（℃） | 85 | 84 | 25 | 88 | 89 | 88 | 80 | 89 | 79 | 77 | 78 | 63 |

续表

| 小时 | 13 | 14 | 15 | 16 | 17 | 18 | 19 | 20 | 21 | 22 | 23 | 24 |
|---|---|---|---|---|---|---|---|---|---|---|---|---|
| 温度（℃） | 120 | 98 | 88 | 87 | 86 | 83 | 82 | 27 | 89 | 88 | 87 | 89 |

从上表中可以分析得出，此锅炉出水温度的正常值应该在77℃～98℃，除去这一部分正常值，得到4个异常值分别为25℃、27℃、63℃、120℃。这种人工识别的方式只适用与数据量很少的情况下，如果数据量很大时，就需要借助计算机图形化的方式来识别离群值。

使用Matplotlib中的boxplot函数来绘制箱型图，如图5-23所示。分析图5-23，可以清晰地得到，锅炉温度的中位数为86.5℃；锅炉温度的上四分位数为88.25℃；锅炉温度的下四分位数为79.75℃；锅炉温度的上限温度为98℃；锅炉温度的下限温度为77℃。上下限温度和人工识别方法得到的数值完全一致。根据箱型图的原理，可以知道温度大于上限温度的数值和小于下限温度的数值为离群值。从图5-23中也可以清楚地得到4个离群值，分别为大于上限温度的120℃、小于下限温度的63℃、25℃和27℃。

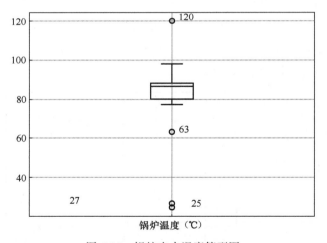

图5-23　锅炉出水温度箱型图

## 5.4　数据挖掘技术

数据挖掘是一种信息处理技术，能够从大量的数据中分析、挖掘出隐藏的、具有应用价值的知识信息。数据挖掘还是一门利用了多个领域的交叉学科，包括机器学习、神经网络等多个知识领域。在信息时代，随着数据的增长，数据挖掘所显现的价值也在提高。

常用的数据挖掘方法主要分为监督学习（Supervised Learning）和无监督学习（Unsupervised Learning）两大类。监督学习就是给定一些样本，每个样本都有一组属性和一个类别，这些类别是事先确定的，通过学习得到一个分类器，这个分类器能够对新出现的对象给出正确的分类。无监督学习不局限于解决有明确答案的问题，在无监督学习中，训练样本的标记信息是未知的，目标是通过对无标记训练样本的学习来揭示数据的内在性质及规律，为进一步分析数据提供基础。

聚类是典型的无监督学习，目的在于把相似的东西聚在一起。聚类试图将数据集中的样本划分为若干个通常是不相交的子集，每个子集称为一个"簇"。通过这样的划分，每个簇可能对应一些潜在的类别，这些类别对聚类算法而言事先是未知的。

分类和回归问题是典型的监督学习，通过学习获得某种模型，从而对无标签的数据集进行分类的预测。朴素贝叶斯、决策树、神经网络等都是常用的数据挖掘技术，接下来将对这些常见的数据挖掘技术进行介绍。

### 5.4.1 朴素贝叶斯

朴素贝叶斯（Naive Bayes）是基于贝叶斯定理与特征条件独立假设的分类方法。假设有 A、B 两个不透明的箱子，箱子中有黑白两种颜色的球，所有球除颜色外没有区别，如图 5-24 所示。现从任意一个箱子中取出一个球。我们可以根据箱子中黑球和白球的数量来计算取到黑球或白球的概率，那如果已经知道取出的球是白色，可以计算出白球取自 A 箱的概率吗？

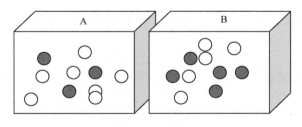

图 5-24　题目

这个问题可以由贝叶斯定理来解答，在介绍贝叶斯定理之前，我们先了解概率论中的基本定义。假设 $(X, Y)$ 是一对随机变量，它们的联合概率 $P(X=x, Y=y)$ 是指 $X$ 取值 $x$ 且 $Y$ 取值 $y$ 的概率，条件概率是指某一随机变量在另一随机变量取值已知的情况下取某一特定值的概率。例如，条件概率 $P(Y=y|X=x)$ 是指在变量 $X$ 取值 $x$ 的情况下，变量 $Y$ 取值 $y$ 的概率。$X$ 和 $Y$ 的联合概率和条件概率满足如下关系：$P(X,Y)=P(Y|X)\times P(X)=P(X|Y)\times P(Y)$，调整以后得到下面的公式，即贝叶斯定理：

$$P(Y|X) = \frac{P(X|Y) \times P(Y)}{P(X)}$$

在以上问题中，A 箱中取出白球的概率为 0.7，B 箱中取出白球的概率为 0.5，设取出白球为事件 $X$，从 A 箱中取球为事件 $Y$，由于随机挑选箱子，所以 $P(Y)=0.5$，题目要求在 $X$ 的条件下 $Y$ 发生的概率，由全概率公式可知 $P(X)=0.5×0.7+0.5×0.5$，在 A 箱中取出白球的概率 $P(X|Y)=0.7$，根据 $P(Y)$、$P(X|Y)$、$P(X)$ 由贝叶斯定理即可得出结果。

朴素贝叶斯是在贝叶斯定理的基础上进行了相应的简化，即假设给定目标值属性之间相互条件独立。虽然这个简化方式在一定程度上降低了贝叶斯分类法的分类效果，但是在实际的应用场景中，极大地简化了贝叶斯方法的复杂性。朴素贝叶斯虽简单但也十分重要，这是因为：第一，它很容易构造，模型参数的估计不需要任何复杂的迭代求解框架，因此该方法非常适用于规模巨大的数据集；第二，它很容易解释，因此即便是不熟悉分类技术的用户也能够理解此方法是如何运作的；第三，它的分类效果非常好，对于大部分应用，朴素贝叶斯即便不是最好的，通常也是非常稳健的。

现实生活中朴素贝叶斯应用广泛，如文本分类、垃圾邮件的分类、信用评估、钓鱼网站检测等。其中，朴素贝叶斯算法在文字识别、图像识别方向有着较为重要的作用，可以将未知的一种文字或图像，根据其已有的分类规则来进行分类。相对于其他更复杂的分类算法，朴素贝叶斯分类算法是学习效率和分类效果较好的分类器之一。直观的文本分类算法，也是最简单的贝叶斯分类器，具有很好的可解释性，朴素贝叶斯算法的特点是假设所有特征的出现相互独立互不影响，每一特征同等重要。但事实上这个假设在现实世界中并不成立：首先，相邻两个词之间的必然联系不能独立；其次，对一篇文章来说，其中的某一些代表词就确定了它的主题，不需要通读整篇文章、查看所有词。所以需要采用合适的方法进行特征选择，这样朴素贝叶斯分类器才能达到更高的分类效率。

### 1. 朴素贝叶斯的优点

朴素贝叶斯算法假设了数据集属性之间是相互独立的，因此算法的逻辑性十分简单，并且算法较为稳定，当数据呈现不同的特点时，朴素贝叶斯的分类性能不会有太大的差异。换句话说就是朴素贝叶斯算法的稳健性比较好，对于不同类型的数据集不会呈现出太大的差异性。当数据集属性之间的关系相对比较独立时，朴素贝叶斯分类算法会有较好的效果。

### 2. 朴素贝叶斯的缺点

属性独立性的条件同时也是朴素贝叶斯分类器的不足之处。数据集属性的独立性在很多情况下是很难满足的，因为数据集的属性之间往往都存在着相互关联，如果在分类过程中出现这种问题，会导致分类的效果大大降低。

### 5.4.2 决策树

决策树(Decision Tree)是一种常见的机器学习方法,其是一种树形结构。一般而言,一棵决策树包含一个根节点、若干个内部节点和若干个叶节点,如图 5-25 所示。其中每个内部节点表示一个属性上的判断,每个分支代表一个判断结果的输出,最后每个叶节点代表一种分类结果。每个节点包含的样本集合根据属性测试的结果被划分到子节点中,根节点包含样本全集。从根节点到每个叶节点的路径对应了一个判定测试序列。

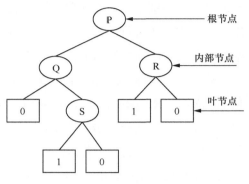

图 5-25 决策树

决策树学习的目的是为了产生一棵泛化能力强的决策树,其基本流程遵循简单且直观的"分而治之"策略。以二分类任务为例,从给定训练数据集学得一个模型用以对新数据进行分类,这个把样本分类的任务可看作对"当前样本属于哪个类别?"这个问题的"判定"过程。例如,对"产品合格吗?"这样的问题进行决策时,通常会进行一系列的判断或"子决策",先看"它的质量达标吗?",如果符合条件再看"它的功能是否齐全?",以此类推,经过一系列判断,最终得出决策结果合格或不合格,实现分类目标。

在决策树学习中,为了尽可能正确分类训练样本,节点划分过程将不断重复,有时会造成决策树分支过多,这时就可能因训练样本学得"太好"了,以至于把训练集自身的一些特点当作所有数据都具有的一般性质而导致过拟合,如图 5-26 分别对应正常拟合情况、欠拟合情况和过拟合情况。

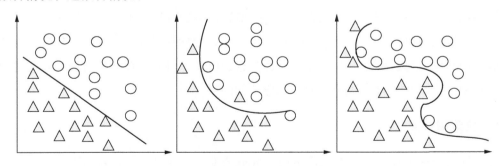

图 5-26 3 种拟合情况

因此,可通过主动去掉一些分支来降低过拟合的风险。剪枝(Pruning)是决策树学习算法对付"过拟合"的主要手段。决策树剪枝的基本策略有"预剪枝"和"后剪枝"。预剪枝是在决策树构造时就进行剪枝。方法是在构造的过程中对节点进行评估,如果对某个节点进行划分,在验证集中不能带来决策树泛化性能提升,那么对这个节点进行划分就没有意义，这时就会把当前节点作为叶节点，不对其进行划分。

后剪枝是先从训练集生成一棵完整的决策树之后再进行剪枝。通常会从决策树的叶节点开始，逐层向上对每个节点进行评估。如果剪掉这个节点子树，与保留该节点子树在分类准确性上差别不大，或者剪掉该节点子树，能在验证集中带来准确性的提升，那么就可以把该节点子树进行剪枝。方法是用这个节点子树的叶子节点来替代该节点，类标记为这个节点子树中最频繁的那个类。决策树学习算法最著名的代表是CART、ID3和C4.5。

分类与回归树（Classification and Regression Trees，CART）由L.Breiman、J.Friedman、R.Olshen和C.Stone于1984年提出。CART是一棵二叉树，采用二元切分法，每次把数据切成两份，分别进入左子树、右子树。而且每个非叶子节点都有两个"孩子"，所以CART的叶子节点比非叶子多1。相比ID3和C4.5，CART应用要多一些，既可以用于分类，也可以用于回归。CART分类时，使用基尼指数来选择最好的数据分割特征，基尼指数描述的是纯度，与信息熵的含义相似。CART中每一次迭代都会降低尼基系数。

ID3（Iterative Dichotmizer 3）由Ross Quinlan在1986年提出。在ID3中，每次根据"最大信息熵增益"选取当前最佳特征来分割数据，并按照该特征的所有取值来切分，也就是说如果一个特征有4种取值，数据将被切分为4份，一旦按某特征切分后，该特征在之后的算法执行中，将不再起作用。ID3算法十分简单，核心是根据"最大信息熵增益"原则选择划分当前数据集的最好特征，信息熵是信息论里面的概念，是信息的度量方式，不确定度越大或者说越混乱，熵就越大。在建立决策树的过程中，根据特征属性划分数据，使得原本"混乱"的数据的熵减少，按照不同特征划分数据熵减少的程度会不一样。在ID3中选择熵减少程度最大的特征来划分数据，也就是"最大信息熵增益"原则。

C4.5算法是Ross Quinlan在1993年在ID3改进的基础上提出的。ID3采用的信息增益度量存在一个缺点，它一般会优先选择有较多属性值的特征，因为属性值多的特征会有相对较大的信息增益。为了避免这个不足，C4.5中是用信息增益比率来作为选择分支的准则。信息增益比率通过引入一个被称作分裂信息的项来惩罚取值较多的特征。除此之外，C4.5还弥补了ID3中不能处理特征属性值连续的问题。

### 1. 决策树优点

决策树易于理解和实现，对于决策树，数据的准备往往是简单或者是不必要的，而且能够同时处理数据型和常规型属性，在相对短的时间内能够对大型数据源做出可行且效果良好的结果。决策树易于通过静态测试来对模型进行评测，可以测定模型可信度。

### 2. 决策树缺点

对连续性的字段比较难预测；对有时间顺序的数据，需要做很多预处理的工作；当类别太多时，错误可能就会增加得比较快。

### 5.4.3 神经网络

在了解人工神经网络（Artificial Neural Network，ANN）之前，人们应首先思考大脑中的神经网络是怎样工作的。生物神经网络中最基本的成分是神经元模型，如图5-27所示，神经元通过轴突的纤维丝连在一起，当神经元受到刺激时，就会通过轴突末梢跟其他神经元的树突产生连接并发送化学物质，从而改变这些神经元内的电位，如果某神经元的电位超过了一个"阈值"，那么它就会被激活，向其他神经元发送化学物质。

基于神经元模型，人们尝试去构造一个类似的结构，于是人工神经网络应运而生。当用"神经元"组成网络以后，描述网络中的某个"神经元"时，更多地会用"单元"或者"激活单元"来指代。同时由于神经网络的表现形式是一个有向图，有时也会用"节点"来表达同样的意思。神经网络是一种运算模型，由大量的节点和之间相互的连接构成。每个节点代表一种特定的输出函数，称为激励函数、激活函数。两个节点间的连接代表通过该连接信号的加权值，称之为权重，这相当于人工神经网络的记忆。网络的输出则依照网络的连接方式，随权重值和激励函数改变。而网络自身通常都是对自然界某种算法或者函数的逼近，也可能是对一种逻辑策略的表达。

神经网络模型是许多单元按照不同层级组织起来的网络，每一层的输出变量都是下一层的输入变量。图5-28为一个3层的神经网络：第一层称为输入层，中间层称为隐藏层，最后一层称为输出层。

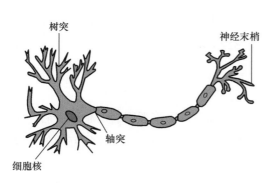

图5-27 神经元模型

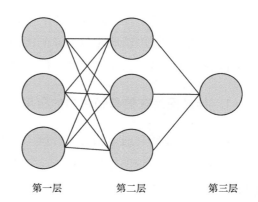

图5-28 人工神经网络模型

多层网络的学习能力比单层感知机强得多。若要训练多层网络，简单感知机学习规则显然不够，需要更强大的学习算法来实现其功能。误差反向传播（error Back Propagation，BP）算法就是其中最杰出的代表，它是迄今最成功的神经网络学习算法。现实任务中使用神经网络时，大多是在使用BP算法进行训练。值得指出的是，BP算法不仅可用于多层前馈神经网络，还可用于其他类型的神经网络。其主要的特点是：信号是前向传播的，而误差是反向传播的。BP 神经网络结构就是，输入层得到刺激后，会把它传给隐藏层，至于隐藏层，则会根据神经元相互联系的权重并根据规则把这个刺激传给输出层，输出层对比结果，如果不对，则返回并调整神经元相互联系的权值。这样就可以对 BP 神经网络进行训练。

人工神经网络通常是通过一个基于数学统计学类型的学习方法得以优化，所以人工神经网络也是数学统计学方法的一种实际应用，通过统计学的标准数学方法我们能够得到大量的可以用函数来表达的局部结构空间。在人工智能学的人工感知领域，人们通过数学统计学的应用可以解决人工感知方面的决定问题，这种方法比起正式的逻辑学推理演算更具有优势。神经网络模型、算法繁多，以下对特别常见的几种网络作简单介绍。

径向基函数（Radial Basis Function，RBF）神经网络是一种单隐层前馈神经网络，它使用径向基函数作为隐层神经元激活函数，而输出层则是对隐层神经元输出的线性组合。

自适应谐振（Adaptive Resonance Theory，ART）神经网络是竞争型学习的重要代表。该网络由比较层、识别层、识别阈值和重置模块构成。其中比较层负责接收输入样本，并将其传递给识别层神经元。识别层每个神经元对应一个模式类，神经元数目可在训练过程中动态增长以增加新的模式类。早期的 ART 网络只能处理布尔型输入数据，此后 ART 发展成了一个算法族，包括能处理实值输入的 ART2 网络、结合模糊处理的 FuzzyART 网络，以及可进行监督学习的 ARTMAP 网络等。

自组织映射（Self-Organization Mapping，SOM）神经网络是一种竞争学习型的无监督神经网络，它能将高维输入数据映射到低维空间（通常为二维），同时保持输入数据在高维空间的拓扑结构，即将高维空间中相似的样本点映射到网络输出层中的邻近神经元。

神经网络已经广泛地应用于各个领域，在模式识别、自动控制、信号处理、辅助决策、人工智能等众多研究领域取得了广泛的成功。下面介绍神经网络在一些领域中的应用现状。

**1. 神经网络在信息领域中的应用**

在处理许多问题时，信息来源既不完整，又包含假象，决策规则有时相互矛盾，有时无章可循，这给传统的信息处理方式带来了很大的困难，而神经网络却能很好地处理这些问题，并给出合理的识别与判断。

（1）信息处理：现代信息处理要解决的问题是很复杂的，人工神经网络具有模仿或代替与人的思维有关的功能，可以实现自动诊断、问题求解，解决传统方法所不能或难以解决的问题。人工神经网络系统具有很高的容错性、健壮性及自组织性，即使连接线遭到很大程度的破坏，它仍能处在优化工作状态，这点在军事系统电子设备中得到广泛的应用。现有的智能信息系统有智能仪器、自动跟踪监测仪器系统、自动控制制导系统、自动故障诊断和报警系统等。

（2）模式识别：模式识别是对表征事物或现象的各种形式的信息进行处理和分析，对事物或现象进行描述、辨认、分类和解释的过程。该技术以贝叶斯概率论和香农的信息论为理论基础，对信息的处理过程更接近人类大脑的逻辑思维过程。现在有两种基本的模式识别方法，即统计模式识别方法和结构模式识别方法。人工神经网络是模式识别中的常用方法，近些年发展起来的人工神经网络模式的识别方法逐渐取代了传统的模式识别方法。经过多年的研究和发展，模式识别已成为当前比较先进的技术，被广泛应用到文字识别、语音识别、指纹识别、遥感图像识别、人脸识别、手写体字符的识别、工业故障检测、精确制导等方面。

### 2. 神经网络在经济领域的应用

（1）市场价格预测：对商品价格变动的分析，可归结为对影响市场供求关系的诸多因素的综合分析。传统的统计经济学方法因其固有的局限性，难以对价格变动做出科学的预测，而人工神经网络容易处理不完整的、模糊不确定或规律性不明显的数据，所以用人工神经网络进行价格预测是有着传统方法无法相比的优势。从市场价格的确定机制出发，依据影响商品价格的家庭户数、人均可支配收入、贷款利率、城市化水平等复杂、多变的因素，建立较为准确可靠的模型。该模型可以对商品价格的变动趋势进行科学预测，并得到准确客观的评价结果。

（2）风险评估：风险是指在从事某项特定活动的过程中，因其存在的不确定性而产生的经济或财务的损失、自然破坏或损伤的可能性。防范风险的最佳办法就是事先对风险做出科学的预测和评估。应用人工神经网络的预测思想是根据具体的风险来源，得出适合实际情况的信用风险模型的结构和算法，得到风险评价系数，然后确定实际问题的解决方案。利用该模型进行实证分析能够弥补主观评估的不足，可以取得满意效果。

### 3. 神经网络在工业领域中的应用

随着工业大数据的出现以及工业流程复杂性的增加，机器学习方法逐步应用于工业领域，神经网络在解决特定问题上发挥了重要作用。

（1）工业控制：人工神经网络由于其独特的模型结构和固有的非线性模拟能力，以及高度的自适应和容错性等突出特征，在控制系统中获得了广泛的应用。其在各类控制器框架结构的基础上，加入了非线性自适应学习机制，从而使控制器具有更好的性能。基本的控制结构有监督控制、直接逆模控制、模型参考控制、内模控制、预测控制、最优决策控制等。通过设计合理的网络结构和样本训练，网络可以高精度地逼近任意的函数形式，这在设备仿真上有很好的应用场景，将影响设备的各种关键及非关键参数输入网络中，可由网络训练出一种合理的数据模型，使得分析传统的数据建模方式难以处理的数据关系成为可能。

（2）工业诊断：故障识别和诊断的传统方法是利用过程的静态、动态模型进行判断。这种方法需要以精确的过程模型为基础，其基本要求较难实现。而且当涉及大的工业系统时，规则的修改和维持知识的一致性也是比较难以解决的问题。人工神经网络被成功地用于解决模式识别问题，同时也为过程故障诊断提供了可行的技术手段。神经网络不要求对过程的模型有所了解，它可通过培训样本获得信息，来处理复杂非线性和不确定性过程。同时它具有抗干扰和噪声、知识推广及使用过程中的自学习能力。这些性质都是处理故障诊断问题所需要的。应用故障树、神经网络等多种智能化故障诊断模型算法的理论及应用方法，并结合对故障类型的分析，研究工业设备故障状态监测与故障诊断方案，采用深度神经网络模型建立故障诊断模型。

### 5.4.4 深度学习

深度学习属于机器学习的一个分支，而机器学习属于人工智能的子领域。简单来讲，人工智能是期望人工系统具备与人相似的智能，机器学习是通过让计算机从历史经验中学习，以改善系统自身性能的方式来达成这个目标，一般来说就是基于数据的训练。深度学习方法带动了语音、计算机视觉、自然语言处理等人工智能相关技术领域的跨越式发展，也在诸多行业应用中取得了巨大的成功。

随着云计算、大数据时代的到来，计算能力的大幅提升可缓解训练低效性，训练数据的大幅增加则可降低过拟合风险，以深度学习为代表的复杂模型开始受到人们的关注。深度学习也正推动人工智能进入工业大生产时代。

深度学习与传统机器学习方法的显著差异是，它使用多层非线性处理单元级联进行特征提取和转换，实现了多层次的特征表示与概念抽象的学习。深度学习避免了传统机器学习方式下对特征工程的要求，可以轻松地实现端到端的训练，并且在大数据下展现出明显的效果优势。深度学习在语音、计算机视觉和自然语言处理等领域取得的成功，也使机器学习更加接近人工智能的初始目标。

当前主流的深度学习方法是深层神经网络。虽然深度学习这个概念近年来才火热起来，但是深层神经网络相关的技术其实已经历了半个多世纪的积累和发展，很多基础技术在20世纪就已经被提出。进入21世纪以来，随着社会经济的发展、互联网大数据的积累，以及快速提升的芯片计算能力，给深度学习带来了爆发式机遇。随着研究和实践的深入，更多高效的训练技术和新模型被提出来。得益于深度学习的强大威力，人工智能领域很多热点任务场景取得了明显效果，一些长时间未有显著进展的研究领域也有了新突破。深度学习和应用的快速发展，迫切需要通过编程框架和开发平台来提升效率。基于深度学习框架的全流程深度学习平台，可以更好地对接云计算、大数据资源，并搭载全面的开发部署服务工具，进一步解放生产力，推进深度学习技术和应用的普及。

1. **深度学习优点**

（1）深度学习更容易发挥大数据优势。应用传统机器学习方法，当数据量达到一定规模后，效果提升会迅速变缓。而深度学习方法则更适合大数据训练。在工业界的深度学习应用中，往往都对应着更为海量的数据。比如对于机器翻译，会有上亿规模的平行语料。语音识别的训练数据会达到十万小时量级。而像搜索排序的语义匹配模型训练的语料则可达到千亿样本规模。更多的数据确实带来了更好的效果。

（2）深度学习具有强大的特征抽象和表示能力。深层神经网络模型中间层可实现对图像、文本、语音等信号的特征抽象，学习可计算的特征表示。这些中间特征表示，具有很强的通用性。因此，深度学习支持多模态学习和多任务学习。

（3）强大的特征表示能力也带来端到端训练的显著特性。传统机器学习方法下，一般需要独立的特征提取阶段。而在深度学习下，只需要输入原始的图像、语音和文本信息，即可直接训练。同时，通用可计算的特征表示，可以串联起传统机器学习下需要多阶段才能完成的任务，简化了系统复杂度，也降低了级联错误风险。比如，以机器翻译为代表的自然语言生成任务、语音增强和声学建模一体化的语音识别、文字检测和识别一体化的光学字符识别等。

2. **深度学习框架**

深度学习技术和应用的快速发展带来了对框架和平台的强烈需求。深度学习的编程特性和计算特性给深度学习统一编程框架的出现提供了便利。深度学习框架的涌现和发展成熟，也让深度学习技术和应用的迭代更加快速。深度学习框架最初主要用于深度学习的科研工作，代表性开源深度学习框架包括 Theano、Caffe、TensorFlow、PyTorch 等。Theano 是一个 Python 库，以计算图为框架核心，有很好的引领性，但工程设计和性能上有一些缺陷，2017 年以后停止开发。Caffe 是一个以 C++为核心语言的高性能框架，简洁快速，对视觉任务做到了非常好的支持。2015 年 11 月，谷歌的 TensorFlow 开源，是真正意义上第一个由工业界推出的深度学习框架，凭借其良好的性能、完备的功能设计吸引了广泛关注，迅速流行。TensorFlow 是一个基于数据流图的深度学习框架，通用性非常强。2017 年 1 月，脸书推出了 PyTorch。PyTorch 采用了更简洁明了的设计，特别是它直接采用了命令式编程、即时执行的动态图模式，开发的灵活性得到极大提升，受到研究人员的追捧。此外，国外的开源深度学习框架还有像亚马逊推出的 MXNet、微软推出的 CNTK，以及 Chainer、DyNet、Deeplearning4j 等，还有像 Keras 这样的上层接口。

3. **深度学习应用**

随着深度学习技术推动视觉、语音和自然语言处理等领域取得突破性进展，基于深度学习的人工智能技术已从互联网开始向更广泛的行业落地，促进传统行业智能转型，提升效率，同时催生新的智能产品和产业。安防领域的活体人脸检测、人脸识别验证等技术已经达到非常成熟的水平，已广泛落地应用。在自动驾驶领域，深度学习技术可应用到环境感知、智能决策和规划控制等多个方面。在医疗领域，典型应用包括医疗影像辅助诊断、医学文本和病历挖掘分析、智慧医疗问答和导诊等，深度学习在生物医药领域也开始有更多的应用尝试。在工业制造领域，基于深度学习视觉技术的自动化质检、分拣方案，可以将制造业工人从重复、低效的体力劳动中解放出来，极大地提升生产效率，也使质量得到更可靠的保障。除此之外，深度学习技术也正广泛应用于农业、林业、电力、通信、城市管理等诸多行业和任务场景。

## 本章小结

本章介绍了大数据分析技术，以基础编程技术 Python 为出发点，全面讲解工业大数据的数据可视化概念、数据可视化工具以及数据可视化图表展示，叙述了诸如数据清洗、处理缺失数据、识别错误分类、识别离群值的图形方法等数据预处理技术，阐述了几种典型的数据挖掘技术，包括朴素贝叶斯、决策树、神经网络和深度学习等。

## 本章习题

1. 朴素贝叶斯模型算法在现实应用中的缺点是什么？
2. 决策树模型一般包括哪几项内容？
3. 具有多个神经元的神经网络是否一定是深层神经网络？请举例说明。
4. 深层神经网络的特点是什么？
5. 进一步查阅深度学习的有关技术，结合相关的目标识别案例，完成经典深度学习框架的搭建。

# 第6章
# 工业大数据典型应用

▶ 学习目标

1. 了解工业大数据在典型工业领域中的应用。
2. 了解工业大数据的典型应用案例。
3. 结合前面章节,了解工业大数据应用所涉及的大数据技术。
4. 总结工业大数据应用对用户、企业以及社会带来的积极影响。

▶ 内容导学

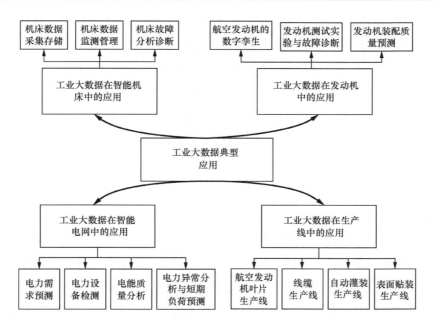

随着物联网、大数据、云计算、人工智能等技术的高速发展,工业大数据技术在传统

制造业得到了广泛的应用，诸如机床数据采集存储、机床数据监测管理、机床故障分析诊断、航空发动机的数字孪生、发动机测试实验与故障诊断、发动机装配质量预测、电力异常分析与短期负荷预测、电能质量分析、电力设备检测、航空发动机叶片生产线、线缆生产线、自动灌装生产线、表面贴装生产线等工业大数据应用正在给现代工业注入新的活力和生机。

## 6.1 工业大数据在智能机床中的应用

智能机床是在新一代信息技术的基础上，应用人工智能技术和先进制造技术深度融合的机床，它利用自主感知与连接获取机床、加工、工况、环境有关的信息，通过自主学习与建模生成知识，并能应用这些知识进行自主优化与决策，完成自主控制与执行，实现加工制造过程的优质、高效、安全、可靠和低耗的多目标优化运行。数控机床大数据在继承了大数据的"规模性""高速性""多样性"和"价值性"四大特性的同时，也具备工业大数据"多模态""高通量""强关联"这 3 个特征。接下来将分别从机床数据采集存储、机床数据监测管理和机床故障分析诊断 3 个方面来介绍工业大数据在智能机床中的应用。

### 6.1.1 机床数据采集存储

在机床运行过程中，数据的来源多种多样，除了数控系统产生的数据，还有各类传感器采集到的传感器数据、机床管理与操作人员录入的信息数据等。数控系统运行过程中所产生的指令域电控数据是加工过程中数据的主要来源之一，其中包括加工程序数据、运动轴状态数据、主轴状态数据、机床操作状态数据、机床运行状态数据等。如何有效的采集、存储、管理和使用工业数据是目前工业大数据领域的热点话题。目前已经有一些工业大数据平台出现，也有诸多分布式存储方案，但是直接使用现有方案对指令域电控数据进行存储与管理有诸多问题，机床数据采集目前存在的问题主要表现在以下方面。

（1）指令存储问题。传统的关系型数据库或者本地文件系统的存储方式不能满足指令域电控数据存储的需求，主要体现在：指令域电控数据是半结构化数据，传统关系型数据库无法满足其存储需求；数据采样频率为 1 000Hz，传统数据存储方式不能满足数据高频写入的需求。

（2）吞吐量与拓展性问题。数据总量大，传统的以单机存储为主的存储方式已经无法为大规模数据提供高效存储和快速调用的支持，高频数据的持续采集导致数据总体积不断膨胀，且数据时效性强，一段时间后访问频率会大大下降。数据采集存储技术有较强的针对性，不同的数据量、数据密度、采集内容都应采取不同的采集存储系统架构，数控机床指令域电控数据具有采样频率高、单条数据量小、数据总量大的特点，其中所使用的数据采集方式、数据传输方式、数据中间件类型、数据存储方式都不相同。传统关系型数据库的存储形式在面对连续高频数据写入时效率严重不足,且传统关系型数据库存储系统拓展性差,数据难以长期保存,对非结构化数据存储困难。

此外,制造业中存在机床批量开关机的情况,这就要求系统有抵抗数据波动的能力。传统的工业数据采集存储方式在面对这些特点时很难应对,要求系统具有较高的吞吐量、较好的容错性和动态拓展存储空间的能力。

针对以上问题,借助大数据技术,该应用在数据采集端和存储端之间加入数据中间件层,解决磁盘随机读写的存储系统每秒输入/输出操作(Input/Output Operations Per Second,IOPS)和吞吐量较低,而数控系统指令域电控数据采样频率高的问题,提高存储性能。此外,机床端数据采集的速度和计算存储端数据处理的速度不一定同步,添加数据中间件作为缓冲能有效应对数据波动。图 6-1 是指令域电控数据采集存储系统架构。

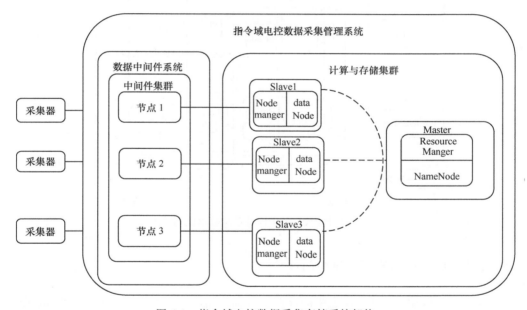

图 6-1 指令域电控数据采集存储系统架构

数据中间件系统由若干节点组成中间件集群,该应用系统提供了两种中间件作为选择,分别为 Redis 和 Kafka。其中 Redis 基于内存、Kafka 基于磁盘顺序读写的特性使得中间件系统 IOPS 性能优异,能够满足指令域数据高频写入需求。计算与存储集群采用 Spark 作为分布式计算引擎并行驱动数据流动,采用 HDFS 为海量数据提供安全、可拓展的存储支持。

### 1. 基于 Redis 的数据中间件

基于 Redis 的数据中间件系统采用两级缓存的设计,如图 6-2 所示。两级缓存中

DataBase 的数量均与所采集机床数目相同,使用 DataBase 隔离不同机床的数据。第一级缓存位于独立的数据缓存服务器,缓存从数控机床端采集上来的数据;第二级缓存分布于计算存储集群的各个节点中,缓存从一级缓存刷写出的数据。一级缓存的设计是基于指令域电控数据单条数据量小、采样频率高的特点,增加系统 IOPS 和吞吐量。此外,一级缓存的应用能够有效提高系统抵抗数据波动的能力,提升系统的稳定性与可用性。二级缓存的设计目的是使数据写入 HDFS 与数据由一级缓存流入二级缓存这两个过程并行化。

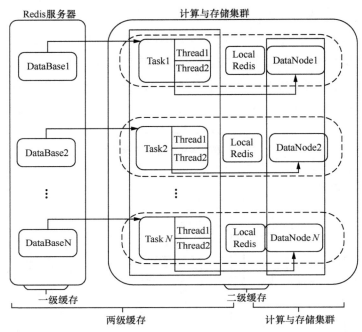

图 6-2 基于 Redis 的中间件系统数据流动过程

### 2. 基于 Kafka 的分布式消息中间件

在实际应用中采用 Redis 作为中间件对内存需求量较大,特别是在数控机床数量较多时。如车间机床数量较少,则成本显得过高。因此该应用基于 Kafka 的分布式消息中间件系统作为补充,应用于机床数量较少的环境。数据由机床端采集出来,送至数据中间件服务器的 Kafka 集群中,而后运行在计算与存储集群中的驱动程序消费 Kafka 集群中的数据,并将其最终存储在计算与存储集群的 HDFS 文件系统中。数据的流向是从机床流入 Kafka 集群的磁盘,再从 Kafka 集群磁盘流出,最终流入计算与存储集群的磁盘中。

该应用针对数据实时显示和海量存储的问题,解决了机床数据采集平台的吞吐量与拓展性问题,实现了以下功能。

(1)充分利用存储空间。该应用针对指令域电控数据特征设计一种数据管理策略,通过合理的压缩减少存储资源耗用。该应用基于 OpenStack 的制造企业私有云搭建策略,并根据 OpenStack 各组件通信原理设计制造企业私有云管理软件。数据采集管理系统如图 6-3 所示。该系统能够更加合理地利用有限的存储资源，根据制造业数据具有时效性的特点，使用指令域电控数据采集管理系统，以更加充分利用有限的存储空间。

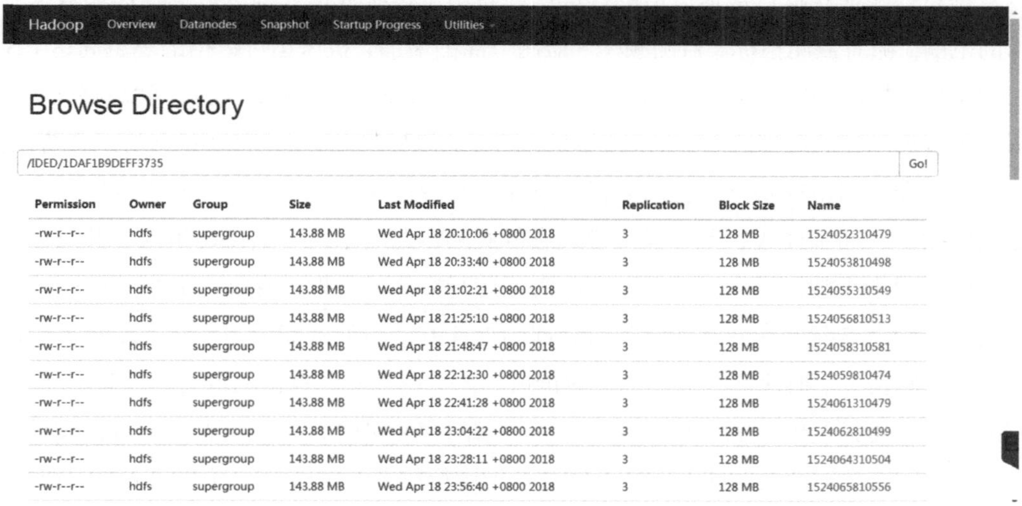


| Permission | Owner | Group | Size | Last Modified | Replication | Block Size | Name |
|---|---|---|---|---|---|---|---|
| -rw-r--r-- | hdfs | supergroup | 143.88 MB | Wed Apr 18 20:10:06 +0800 2018 | 3 | 128 MB | 1524052310479 |
| -rw-r--r-- | hdfs | supergroup | 143.88 MB | Wed Apr 18 20:33:40 +0800 2018 | 3 | 128 MB | 1524053810498 |
| -rw-r--r-- | hdfs | supergroup | 143.88 MB | Wed Apr 18 21:02:21 +0800 2018 | 3 | 128 MB | 1524055310549 |
| -rw-r--r-- | hdfs | supergroup | 143.88 MB | Wed Apr 18 21:25:10 +0800 2018 | 3 | 128 MB | 1524056810513 |
| -rw-r--r-- | hdfs | supergroup | 143.88 MB | Wed Apr 18 21:48:47 +0800 2018 | 3 | 128 MB | 1524058310581 |
| -rw-r--r-- | hdfs | supergroup | 143.88 MB | Wed Apr 18 22:12:30 +0800 2018 | 3 | 128 MB | 1524059810474 |
| -rw-r--r-- | hdfs | supergroup | 143.88 MB | Wed Apr 18 22:41:28 +0800 2018 | 3 | 128 MB | 1524061310479 |
| -rw-r--r-- | hdfs | supergroup | 143.88 MB | Wed Apr 18 23:04:22 +0800 2018 | 3 | 128 MB | 1524062810499 |
| -rw-r--r-- | hdfs | supergroup | 143.88 MB | Wed Apr 18 23:28:11 +0800 2018 | 3 | 128 MB | 1524064310504 |
| -rw-r--r-- | hdfs | supergroup | 143.88 MB | Wed Apr 18 23:56:40 +0800 2018 | 3 | 128 MB | 1524065810556 |

图 6-3　数据采集管理系统

（2）提升准确率。在采集大量数据的基础上，该应用使用了指令域电控数据驱动的加工质量评估方法，将动态时间规整距离与分类算法结合，使得超长机床跟随误差序列分类的准确率大大提升。

（3）解决吞吐量与拓展性问题。该应用实现了指令域电控数据的采集、存储、管理和应用一系列技术，并已在多家制造企业部署应用。实际情况表明，指令域电控数据采集管理系统能够满足制造业现场大数据吞吐量的需求，且存储系统具有很好的横向拓展能力，系统可以稳定地为指令域电控数据采集、管理与分析提供支持。

综上，通过中间件层的加入，该应用实现了数控机床指令域电控数据的高效、高吞吐量、高可靠性、高拓展性的大数据采集存储系统，以完成数控加工中的海量指令域电控数据的有效采集与存储。应用基于分布式消息中间件 Redis/Kafka 的吞吐性能、Spark 并行计算引擎的计算能力和分布式文件系统 HDFS 的海量可拓展存储能力，可以稳定地将数控机床采样频率高、数据总量极大的指令域电控数据采集并存储。

### 6.1.2　机床数据监测管理

对数控机床状态监测、处理和分析运行过程中产生的运行数据，如切削力、温度、振动、电流、电压、功率、噪声等信号，对于车间管理人员的生产决策以及生产成本核算具有重要的意义。数控机床运行数据包括数控机床在运行阶段由数据采集系统、传感器、数控系统等采集节点产生的全部数据，具有高时效性、高动态响应、高传输速率、海量等特性，这些数据已经呈现大数据特性，在数据检测时需要满足以下两个条件：实时处理和海量存储。运行数据总量随着时间的增加迅速递增，而数据价值随时间的增加而逐渐降低，运行数据总量和捕获运行数据价值的难度已经超出了传统数据处理、数据存储和数据分析技术的范围。随着监测指标、监测频率、监测节点的增加，机床运行数据的总量高达 PB 甚至 ZB 级别。要求数据采集系统以高采集频率对运行数据进行监测，监测时间足够长，能够使得运行过程产生的数据既有实时数据的"流"的特性，同时也具有大数据的海量特性。

机床数据监测市场缺乏完善的数据状态监测平台体系，现有状态监测平台往往只能对给定机床的单一加工模式、单一异常模式进行监测，监测系统不具备通用性、开放性和扩展性，仅适用于小数据样本，且无法解决海量运行数据的处理、存储与分析等问题；无法实时处理，现有监测平台缺乏能够实时处理的处理方法与处理能力，无法实现数据的低时延处理，因此丧失了时序运行数据的实时价值，无法挖掘实时数据的潜力；存储空间不够，没有形成一个可扩展的、满足海量数据存储要求的存储平台，无法实现海量运行大数据的统计与查询；无法识别复杂状态，缺乏针对基于运行数据的机床复杂异常状态的识别模型，未能构建相关数据挖掘、机器学习算法以适应海量运行数据的训练与预测。

借助大数据技术，设计人员通过数据流处理和大数据批处理，建立一个完整的机床数据状态监测平台，解决工业数据实时处理和海量储存的问题。图 6-4 是该数据监测平台的体系架构。

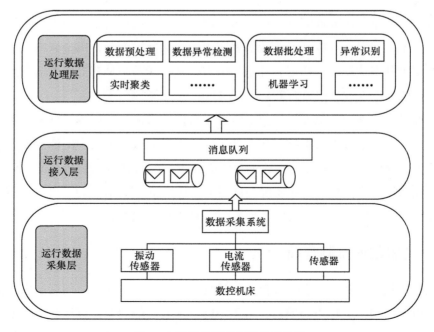

图 6-4　数据监测平台的体系架构

1. 数据流处理

数据流处理指对大量数据流先不存储,而直接进行持续不断的处理、关联、聚合分析等,从流动的数据中获取有价值的信息的处理方法。不同于批量处理,数据流处理具有高实时计算能力、持续计算等特性。监测获取的数控机床运行数据是典型的流数据,通过传感器与数据采集系统持续不断产生数据。Storm 是典型的流式计算框架,由于 Storm 的毫秒级实时计算时延、无数据丢失、完善的事物机制,支持动态调整并行度等优越性,因此选用 Storm 作为监测平台运行数据实时流的处理框架。

前面第 3 章第 2 节提到 Hadoop 分布式文件系统,提供高吞吐量的数据访问,非常适合在大规模数据集上应用,在此基础上 Storm 的流式编程方式有效地解决了 Hadoop MapReduce 高时延的问题,具有低时延、编程简单、可拓展、高可靠性、消息保证有序性等特性。Storm 集群中各个数据节点的状态信息都保存在分布式应用协调管理系统 ZooKeeper 中或本地磁盘中,因此 Storm 中的进程都是无状态的,使得 Storm 计算集群中任何一个节点故障都不会影响整个集群运行,确保了系统的容错性。通过在 ZooKeeper 上分别生成 Kafka 和 Storm 的节点,将其节点统一管理。为确保监测数据能够被实时处理,通过 Kafka 分布式消息队列进行数据缓存,将部署 Storm 的实时大数据计算平台作为 Kafka 的数据消费端,采用 Kafka 与 Storm 的集成 KafkaSpout 作为消息队列和大数据平台衔接的数据源,并以数据载体的形式传递至下一级 Bolt 进行分析处理。当数据源 KafkaSpout 接收到运行数据后,首先通过数据拆分 Bolt,获取不同运行数据在不同采集通道上的数据,再结合具体的监测需求,单独在各级 Bolt 中进行编程实现,如实现运行数据的预处理、基于滑动时间窗的数据统计和数据异常监测、在线实时聚类等。完成各个 Spout 和 Bolt 的逻辑编写后,在 Storm 的 Topology 设定各个组件的数据流向和分组方式。

2. 大数据批处理

基于内存计算的 Spark 批处理框架在运行数据存储层的基础上实现数据的批处理,结合机器学习模型对海量数据进行分析,实现基于数控机床运行数据的异常状态识别。Spark 基于内存的计算策略以及基于 DAG Scheduler 的高效任务调度机制,能够极大地提升计算速度,降低计算时延,因此选择 Spark 作为监测平台运行数据批处理的计算框架。

根据需求,将流处理定位为"先计算再存储",批处理定位为"先存储再计算",利用运行数据存储层作为数据中间站,流处理与批处理分别实现分布式存储系统数据写入与读取的功能,二者在功能架构上并不冲突。

在本应用中,以 Storm 流处理作为运行数据的计算主体,实现 Storm 提供的

KafkaSpout、HDFSSpout 接口作为分布式实时处理的数据源。批处理 Spark 计算则以分布式存储层的 HDFS/Hive/Hbase 作为数据源进行离线计算。要确保对大数据的计算，需要搭建分布式计算集群以支持流处理和批处理的运行，但是 Storm 系统和 Spark 系统都各自需要计算集群，且计算集群无法直接共享，造成资源浪费，增大了运维难度和成本。因此考虑使用资源管理框架 HadoopYarn 进行集群资源的统一协调、调度与管理，使运行数据流处理层与批处理层共享同一个 HDFS 分布式文件系统，并且共用同一个计算集群的资源，降低多系统集成的运维难度和成本。Yarn 提供了 AppMaster 接口，支持 Storm 流计算系统、Hadoop、Spark 批处理系统等多种分布式计算框架的部署与运行。

借助以上的大数据技术，本应用实现的状态监测平台的数据流运行方式如下：通过数据采集层获取数控系统、机床各部件等数据。根据运行数据的处理需求，通过数据接入层实现海量运行数据的缓冲，并将其接入大数据平台，即数据处理层。数据处理层分为流处理层和批处理层，其中流处理层对数据先处理再存储，在此实现对运行数据进行实时处理、数据统计、数据异常检测、在线聚类等分析，并将处理结果保存至运行数据存储层；批处理层在数据存储层的基础上实现数据的批处理，结合机器学习模型对海量数据进行分析。而运行数据应用层基于浏览器/服务器的架构部署，根据用户需求对数据存储层保存的数据进行读取与查询，实现数据管理与数据可视化功能。图 6-5 和图 6-6 分别是机床数据监测系统的运行数据实时显示页面和异常状态识别页面。

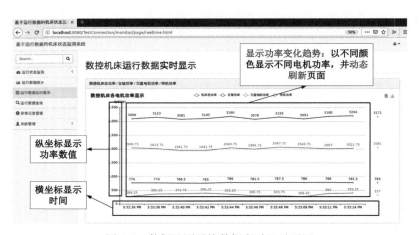

图 6-5　数据监测系统数据实时显示页面

综上所述，该应用实现了一个集数控机床运行状态信息采集、存储、分析、可视化为一体，且具有通用、开放、扩展特性的监测平台，能为数控机床生产效率和加工质量的提升提供坚实的保障；基于分布式消息队列对采集的运行数据进行缓冲，解决数据多源的问题；适用于运行数据的实时流处理监测方法，构建状态监测模型实现数控机床运行数据的实时处理，并且能够通过分布式架构保证流处理系统的实时计算能力与扩展性；可扩展的、满足海量数据存储要求的存储平台，实现海量运行大数据的统计与查询。根据不同运行数据的数据特点设计集成存储数据库实现数控机床运行数据的存储，且能够通过分布式架构保证数据存储的扩展性；构建适应海量的运行数据的数据挖掘、具有机器学习算法的监测平台，以实现机床状态的在线识别。

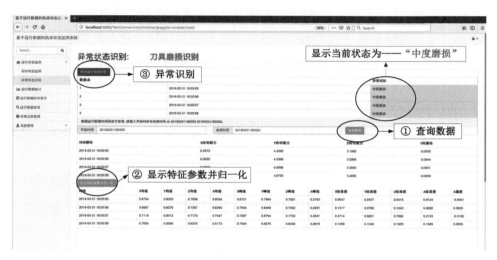

图 6-6　数据监测系统异常状态识别页面

### 6.1.3　机床故障分析诊断

自数控机床发明以来，数控机床故障状态监测与故障诊断技术也应运而生。数控机床故障诊断是数控机床技术研究领域重要的一环，故障诊断技术的好坏直接影响了设备维修、生产效率等。然而，随着人们对数控机床功能、加工精度及可靠性等要求的不断提高，其组成模块、部件及结构也越来越多、越来越复杂，可能存在的运行状态繁多，采用传统的噪声检测、振动检测等技术已无法适应网络化环境下数控机床的状态监测与故障诊断的要求，其存在明显的弊端。

（1）成本高、诊断效率低。传统的做法采用测振仪、声级计等传感器仅仅对单台或少数几台数控机床设备的运行状态进行监测，需要特定人员对机床运行时的状态进行跟踪和记录，监测和诊断的效率较低。由于数控机床结构复杂，就要求监测人员对机床的结构、运行性能指标等有一定的了解。当机床规模增加时，需要投入的人力和物力成本也随之增加。

（2）诊断效果差。采用单一的传感器进行诊断，对传感器的监测精度要求较高。考虑的因素往往是单一的、片面的，不能做到融合多种信号特征进行综合判断，且传统的做法过分依赖于人的经验，缺乏对诊断结果的客观评价。

（3）诊断经验不能复用。资源难以共享在成品的生产过程中，数控机床可能存在的状态或发生的故障千变万化，单靠简单的对机床的状态或故障类型进行记录和跟踪，无法实现诊断经验的复用和共享。即使企业存在完善的学习交流机制，也难以适应当下大规模的、跨地域的生产环境。

适应网络化、数字化、信息化状态下的数控机床状态监控与故障诊断技术及系统平台应满足如下要求。

（1）高效诊断、精确诊断。由于制造规模的不断扩大以及对生产效率的要求不断增加，要求状态监测与故障诊断系统能够快速精确记录所有数控机床的状态数据，且当异常状态出现时，能够快速报警提醒，能够指示故障类型、故障程度等信息，甚至给出诊断决策并下发指令给特定维修任务进行维修。

（2）网络化远程监测。现代化制造业尤其是高精度、自动化的制造企业对制造生产环境的要求较高，监测或维修人员往往不能长时间处于生产线上。因此，要求状态监测与故障诊断系统能够满足工作人员通过网络进行远程在线监测的要求。

（3）诊断资源和数据共享。当今时代是网络化和大数据的时代，如果没有了资源和数据的共享，技术就如同孤岛，难以得到较好的使用和持续发展。数控机床状态监测与故障诊断系统应当能够运用好当前的数据库技术等实现诊断数据、资源从数据采集、数据存储到诊断经验上的共享，以更好地促进诊断方法的发展，进而实现节约成本提高诊断效率的目的。

针对当前存在的问题和需要满足的要求，此应用使用第5章第4节提到的数据挖掘技术，通过故障树分析法、人工神经网络算法及深度神经网络算法等来实现目标。

该应用从故障诊断结构的精细程度来选择适当的故障诊断算法，故障树分析法能够通过层次化的分析，对引起故障事件的原因进行深度挖掘，从而找出导致该故障的底事件。因此该应用将故障树分析法应用于数控机床的故障分析系统。然而，故障树分析法找到的底事件一般为主轴磨损、线圈老化等，不能分析出具体的故障程度，如主轴磨损的程度，假设同样是内圈磨损状态，磨损的程度不同最终造成的电机故障程度也就不同，对产品加工过程的影响程度也不相同。此时就需要使用更加智能的故障诊断算法，如深度神经网络算法。

（1）基于故障树的故障原因分析，当某故障事件发生时，数控机床远程监测与故障诊断系统平台的处理流程，当预先构建好的故障树展示给操作人员时，操作人员可以根据经验判定预设的故障树模型是否合理，如果判定该故障树模型构建存在不足，可以选择将意见提交给专家用户，并终止诊断流程。专家用户收到反馈的流程后，判定意见是否合理，如果合理，进行模型树的修改，并将结果反馈给操作人员；如果不合理，同样会将拒绝理由反馈给操作人员。

（2）基于深度神经网络的故障程度识别，在数控机床生产作业过程中，当某种故障发生时，有时候需要精细判定故障的发生位置或故障的轻重程度，此时就需要基于深度神经网络的故障程度识别。基于深度神经网络的故障程度识别模块包含了大量训练好的深度神经网络模型。对于不同的构件或零部件来说，对应的深度神经网络的结构不尽相同，因此，当操作人员决定使用该模块进行故障程度的识别时，需要确定要识别的故障所在的具体零部件，系统会根据操作人员的选择，在数据库中读取对应的模型参数，构建出模型。操作人员选择要进行故障程度识别所在时段的数据。

图 6-7 是故障分析诊断系统的体系架构，该应用设计了人机交互界面，基于 Web 浏览器技术开发，负责接收用户操作信息，将系统的实时状态展示给操作人员，接收故障诊断的命令请求，并将结果反馈给用户。图 6-8 和图 6-9 是机床故障诊断系统的故障信息管理界面和故障树分析界面。此外，应用设计的深度神经网络结构对轴承故障数据进行故障程度分类识别，其最大训练准确率达到了 97.62%，能够获得较高的训练和测试准确度，具有较好的应用价值和前景，并且数控机床远程监测与故障诊断系统实现了如下功能。

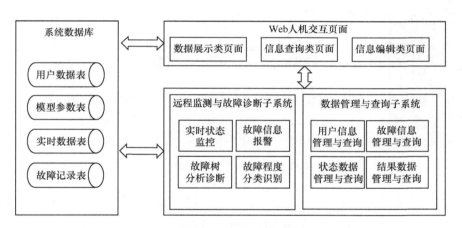

图 6-7　故障分析诊断系统的体系架构

（1）数控机床实时指标数据远程监测功能。远程监测功能的作用是将数控机床传感系统采集的实时信号，通过网络传递到系统平台，并采用折线图、饼状图、数据表格等形式将数据形象化地展现给工作人员。能够根据系统预设的各个信号的阈值实时监测信号是否处于正常范围内，若信号值出现异常，能够及时发出报警信息。

（2）故障分析与诊断功能。能够利用采用故障树构建的专家系统，迅速求解出系统某故障事件的最小割集，即给出系统故障的原因。能够对传感系统采集的实时信号进行简单预处理，并通过训练好的基于深度学习的故障诊断模型识别出系统当前状态及故障程度。

（3）数据记录存储与查询功能。能够对系统采集的实时信号数据进行记录，并及时保存到数据库中，以便模型训练及后续故障诊断的使用。能够支持系统信息及状态数据的查询，支持历史数据查询，支持数据的导出。

图 6-8 故障信息管理界面

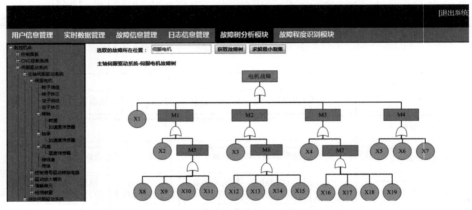

图 6-9 故障树分析界面

（4）系统信息管理功能。支持用户信息录入、用户权限的申请、用户的登录管理等；支持数据库数据的管理，包括数据的删除、修改等操作；支持对系统日志的管理，包括日志的保存、清理、导出等操作。

综上所述，该应用使用故障树、神经网络等多种智能化故障诊断模型算法的理论及应用方法，并结合对数控机床故障类型的分析，研究数控机床故障状态监测与故障诊断方案；针对轴承、刀盘等部件磨损、腐蚀等类型的故障，采用深度神经网络模型建立故障诊断模型，实现了数控机床实时指标数据远程监测与故障分析与诊断。

## 6.2 工业大数据在发动机中的应用

### 6.2.1 航空发动机的数字孪生

航空发动机是飞机的"心脏"，其可靠、稳定及安全运行对于确保飞行安全尤为重要，因此，发动机全寿命周期的测试、试验、状态监测成为发动机安全可靠运行的重要基础，因其功能结构复杂、运行工况多变、连续运行时内部环境极端恶劣以及传感器布置的局限等，发动机测试与状态监测的数据分析和深度应用成为工业互联网背景下的热点与挑战问题，对发动机的试验测试、运行维护等均具有重要的价值和意义。数字孪生技术通过使用飞行过程中收集到的大量传感、环境信息，结合发动机的仿真模型完整地反映发动机在实际飞行中的运行情况，并通过数字孪生技术判断发动机部件的磨损情况，从而预测合理的维修时间和发动机的实时状态监测，因此，发动机数字孪生技术成为国内外发动机原始制造商、航空公司以及相关研究机构追逐的热点和前沿课题，获得了广泛的关注。

数字孪生是物理世界中的实体在数字虚拟世界中的镜像呈现，如图 6-10 所示。数字孪生的结构从硬件平台上分为：实体、高性能计算与数据管理平台、显示与体验平台。其中实体为数字孪生的对象，为了获取全方位的信息，需要在实体上布置高性能、全覆盖的传感网络以及高速传输数据的链路。高性能计算与数据管理平台是数字孪生进行数据共享、数据建模、数据特征分析的平台。显示与体验平台生动直观地展示了可视化的数字孪生模型。

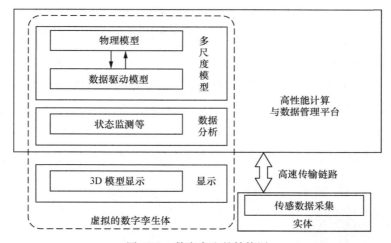

图 6-10　数字孪生的结构图

数字孪生体从功能结构上分为：多尺度模型、数据分析、传感数据采集以及显示与体验。多尺度模型使用实体的数学描述信息以及来自实体的传感数据构建对象机理模型和数据驱动模型。机理模型从实体的结构、动力学以及控制的直接数学描述建立，是一个理想的模型。数据驱动模型通过机器学习和人工智能领域的技术方法对系统数据进行深度的提取和建模。机理模型为数据驱动模型提供理想化模型的数据，以及特征提取的方向。数据驱动模型弥补了机理模型泛化能力差的不足。这两部分互相融合，并通过实时的传感信息进行模型的更新，从而使多尺度模型更好地映射实体全方位的信息。数据分析为面向实际的需求提供相应解决方案。对于航空发动机、工业生产线等复杂的数字孪生对象，使用过程中存在的异常和退化直接影响工作的效果，并可能带来安全隐患以及财产损失。因此在数字孪生中加入剩余寿命预测以及状态监测的数据分析功能,可以对孪生的数据预测,从而在实体发生故障之前报警,以减少实体故障的发生。传感数据采集依靠高性能、分布式的数据采集网络以及高速数据通信链路,可靠的数据来源是支持上层数据分析的基础。相较于专家系统依据经验进行判断,实时的传感信息更准确、更能反映实体的物理特性。显示与体验是虚拟的数字孪生可视化的体现,给使用者提供直观的、沉浸式的人机交互环境,从而减少了通过统计表、图像等一维或二维的展示结果进行设计方案更新或者故障排查等难以准确定位的情况发生。

航空发动机的数字孪生利用数字孪生模型多尺度、高保真的特性准确地反映发动机实体从单个的发动机部件到整体的动态信息,利用数字孪生的功能在实现发动机状态监测的基础上进行性能参数等信息的获取,利用数字孪生软件三维可视化的特性使测试和维修人员能够通过虚拟的发动机模型得到实际发动机的运行信息。数字孪生技术因其能够实现物理系统与数字孪生虚拟空间的信息交互,并能够集成各种数据分析、复杂特征提取等计算智能方法,从而适用于解决发动机此类复杂工业装备的状态监测与监测数据分析的问题。

航空发动机的气路系统不仅占整个发动机绝大部分的体积,也是重要的推力产生系统。作为一类复杂的燃气发动机,航空发动机通过向后喷出的高速燃气产生向前的推力。目前由美国通用公司和法国赛峰公司组建的 CFM 国际公司在国际民航发动机市场占有最大的份额,而该公司的 CFM56 系列发动机拥有比较成熟的发动机市场,图 6-11 为 CFM56 发动机安装位置与结构示意图。因此有相关研究选择将 CFM56 系列发动机的气路系统作为数字孪生的对象进行 CFM56 系列发动机的气路系统的数字孪生系统的设计与开发,通过选择典型、具有代表性的气路系统开展数字孪生技术研究和开发尝试。

图 6-11  CFM56 发动机安装位置与结构示意

发动机气路系统的数字孪生包括发动机数字孪生模型和三维可视化两大部分,为了方便描述将数字孪生模型调用与数据传递的控制软件加入数字孪生模型之中。发动机数字孪生总体方案设计如图 6-12 所示。单纯使用发动机传感数据无法进行全方位的发动机部件级的状态监测,因此可通过分析发动机的运行原理建立机理模型,利用输入控制变量求解发动机部件之间的气体状态参数,而不是只得到可测的传感参数。由于机理模型在不同的发动机工况下使用相同的参数，对飞行环境以及飞行状态发生变化无法适应性的改变，因此使用发动机飞行过程的历史数据实时进行发动机参数的回归预测。通过发动机在飞行过程中的历史数据，动态地进行性能参数的预测。同时使用融合滤波的方法对机理模型和数据驱动模型的输出数据进行融合。

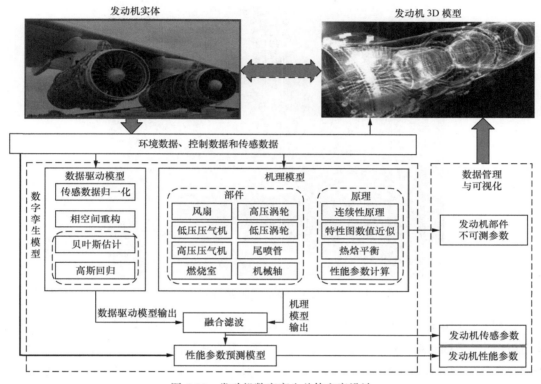

图 6-12　发动机数字孪生总体方案设计

　　发动机的数字孪生也是一个数据分析的平台，该研究中以发动机参数估计和性能参数预测为例进行了数字孪生数据分析功能的验证。同时数字孪生能够使用户便捷直观地从虚拟世界中观察真实发动机的运行状态，因此不可测参数、发动机传感数据、性能参数的结果均可在发动机气路系统三维模型的基础上进行可视化的动态显示。目前航空发动机气路系统中采用数字孪生内部的数据分析方法主要有基于模型的方法，用线性卡尔曼滤波算法计算模型的输出值与发动机实际的输出值差值，作为发动机异常数据监测和故障诊断的数据分析依据，以及基于数据的方法包括高斯过程回归方法，以及第 5 章第 4 节介绍的深度学习技术。

　　图 6-13 为航空发动机数字孪生动态演示效果图，从图中可以看出，数字孪生软件能够通过通信接口接收数字孪生模型的数据，并且能够在界面上显示发动机的环境变量、控制变量和发动机整体的性能参数；数字孪生软件能够从不同的角度、不同的距离观察发动机的三维模型；数字孪生软件在发动机三维模型上，可以动态显示传感器的数据，并且该数据在用户切换观察发动机的角度时一直面向用户且不会被发动机几何模型遮挡。

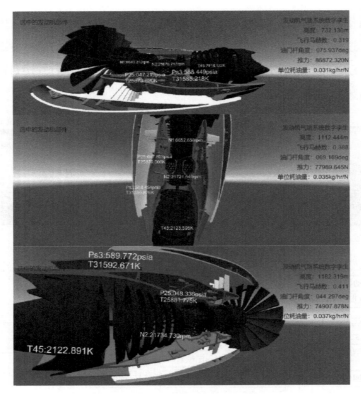

图 6-13 航空发动机数字孪生动态演示效果图

当用户使用鼠标双击选择发动机部件之后,数字孪生软件的界面如图 6-14 所示。在该图中可以看出,界面对选中的部件进行了高亮的显示,并且在界面上显示了被选中部件的名称,对于风扇、压气机和涡轮显示了部件的效率。上述结果可以看出数字孪生软件能够直观地向用户展示发动机气路系统的传感数据和性能参数。通过上述可视化软件的试验结果可以看出该研究建立了发动机气路系统的数字孪生模型,并实现了数字孪生软件的开发。因此该研究针对航空发动机的气路系统进行数字孪生技术的研究与开发,实现其数字孪生模型数据的动态更新、数字孪生的软件开发以及发动机状态监测功能的部分验证,以初步满足航空发动机对于多部件、多工况数据分析,全生命周期的数据管理和分析结果直观可视化的需求。

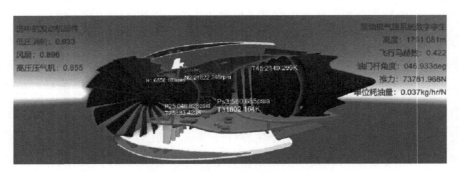

图 6-14 选中部件之后的可视化效果

## 6.2.2 发动机测试实验与故障诊断

发动机毫无疑问是当今工业社会中极其重要的动力装置，而其运行性能的好坏会直接决定人民日常生活、国家工业生产等诸多领域是否能正常运转。发动机试验技术也逐渐被越来越多的研究人员所重视。其从原有的发动机经济性、动力性不断延伸至排放、电子控制、标定、动态性能等大量新领域。新的理念和技术都需要依托发动机试验技术来进行检测和完善。

发动机性能测试主要包括产品试验与新产品性能检测和标定试验。前者对发动机产品质量进行检测，检测内容涵盖动力性、经济性等传统指标。发动机的使用目的和具体特点决定了产品试验的具体项目，同时采用厂商和国家所规定的范围来确定检测标准。后者是将研发初步完成的发动机进行部分或全面的性能检测，考核其各项热力特性参数所反映的性能指标是否达到预期。而一般性能测试试验，均需要在所搭建的特制试验台架上完成。一般的性能检测项目包括负荷特性、速度特性、机械效率、怠速状态稳定性、启动特性等项目。发动机的内部变化规律可以通过性能检测试验进行反映，试验人员也可以更好地了解诸如其功率变化、油耗、故障发生以及运行寿命等多项具体性能指标，从而使得发动机在正式投入生产前能满足需求。

故障诊断技术是一门在 20 世纪中叶开始起步并不断蓬勃发展的重要学科，其因为工业制造的需要而应运而生，也逐渐从原有的一个普通技术领域演化为重要的学术领域。发动机故障诊断技术则是这一领域的一个重要分支，发动机故障诊断技术用于检测发动机运行中是否存在故障，故障的具体位置，产生故障的原因。其从传统的以经验为主的人工检测方法，逐渐转型为通过对各个检测项目的量化评判。如能代表各个部件和系统运行情况的热力特性参数被当作检测的具体对象。而不断发展的传感器技术以及计算机数据采集跟踪技术，也在进一步地丰富故障检测的具体方法。

有相关研究测试发动机的低速耐久性，其通过长时间的发动机运行试验，不断变换低速和怠速两个不同的工作状况，从而检测发动机性能是否能在维持高效率的输出的基础上，依然具备客观的安全性和运行的平稳性。运行可靠性、持续耐久性、变化稳定性是本次发动机低速耐久试验的 3 项重要性能指标。对于发动机性能检测试验，如何判断其运行过程中反映发动机性能的热力特性参数是否超出健康运行范围，如何检测出这些异常参数并解析其背后可能产生的故障隐患，这些都是该研究故障诊断探究的重要内容。而这也需要借助于不断发展的故障诊断技术。发动机的故障诊断技术，需要对于发动机的检测目的和检测内容有全面的理解，同时采取有针对性的检测方法。如何用更科学、更具有操作性的检测诊断技术，来完成对发动机的各个性能指标检测，同时摆脱传统的诊断理论束缚，吸收智能化的检测方法，也是对于发动机故障诊断技术所提出的新要求。

该研究主要探讨热力特性参数的故障诊断方法。其研究的切入点是某型号的发动机低速耐久特性试验。通过采集该发动机性能试验的大量样本运行数据，摸索一套热力特性参数健康运行范围的计算方法，并从数据可靠性、数据健康性以及长期故障隐患检测3个方面，总结检测方法并将其通过科学计算语言 MATLAB 完成检测程序的编制，初步实现自动化的检测功能。最后使用 MATLAB 的图形用户界面（Graphical User Interface，GUI）搭建一个发动机故障诊断用户界面，如图 6-15 所示，实现可视化、简易化、功能化的故障诊断要求。

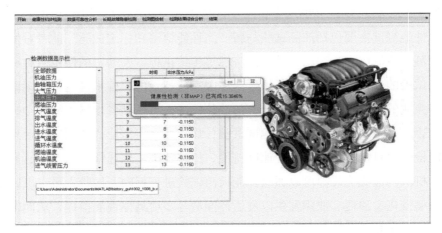

图 6-15　故障诊断用户界面

具体地，该研究完成了总时长为 1 368 小时的某型号发动机低速耐久性能测试试验，其中包括对于试验台架的搭建、传感器的合理布置、热力参数采集量的设计及数据采集系统的搭建。通过运行周期内的怠速和低速工况段不断切换，来跟踪监测发动机的运行情况，并采集所需要的热力特性参数，作为后续故障诊断的检测蓝本。其通过 LABVIEW 编制数据采集程序完成热力特性参数的实时采集和数据输出格式的最终转换。低速耐久试验的数据采集界面如图 6-16 所示。

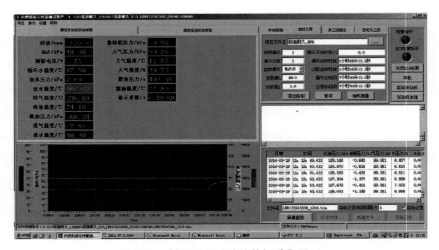

图 6-16　低速耐久试验的数据采集界面

研究发动机热力特性参数的分布规律,并以此作为基础,从大量历史运行数据中计算热力特性参数在发动机健康运行状态时的安全数据范围。并以该健康数据运行范围为基础,建立发动机健康性检测方法。采用大数据理论中的数据挖掘原理研究发动机各个热力特性参数之间的相互变化关系,并以此为基础,探究如何筛选出由于传感器或数据采集系统故障所导致的异常问题数据点的技术手段,并将其确定为发动机数据可靠性检测的重要方法。对发动机样本运行数据进行历史特征值的定义和计算,从而实现在大时间域下热力特性参数整体变化趋势的判断,并以此为基础,完成发动机长期故障隐患检测。根据热力特性参数的长期变化趋势,判明其所表征的发动机部件的潜在故障隐患。该研究中所采用的检测方法和计算手段,均通过 MATLAB 来实现程序编译和调试,从而实现自动化的样本运行数据检测流程和图表形式的检测结果输出,如图 6-17 和图 6-18 所示。

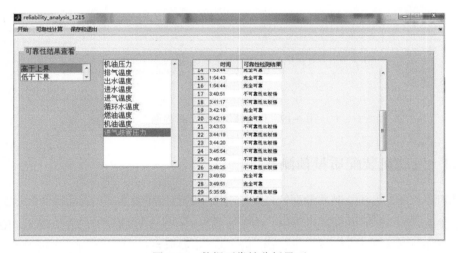

图 6-17　数据可靠性分析界面

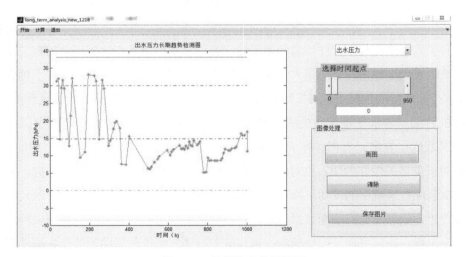

图 6-18　长期隐患检测界面

在完成了检测方法的制订和 MATLAB 应用程序的编译后，利用 MATLAB 的图像用户界面（GUI），通过合理的界面布局，编制程序的嵌入和集成，从而制作出可作为检测软件的发动机故障诊断用户界面，实现故障诊断的可视化、便捷化的新要求，并提高其兼容性以适用于不同类型的发动机性能检测试验要求。检测结果综合分析界面，如图 6-19 所示。

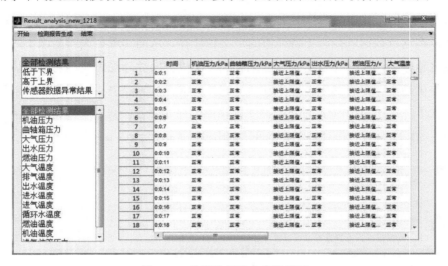

图 6-19　检测结果综合分析界面

### 6.2.3　发动机装配质量预测

发动机是汽车的心脏，其质量高低直接影响汽车的整体质量水平。发动机装配是发动机生产后期至关重要的一环，在装配过程中，由于被装配零件的多样性与工艺的烦琐性，使得发动机装配生产线显得尤为重要。汽车发动机装配是一个对发动机顺序装配的流水线工艺过程，因此，每个环节的控制都必须具备可靠性与灵敏度，才能保证生产的可靠性与稳定性。合理地规划发动机装配线可以更好地实现产品的高精度、高效率、高柔性和高质量。发动机质量的研究方向多数集中在与零部件质量的相关性研究，发动机质量与装配工艺的相关性研究较少。在发动机装配过程中，会采集大量装配生产数据，其中绝大多数数据来源于螺栓拧紧，因此，探索拧紧螺栓的装配质量对发动机质量的影响、对提升发动机整体质量具有重要意义。

发动机装配工艺水平是发动机质量的重要保证，现有发动机装配工艺缺少以生产数据为驱动的工艺优化方案。有相关研究以发动机装配生产数据作为基础，以发动机拧紧工艺与冷试振动质量相关性作为切入点对发动机装配的过程与质量相关性进行了研究，并实现了基于发动机装配拧紧数据的发动机冷试振动质量预测。首先对发动机装配生产线及装配数据体系进行分析，依据发动机装配数据体系提出发动机装配过程—质量—性能相关模型；分析发动机装配过程、冷试机理及振动检测，选取缸盖与排气系统的振动峰值作为振动组件分析对象，并探究其可行性，并以发动机装配流程作为筛选规则进行冷试振动影响因子提取。

然后以影响因子数据结构为基础，对比其不同参数形式，提取与研究对象相关性最大的扭矩标准差参数作为分析对象；提出通过数学统计方法联合分析各工位螺栓与缸盖、排气系统振动峰值的相关性，并最终实现了各装配螺栓的质量影响权重排序，为后期质量问题追溯与工艺参数优化奠定了基础。

最后针对发动机装配生产中提升装配整体质量、降低返修率的工程需求，分别建立支持向量机与神经网络两种监督学习算法智能模型，实现了通过螺栓拧紧关键影响因子对冷试振动质量的预测，验证了发动机过程—质量关键影响因子的有效性与可靠性，并为后期发动机装配质量预测分析软件的建立奠定了基础。为实现发动机质量预测模型在实际生产中的运用，建立发动机质量预测分析软件，实现生产数据在线采集、预测、分类及发动机的合格率与准确率计算，预测结果基本接近实际数据，并实现将发动机预测结果及数据统计分析以图形化形式在 Web 界面展示。该软件可提供发动机装配过程中的过程数据查看功能，可根据时间范围或者发动机编号筛选满足要求的发动机并进行详细数据的查看，如图 6-20 所示，可分别查看对应发动机的拧紧数据与基本过程数据。

图 6-20　过程数据查询界面

单击发动机编号为 152HCRJ002316 的发动机的拧紧数据与基本过程数据，其详细数据页面如图 6-21 所示。

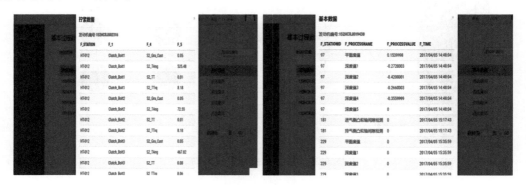

图 6-21　拧紧数据及基本过程数据查询界面

分析软件实现了通过终端实时同步监控生产车间现场显示屏内容，对在线装配的发动机数据进行实时查看，以发动机热试过程为例，发动机在热试过程中，热试油压、热试水温等热试基本参数可以在软件内进行实时同步，并且可以选择需要预测的指标内容，软件可根据已采集的过程数据进行实时预测结果展示，同时可以根据时间范围与发动机编号进行筛选，如图 6-22 所示。

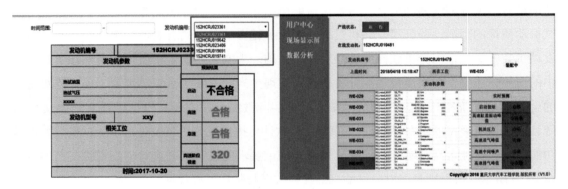

图 6-22　生产车间现场展示屏界面

通过对发动机的生产数据进行分析，可对一定时间范围内的发动机总体生产预测合格率进行直观展示，如图 6-23 所示，软件可分别对发动机热试的启动阶段转速合格率、怠速阶段转速合格率、高速阶段转速合格率及总体合格率进行预测，并用折线图与饼状图分析展示预测结果。软件建设完成以后，发动机装配车间的所有生产数据都将实现自动采集。但是，在历史生产数据中，部分数据未集中存储在服务器中，无法直接通过质量预测软件直接获取数据，因此系统提供了数据文件上传功能，可将历史生产数据以 txt 文件格式手动上传至软件进行存储并进行质量预测。

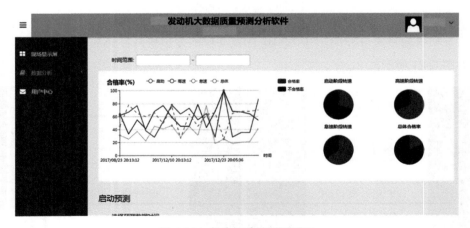

图 6-23　发动机质量预测界面

该项研究弥补了现有汽车发动机生产工艺标准制定方法的不足，使发动机装配生产的过程—质量—性能相关性研究与质量检测研究更加完善。在工程实际应用方面，拓宽了汽车整车企业对发动机生产过程数据的利用范围，改变了生产数据能够采集但却无法充分利用的现状。配合汽车企业对冷试、热试质量及发动机运行性能提升的需求，以发动机冷试振动作为切入点，建立起发动机装配过程—质量—性能相关模型，根据生产大数据建立智能学习模型，实现发动机装配生产线数据的实时采集上传、实时分析、实时预测，使之成为发动机冷试、热试及性能测试的同步理论辅助监测系统，并且可先于传统检测发现发动机装配过程中存在的问题，降低发动机返修率，节约生产中的时间成本、设备成本与人力成本，保证了发动机装配下线后质量的稳定性与一致性，有助于设计生产出综合性能更好的汽车发动机，提高我国汽车发动机技术水平，进而提升我国自主品牌汽车的世界形象。

## 6.3 工业大数据在智能电网中的应用

如图 6-24 所示，电力大数据是指在电力生产、电力输送、变电、配电、用电及优化调度等各个环节，通过传感器、智能设备、移动终端、音频设备和摄像监控设备等各种感知手段采集到的关于设备检测、企业营销与管理的海量业务数据。电力大数据属于工业大数据的一种，具有维度广、种类多、高速化及多样性的特点，需要结合当前先进的大数据采集、分布式存储、分布式计算、大数据分析等技术来进行高效地处理，减少电力系统在运行中所消耗的能量并提高电力系统的运行效率，从而实现电力大数据技术的革新，更好地为智能电网的高效可靠运行提供相应的保障。

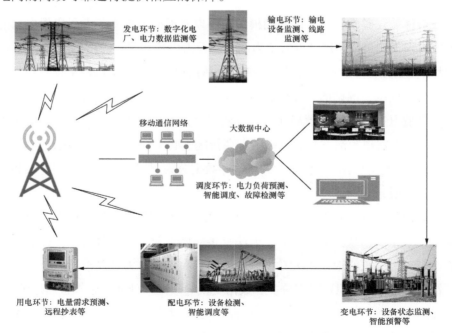

图 6-24 电力大数据在智能电网中的应用

### 6.3.1 电力需求预测

随着"互联网+智能电网"的推进以及电气信息技术的深度融合,电力需求响应业务也被赋予了诸如动态分配、自适应服务等新的使命,使得电力生产需求由人工定额配送开始转向以需求为引导的智能电力输送。工业大数据技术的不断发展也给电力供应结构带来了新的升级优化空间。传统的电力系统由于采用自上而下的运行模式,容易导致用户因为用电量不足或者超额造成电力资源的浪费。电量平衡问题是指某一时间段内发电量是否能够满足用户的用电量,通过对比发电量与用电需求可以得出电量的冗余或者欠缺,但在实际生活当中,用户用电需求面临着天气、温度、市场变动等诸多因素的影响,所以在供求关系相对宽松的情况下,可以设计一种更优的解决方案来改善传统的供求方案。在智能电网体系构建过程中,人们设想依靠高速双向通信网络、先进的设备技术、控制方法、传感和测量技术对电力系统中的硬件及如天气、温度等因素进行数据收集,并将这些数据整理为连续或离散的数字化特征,探索性地利用这些特征和预测算法训练出合适的电力需求预测模型去预估用户的电力需求范围,以此来提升电力需求侧的电力输送管理,达到电力资源充分且高效利用的效果。

电力需求预测是工业大数据理念、技术与方法在智能电网的实践,与之相关联的电力大数据技术则应用在输电、变电、配电、用电、调度各环节,是跨部门、跨单位、跨业务的数据整理与分析。此外,电力企业各部门也规范了包含生产数据、收集数据、存储数据等智能用电大数据的使用流程,为各类用户的用电需求预测提供了数据基础。根据初步的智能用电大数据分析结果,多维度分解用户用电特征,采用差异化建模方法针对不同用电模式的用户群体构建具有针对性的预测模型,可以实现准确预测各类用户用电量的目的,清晰的电力需求预测可以帮助各地方电力部门掌握用户及其群体的用电规律。

在庞大的电力用户中,企业类用户与普通个体用户相比,其用电需求预测在整个电力需求中占有重要的地位,准确的企业用电需求预测不仅能够提高智能电网的运行效率,而且可以减少配电输电过程中的资源消耗。基于此,电力人员将工业大数据的有关技术应用在企业类用户的电力需求预测方面。以扬中市高新区 1 454 家企业用电为例,选取 2015 年 1 月至 2015 年 9 月的历史用电量数据,并将这些数据分为用于模型搭建的训练集和用于测试模型效果的测试集。

前面第 5 章第 3 节曾提到,原始的工业大数据存在"脏数据"的问题,电力数据同样存在重复值、不完整和缺失值的问题,无法直接应用工业大数据分析技术,或者应用后的效果不够理想。为了更好地应用大数据分析技术,在建立电力预测模型之前,采用包括数据清洗、处理缺失数据、识别错误分类、数据变换等数据预处理措施来整理原始电力数据,不仅可以提高电力数据分析的质量,而且可以减少电力数据分析的时间,最终提高电力需求预测模型的效果。具体可以应用 Python 对原始电力数据依次进行数据审核、数据清洗、数据标准归一化等步骤，填充数据中的空缺数据并完成数据特征的归一化处理，图 6-25 给出了电力数据中天气特征的归一化处理结果。

| sunny | partly_cloudy | cloudy | ligth_rain | ill_to_moderate | dium_to_heavy_r | rain | heavy_rain | rainstorm | thunderstor |
|---|---|---|---|---|---|---|---|---|---|
| 1 | 0 | 0 | 0 | 0 | 0 | 0 | 0 | 0 | 0 |
| 1 | 1 | 0 | 0 | 0 | 0 | 0 | 0 | 0 | 0 |
| 0 | 1 | 0 | 0 | 0 | 0 | 0 | 0 | 0 | 0 |
| 1 | 0 | 0 | 1 | 0 | 0 | 0 | 0 | 0 | 0 |
| 0 | 0 | 0 | 0 | 1 | 0 | 0 | 0 | 0 | 0 |
| 0 | 1 | 1 | 0 | 0 | 0 | 0 | 0 | 0 | 0 |
| 1 | 0 | 0 | 0 | 0 | 0 | 0 | 0 | 0 | 0 |
| 1 | 0 | 0 | 0 | 0 | 0 | 0 | 0 | 0 | 0 |

图 6-25　天气特征归一化处理结果

企业类型在电力需求预测中是一个极其重要的因素，一方面，关系国计民生的大型企业由于生产设备繁多、用电环节复杂导致耗电量巨大，考虑到安全方面的影响因素，提前预测大型企业的用电需求不仅可以减少配电企业的输送成本，而且也能避免企业运行的风险。另一方面，相较于大型企业，小型企业因为生产环节单一且生产设备简单导致用电需求较少，但其要面临市场变化和环境等因素的影响，针对小型企业的长期用电需求预测同样面临着巨大的挑战。基于以上分析，电力企业人员通过第 5 章节第 2 节的工业大数据可视化技术对企业用电量数据集进行可视化研究，划分企业量级达到分别预测企业用电需求的目的。在企业用电量可视化分析中，首先通过图形的形式根据企业用电量大小将企业分为大型企业、大中型企业、中型企业、小型企业及因故停工的企业。然后从这些企业中选出具有代表性的用电企业，选择具有细致特点的折线图可视化方式分析并总结这 5 类企业的用电特点。从图 6-26 所示可知，大型企业以年为周期用电量曲线平稳，大中型企业以月/季度为周期用电量曲线上下振幅较大，中小型企业由于规模较小容易受天气变化、市场变动、季节更替、行业特点等因素的影响，其用电曲线上下振幅强烈。

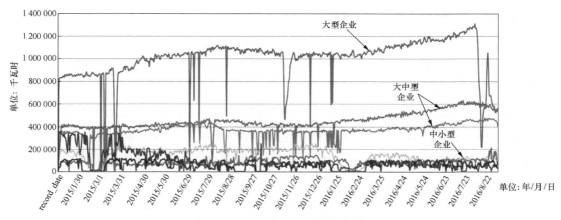

图 6-26　大中小企业用电变化图

根据用电量划分企业类型之后，电力企业人员针对数据预处理后的数据集进行数据特征选取，创建各类企业数据集的特征工程，发现数据集内部之间的联系。特征工程是大数据分析技术中非常关键的一部分，其自身不属于数据挖掘模型的范畴，但却有利于模型的构建。因为特征选取的优劣直接关系到模型预测的好坏，无用的特征不仅加大了计算复杂度，而且会干扰模型的预测结果。特征工程通过数据观察和工程经验，发现数据内部之间的规律并寻找与数据挖掘模型最相关的隐性特征，从而加强模型预测的效果，建立贴近实际的数据挖掘模型。常用的特征选择方法有过滤法、包装法和嵌入法。过滤法结合相关指标根据特征的发散程度对各个维度的特征进行评价，以工程经验或者特征数目为阈值来过滤和筛选特征集中合适的特征。包装法通过机器学习模型在数据集上进行多次训练，每次训练都挑选出训练效果最差的特征，直至筛选后的特征满足预期的阈值。嵌入法与包装法类似，但嵌入法往往使用 L1 和 L2 正则化来进行特征筛选，因为模型系数反比于正则化的惩罚项，惩罚项越大模型系数越小，其特征的作用对于模型的精确预测也就越小，这部分特征可以作为筛除的目标。包装法和过滤法通常在模型构建之前使用，而嵌入法一般在模型构建之后对特征做进一步的筛选。总之，特征工程的目的是对原始数据集特征进行整理优化，能够填补数据集中的特征总数，提升电力需求预测模型的最优上限，是数据挖掘技术的重要组成部分。

经过特征工程处理以后，构建电力预测模型一般采用大数据分析技术里面的常用模型，这里应用最基本的线性回归算法来分析大型、大中型、中型、小型企业的电力需求预测效果。基于线性回归算法的电力需求预测模型具有实现简单、计算速度快的优势，对于具有线性电力数据的大型、大中型企业有着较好的预测效果。大中型企业线性回归模型预测如图 6-27 所示。但对于非线性电力数据，容易存在异常点敏感的问题，这就导致了基于线性回归算法的电力需求预测模型效果欠佳。这种情况直接体现在中小型企业的用电需求预测上，如图 6-28 所示，因为这些企业容易受季节、气候、温度等因素的影响导致电力数据呈现非线性的特点，以至于基于线性回归的电力需求预测模型效果大打折扣。虽然电力企业人员加入气候、温度等维度的特征来稳定模型的预测，但整体偏差依旧未消除。总之，基于线性回归的电力需求预测模型不适用于用电需求随季度、温度、市场波动等时间类特征变化较大的企业。

基于这种情况，电力企业人员采用对时间类特征不敏感且具有较强拟合能力的 XGBoost 算法来构建电力需求预测模型。通过与线性回归类电力需求预测模型的应用对比发现，XGBoost 算法对于电力需求预测效果提升显著，其对受季节、天气等因素影响的大中企业在电力需求预测方面有着很好的拟合效果。另外，XGBoost 算法自身包含 L1 和 L2 正则项，可以有效避免模型的过拟合现象并具有很强的泛化能力。另外对于用电变化较为强烈的中小型企业，如图 6-29 所示，XGBoost 算法也可以提供较优的用电预测结果，既提高了单个企业的预测效果，也降低了整体用电量需求的误差。具体地，对于大型、大中型及中型企业，该模型都可以做到预测偏移误差小于 10%，中型即中型以上企业预测偏移量小于 5%，对于小型企业的预测也可以做到小型企业偏移量在 10%以内，基本满足了实际电量预测的需求。

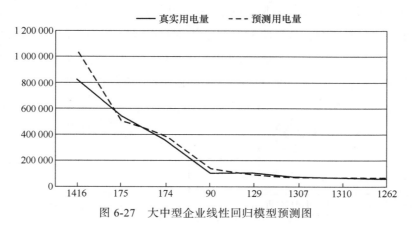

图 6-27　大中型企业线性回归模型预测图

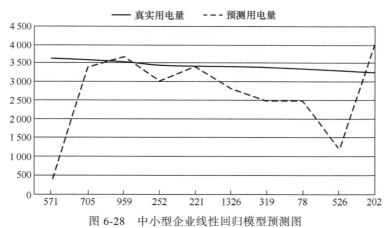

图 6-28　中小型企业线性回归模型预测图

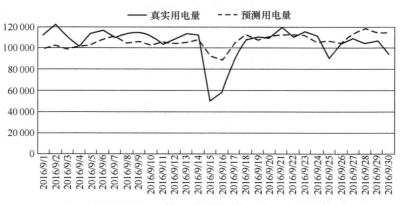

图 6-29　XGBoost 算法模型预测值与真实值对比图

综上所述，电力需求预测的主要步骤如图 6-30 所示，首先对原始电力数据的数据预处理，包括处理缺失数据、数据异常清洗、数据特征归一化等。然后采用工业大数据可视化技术呈现各个企业的用电量，并根据它们的用电特点和历史用电量均值来区分具有不同用电量级的企业。在此基础之上对各类企业原始电力数据进行特征工程的筛选，剔除对于电力需求预测无用的特征，加强模型构建的效果。最后通过与线性回归算法相比，XGBoost算法更适用于电力需求预测，可以使 90%以上的企业用电量预测偏差量控制在 10%以内，50%以上的企业用电量预测偏差控制在 5%以内，基本达到预期目标并满足工程化需求，用电需求的精确预测对智能电网规划及资源动态分配具有关键的指导意义。

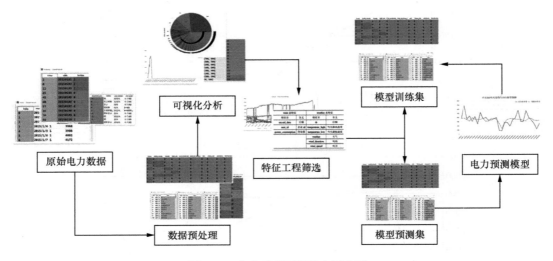

图 6-30　电力需求预测的主要步骤

### 6.3.2　电力设备检测

随着我国智能电网体系的稳步推进，电力设备所产生的数据不论在类型还是在量级上都持续变多，不仅包括基本的设备信息类数据，还新增了运行类数据、设备缺陷类数据、巡检类数据、实时电力设备数据及大量无序的离线电力设备数据信息等。爆发性增长的电力设备类数据由几百 TB 迈向几千 TB 的量级，传统的电力设备检测平台已经无法满足电力大数据时代的需求。传统的电力设备数据分析系统平台往往只针对单个设备进行监测，并且设备与设备之间由于类型不一致而存在接口不匹配的问题，这就造成了传统的设备检测平台没有办法进行信息共享，不能通过统一评估和分析所有设备的运营状态来及时、系统地检测与维修故障设备。所以在建设电力设备运行维护信息化平台的过程中，不仅要结合日益复杂的工作流程和多用户联网运行维护的需求，而且在设计基于工业大数据技术信息化平台时要具备一定的超前性。

云计算的出现也进一步推动了电力设备运行数据分析系统的构建，其将网络、服务器、软件、存储器等资源以虚拟化的方式呈现出来，使资源具备动态性、易扩展的优势。将云计算融入电网系统中，不仅可以集中计算资源应对海量的电力设备数据，还可以构建一个数据处理与信息共享兼备的电力设备检测平台，从而解决工业大数据时代电力设备运行数据分析存在的问题。基于此，电网企业人员设计了一种基于大数据的电力设备运行数据分析系统，能够处理海量电力设备数据并给出统一的检测报告，支持电力设备的统筹管理与分析。如图 6-31 所示，系统总共包括 5 个功能模块，分别是用户管理模块、电力设备信息管理模块、检测电力设备模块及检测电池性能模块。

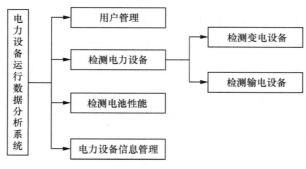

图 6-31　系统功能结构图

用户管理模块有用户信息的登录、密码的修改、新用户的注册等基本功能，还配备了用户优先级，级别越高对应权限越大，执行可操作也就越多，可提升系统的安全性。另外为了确保用户信息的安全，对所有用户信息执行加密措施存放数据库。关于系统内部资源的安全访问，同样需要用户在登录成功的条件下进行许可。

电力设备信息管理模块主要整理维护电力设备的各种信息，可以对系统中的信息数据进行查看、删除、修改和录入等操作。

检测变电设备模块包含运维检修、运行工况、设备概况及信息总览等基本功能。除此之外，该模块还能够实时给出包括缺陷参数、保护信息参数、检修试验参数、带电检测参数、设备台账参数、巡视记录参数等在内的各种设备状态信息。

检测输电设备模块主要涉及 6 个方面的子功能，分别是信息总览——将输电线路、负载信息、负荷数据等信息用工业大数据可视化技术呈现给用户；设备概况——监测输电系统中的所有设备；运行工况——统计分析输电线路与高压电缆，并根据电压等级、运维单位、历史数据呈现地域分布转变；运维检修——根据各种缺陷参数判断某种缺陷的发展趋势，并对比分析同类设备的缺陷情况；通道管理——主要呈现输电线路的状况信息；应急管控——应对输电设备出现的紧急情况，避免不必要的经济损失。

检测电池性能模块主要对电池的运行时间、充放电次数、充放电量、充放电功率等有关数据进行统计分析,整理出电池信息的报表供用户参考,使用户全面了解当前电池的性能,预测电池的使用寿命并提醒及时检修与更换。例如可以使用第 5 章第 4 节的数据挖掘技术来判别性能接近的电池,降低由于电池性能不一致而导致整个电池组的能源浪费。

基于大数据的电力设备运行数据分析系统体系结构如图 6-32 所示,该系统采用 B/S 结构,使用开源的云计算平台 Hadoop 来进行服务器的部署,在 tomcat 上部署并发布 Web 内容,利用 RESTful(Representational State Transfer)架构在浏览器和服务器之间进行通信。在客户端用户只需要打开浏览器,单击页面对服务器里的服务和资源发送请求。在服务器端,Hadoop 平台首先采用并行编程模型 MapReduce,然后调用第 5 章第 4 节所提到的数据挖掘模型分析在 Hbase 里存储的状态数据,最后输出电力设备状态检测结果。具体地,在通过 RESTful 技术远程调用服务的过程中,使用 JSON 格式来封装请求的数据,并将封装后的数据输出到大数据分析层进行数据的分析与挖掘,输出的电力设备检测结果同样以 JSON 格式发送到业务平台层进行业务逻辑处理。业务平台层将处理结果仍是以 JSON 格式进行封装并回传到客户端用户那边,并以图形化或者报文的形式将检测结果展现在浏览器页面上。分析电力设备在运行时的状态数据及正常情况下的设备参数,可以深度了解电力设备的运行状态,保障电力系统的正常运转。

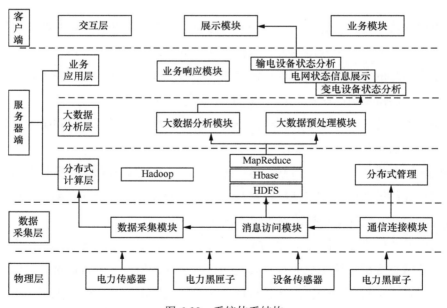

图 6-32 系统体系结构

基于大数据的电力设备运行数据分析系统基于 Hadoop 集群,其电力设备检测方法包括油色谱分析、电力设备状态评价及输电设备状态评价。

油色谱分析是根据变电站、电压等级、生产厂家掌握了解历史数据、监测数据和告警数据等,通过数据挖掘技术去分析工程生产管理系统中的带电检测数据和溶解气体产气量,并在地理信息系统(Geographic Information System,GIS)的地图上告警且以变化速度较快方式闪烁的一种检测方法,为及时的运维提供精准的指导。此外,对于出现问题的装置,可以初步定位其故障点并给出故障原因,单击告警设备可弹出同类产品对比数据、历史监测数据、设备状态评价、设备的履历和台账等信息。

电力设备状态评价利用历史状态评价、红外测温数据、油色谱分析数据及变压器数据来进行设备状态分析,对比历史信息并预测设备运行趋势,用于状态设备实时显示和设备检测方案指导。具体地,按照检修数据、过负荷、运行单位、电压等级等异常指标,并从时空维度以纵向与横向相结合的方式对比变压器运行异常状态量,从源头上定位状态量异常变化的原因。

输电设备状态评价主要展示 10kV 以上的高压线缆负载信息、电路系统中的输电线路及线路的负荷情况,并按照运维单位、电压等级统计分析重载输电线路及高压电缆,最终结合历史数据,给出各区域的负荷分布变化。

综上,基于大数据的电力设备运行数据分析系统结合大数据分析技术、Hadoop 平台开发技术,以及 HDFS、MapReduce 和 HBase 等组件对电力设备数据进行挖掘与分析,实现了变电、输电、电池等电力设备的监测,加强了设备的运行效率,实际运行效果满足智能电网的发展需求。

### 6.3.3 电能质量分析

随着智能电网的蓬勃发展,各种各样的敏感用户设备不断在电力系统中涌现,严重阻碍了智能电网的良性发展,电能质量问题日益突出。电力企业需要考虑的第一要务是确保配送电的可靠性和安全性,这就要求电力系统必须满足多种类型不同用户对供电质量的需求。日趋复杂的电网物理结构、现代化工业的不断发展及电气化铁路的持续建设都加剧了电力用户的多样化,导致诸如电力机车、电解设备等非线性负荷以及像电力机车运行、电弧炉等冲击性与波动性负荷不断加大,进一步扩大了类似三相不平衡、电网频率波形失真、电压变动等电能质量问题。另外伴随着电力用户的多样性,电能数据的体量也在呈指数型增加,传统的数据处理方案已经无法应对当前的电力大数据。目前,电力领域的研究人员已经在电能质量分析方法、原理和模型等方面取得了一些突破,并将其成功应用于电能质量数据传输、存储、分析等电力系统中,虽然取得了不错的分析效果,但在电力大数据背景中的电能质量分析仍面临着诸多问题。

(1)电能质量数据无论在结构上还是来源上都呈现多样化的特点,难以针对这类多模态数据进行存储及计算。电能质量数据通常包含结构化的电力设备数据、半结构化的电压监测系统日志数据和非结构化的地理信息数据等。

（2）电能质量数据存储方面存在挑战。目前大部分电力企业存储电能质量的方式是通过结构化的关系型数据库来完成的，虽然满足一定的存储要求，但是随着电能质量监测数据的日益增加，加载这些 TB 级甚至 PB 级的电能质量数据到关系型数据库是非常耗时的，并且在以后的电能质量分析方面同样会存在效率差的问题。

（3）受限的电能质量数据分析能力。由于存在 TB 级甚至 PB 级的电能质量数据，传统的数据计算平台已经无法发现海量数据中蕴藏的价值和规律，所以需要构建更强、更快的计算平台和硬件设备来应对目前数据处理方面的挑战。

（4）无法确保电能数据的质量。实际中的电能质量监测数据会因为天气原因或者设备异常等因素存在脏数据、坏数据及无用数据的情况。这些数据不仅不利于电能质量的分析，而且还会影响电能质量好坏的判断。所以针对数据量大、种类多的电能质量数据进行预处理是非常关键的。

针对以上问题，通过工业大数据技术来设计电力大数据时代的电能质量分析方案，不仅能够发现电力系统中蕴藏的价值规律，而且也能够引领智能电网未来的发展趋势。电能质量分析是对电能相关指标的定性和定量分析，以求达到确保电力系统长期安全稳定运行的效果。具体可通过对电网电流、频率、电压等电能质量指标的分析，及时发现异常和隐患并且构建电能质量治理的方案，为电网系统的安全运转提供算法、技术、模型等方面的支持。

为了构建电能质量分析的方案，有必要介绍电能的有关指标。通常情况下，电能质量多指交流电能质量，是用来定量或定性地衡量电力企业所输送电力产品的质量。合格的电能在理论上属于完全对称的标准正弦波，但是在实际生活中，天气、线路、季节等因素都容易导致电能标准的正弦波发生形变。因此在用电用户及电力系统中普遍存在电能质量的问题，世界各国已经颁布了有关电能质量的国家标准。关于电能质量的监测通常选择各种专业的测量仪器对电力系统中多样的设备进行电气量的监测，一般包含频率偏差、三相电压或电流不平衡、波形畸变率、谐波、电压波动和闪变等电气量的监测，各个国家也对这些电能指标进行了限定。我国的电能质量指标体系主要包括谐波、三相不平衡、陷波、脉冲暂态、瞬间电压上升/下降、噪声这 6 个变量。针对这些指标的电能质量分析方法有希尔伯特-黄变换、傅里叶变换、频域分析、小波变换、时域分析、S 变换、神经网络等。

电能质量数据的存储对于电能质量分析也是非常关键的。有电力企业相关人员根据 Redis 和 MongoDB 数据库两者的优势，设计了基于 MongoDB+Redis 的电能质量数据分析存储方案。表 6-1 给出了 MongoDB 与 Redis 的详细对比。灵活的负载均衡模式、良好的扩展性、高效的读写能力、易于大尺寸且低价值文件的存储都是 MongoDB 数据库的特性，这些特性使其特别适合于电网电能质量检测大数据分析系统的数据存储。MongoDB 切片具有独特的平动态添加功能,不仅不影响扩容后的计算速度和查询效率,而且不会终止电能质量分析业务。在计算方面,MongoDB 采用切片键来进行索引分片,切片之间相互独立,能够完成关于电能质量监测大数据系统的多源电能质量快速且准确的分析。电能质量大数据中存在大量的非结构化数据,而 MongoDB 在这方面具备查询速度快、读写负载低、运维压力小等优势,即使存在用户访问量瞬间增加的情况,MongoDB 也能自适应地增加节点,扩展其性能并加强负载性能。Redis 支持多种丰富的数据类型,并利用内存来存放高频访问的数据,能够大幅度降低磁盘 I/O,支持高并发条件下电能质量分析服务的高吞吐,使得电能质量分析具备灵活性和敏捷性。字符串和字典是 Redis 数据结构的主要应用,这种高效的数据结构不仅能够实现多类型电能质量数据的监测,而且还支持文件的闪速存取,具有查询响应快、索引能力强的优势。Redis 的持久性、隔离性、原子性为电能质量的高效分析奠定了基础。所以基于 MongoDB+Redis 的电能质量数据存储突破了电能质量大数据存储难的问题,支持电能质量的多源智能分析,其总体架构如图 6-33 所示。

表 6-1　MongoDB 与 Redis 对比

| | MongoDB | Redis |
| --- | --- | --- |
| 实现语言 | C++ | C++ |
| 协议 | BSON,自定义二进制 | 类 telnet |
| 性能 | 内存选择很重要,具有较高的 TPS | 完成依赖内存,具有非常高的 TPS |
| 可操作性 | 丰富的数据表达、索引;与关系型数据最类似,具有丰富的查询语句 | 数据丰富,较少的 I/O |
| 内存及存储 | 对系统的内存占用率相对较高,对系统的虚拟内存依赖性高,采用文件存储方式实现大数据存储 | 数据可以设置时效性,类似于 memcache |
| 可靠性 | 与 Mysql 类似,采用 binlog 方式支持持久化 | 依赖快照进行持久化;AOF 增强可靠性;增强可靠性的同时影响访问性能 |
| 一致性 | 不支持事务 | 支持事务,但比较弱,仅能保证事务中的操作按顺序执行 |
| 数据分析 | 具有内置数据分析功能 | 不支持 |

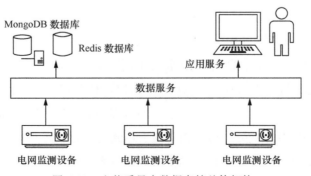

图 6-33　电能质量大数据存储总体架构

在电网监测设备数据层采用电能质量数据交换格式 PQDIF（Power Quality Data Interchange Format）来整合和交换多种多样电能质量监测设备里的数据。PQDIF 由于具有兼容性好、共享性强、易压缩的优势，所以普遍应用于电能数据监测系统中。PQDIF 存储由记录链接生成的数据时使用平面文件结构的方式，其三头结构文件包括标识符定义、物理格式定义及逻辑格式定义。物理层定义了文件的数据类型、构造原理，与存储的内容没有联系，只使用标识文件中的某个元素。逻辑层利用特定标识来进行物理层结构逻辑关系的描述和元素的建立，其主要对物理层定义的电能质量数据结构进行说明。PQDIF 格式的数据主要包含以上两层的文件结构。

电能质量数据存储方案的数据服务层是用户、数据库、电网监测设备之间的桥梁，为以上三者给出统一的数据服务接口，方便数据的交换和存储。数据服务层与底层数据源较近，可以直接访问这些电网监测设备的数据。另外针对电能质量监测数据的多样性问题，数据服务层还具备自治、通信、管理、建模、消息处理等功能，更好地满足操作数据的要求。

基于此，电能质量分析系统可以分为资源层、服务层和应用层 3 个主要部分。MongoDB 资源与电能质量监测设备资源处于资源层，前者主要包含了电能质量的用户数据、模型数据、设备数据、日志数据、采样数据、分析数据等，后者包含了电能监测终端的描述。监控服务、安全服务、调度服务、数据适配服务等都处于服务层，电能质量分析系统的核心支撑层就在服务层，其主要承担安全认证、数据资源之间的调度与通信、模块之间的业务服务等任务。电能质量分析前端系统和各个子系统的接口则处于应用层，其主要定义统一的接口和模式用于电能质量分析的对外接口。

在完成电能质量大数据存储总体方案设计的基础上，需要设计电能质量数据交换的接口。电力企业人员利用可扩展标记语言 XML 作为数据传输格式来设计电能质量数据的交换接口。如第 4 章第 2 节所述，SOAP（Simple Object Access Protocol）是一种基于 XML 并在无中心的分布式环境中的数据交换协议规范，其技术能够在大量异构平台和程序之间进行互操作，从而使用户可以访问已有的应用。SOAP 基于超文本传输协议和 XML 将代码转换成相应参数编码模式和请求，这样就可以使不同编程语言实现的应用程序进行跨平台的交互，给电能质量分析系统提供了便捷。

图 6-34 展示了 SOAP 的消息交换机制。从图中可以发现，单向、复合式是 SOAP 消息交换框架的特点，这些特点为 XML 在 SOAP 节点之间传输提供了便捷。SOAP 发送方是生成消息并发送的一方，SOAP 中间方是消息传递过程中的应用程序，而 SOAP 接收方则是经过故障、消息、响应等方式处理后，消息最后达到的一方。

针对电能质量数据具有形式多样、速度快、体量大、价值大等特点，采用如图 6-35 所示的大数据处理流程来进行电能质量分析。

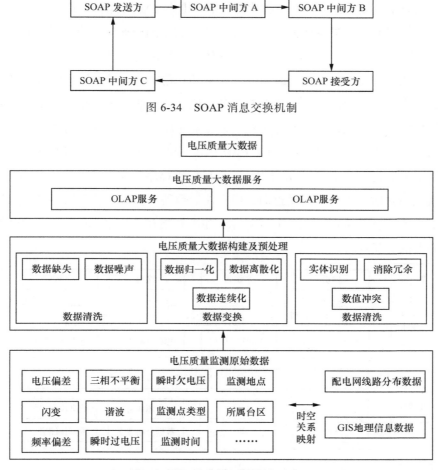

图 6-34 SOAP 消息交换机制

图 6-35 电能质量大数据处理流程

首先抽取和集成各类数据源中的数据，建立数据之间的关系和实体，采用数据关联、聚合分析和已定义的结构来进行数据的处理与存储。电能质量监测原始数据包含前面所论述的三相电压不平衡、电压偏差、谐波、频率偏差等指标数据，也包括所属台区、监测地点、监测时间、监测点类型等附属数据。另外，这些数据与 GIS 地理信息数据、配电网线路分布数据做了时空关系的映射，建立了包含完全属性的关系型数据。

其次是对这些具有完全属性的关系型数据进行第 5 章第 3 节所提到的数据清洗、识别缺失数据、数据变换、数据整合等数据预处理步骤，确保数据的一致性、完整性及最大价值。

最后使用第 3 章第 4 节所提到的在线分析处理（OLAP）来支持电能质量大数据服务。从深层次、多角度分析数据库中与电压质量相关的数据，并给出各个维度的分析结果，采用映射、切割、上卷、下钻的方式对每个维度的数据进行操作，使其适用于不同粒度层面数据的挖掘、寻找与汇总。

为了提高整个电能质量分析系统的计算效率，电力企业人员采用了基于 Spark 的电能质量大数据计算框架。如图 6-36 所示，基于电力大数据的电能质量分析系统的整体架构可以分为数据层、支撑层、应用层、展示层。整体架构采用成熟且比较通用的工业大数据技术，保证系统的高并发、可扩展、兼容性、安全性和稳定性。数据层主要管理各类电能质量监测数据，为系统提供信息存储和查询服务，确保数据的一致性和完整性。支撑层是应用层和数据层之间的桥梁，提供业务流程引擎、资源服务、数据分析与预测、统一安全认证、服务总线等功能。应用层按照 J2EE 标准规范，联合 Spring MVC 和 My Batis 等基础框架，提供了全功能模块 MVC，用于构建 Web 应用程序，实现了统计分析、电能质量分析、电能质量的评估与预测、数据查询、用户注册等基本功能。展示层是最终为用户操作和查看的电能质量分析界面，如图 6-37 所示，主要是指在大屏幕、计算机、移动媒体等终端上进行的人机交互界面。

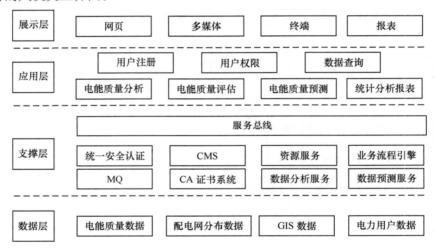

图 6-36 基于电力大数据的电能质量分析系统的整体架构

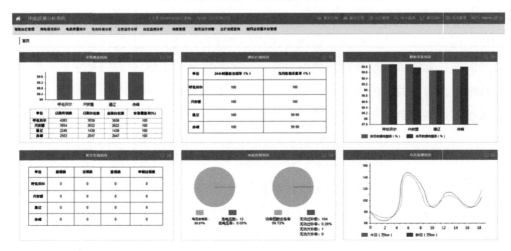

图 6-37 电能质量分析系统主界面

最后电力企业人员将上述基于大数据的电能质量分析系统用于分析某省公司配电网电压质量的数据，如图 6-38 到图 6-40 所示，结果表明引起配电网电压变化的主要原因是短时间的越下限电压事件和越上限电压事件。配变电能质量运行预警如图 6-41 所示。系统的分析结果可以为电能质量问题的解决提供定性和定量的辅助决策支持，不仅保证电力系统的安全运行、正常工业生产和居民生活，而且对配网电压电能质量的监管、分析和治理工作均有重要意义。

| 日期 | 局号（终端/表计） | 逻辑地址 | 户号 | 户名 | CT | PT | 视在功率（kVA） | 瞬时有功（kW） |
|---|---|---|---|---|---|---|---|---|
| 2018-03-13 15:15:00 | 3340521009400138270240（终端） | 13827024 | 1270036911 | 安泉县门口2号公变 | 120 | 1 | 230.72 | 163.092 |
| 2018-03-13 15:15:00 | 3340521009400138270240（终端） | 13827024 | 1260201984 | 安泉县门口2号公变 | 120 | 1 | 247.39 | 177.036 |
| 2018-03-13 15:15:00 | 3340521009400138270240（终端） | 13827024 | 1260200307 | 安泉县门口2号公变 | 120 | 1 | 256.69 | 191.844 |
| 2018-03-13 15:15:00 | 3340521009400138270240（终端） | 13827024 | 18242344629 | 安泉县门口2号公变 | 120 | 1 | 296.91 | 226.476 |
| 2018-03-13 15:15:00 | 3340521009400138270240（终端） | 13827024 | 17479589566 | 安泉县门口2号公变 | 120 | 1 | 279.03 | 203.604 |
| 2018-03-13 15:15:00 | 3340521009400138270240（终端） | 13827024 | 1270023077 | 安泉县门口2号公变 | 120 | 1 | 271.6 | 197.916 |
| 2018-03-13 15:15:00 | 3340521009400138270240（终端） | 13827024 | 18406396228 | 安泉县门口2号公变 | 120 | 1 | 252.94 | 163.8 |
| 2018-03-13 15:15:00 | 3340521009400138270240（终端） | 13827024 | 1260502114 | 安泉县门口2号公变 | 120 | 1 | 266.69 | 188.76 |
| 2018-03-13 15:15:00 | 3340521009400138270240（终端） | 13827024 | 121104804769 | 安泉县门口2号公变 | 120 | 1 | 243.37 | 143.808 |
| 2018-03-13 15:15:00 | 3340521009400138270240（终端） | 13827024 | 20199831010 | 安泉县门口2号公变 | 120 | 1 | 229.68 | 136.308 |

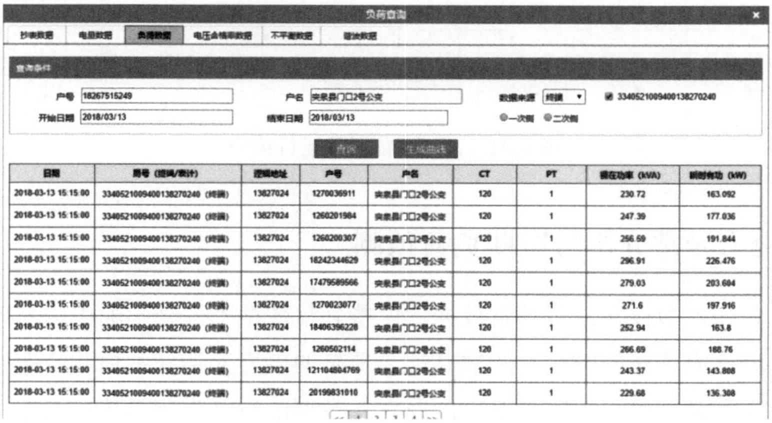

图 6-38　电能负荷分析

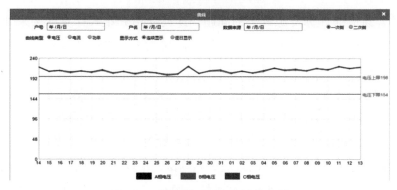

图 6-39　配电网三相电压越线分析

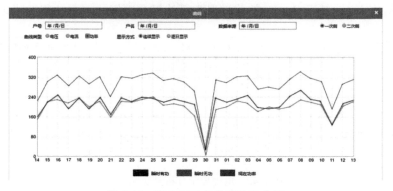

图 6-40　配电网设备负荷波动分析

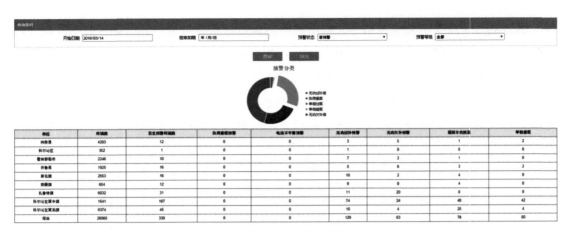

图 6-41 配变电能质量运行预警

### 6.3.4 电力异常分析与短期负荷预测

在现代电力系统中存在许多异常数据，这些异常数据不仅会影响电力系统状态估计结果，而且会降低电力系统故障预测的准确性。现有的电力数据异常检测方案存在精度低、灵活性差、计算复杂等情况，不能充分挖掘异常数据的特征做出精准的分析。另外，电力大数据具有容量大、类型多、存取速度快等特点，传统的电力异常分析聚类算法在处理这些数据的时候容易遭遇计算资源缺失的问题，即使使用分布式计算框架来处理数据，也会在迭代运算时出现困难，因为传统聚类算法的聚类个数在高纬度、海量电力数据面前无法确定。

针对以上问题，电力企业有关人员基于 Spark 大数据平台的改进聚类算法来检测分析异常数据。电力异常分析算法流程如图 6-42 所示，通过对某一节点提取电力负荷数据，整理出负荷特征曲线，根据特征曲线来检测修正异常数据。以扬中市高新区 1 000 多家企业的历史用电为例，应用基于 Spark 的改进聚类算法，不仅可以有效提高异常数据的检测速度和准确性，还加强了状态估计结果的准确性。图 6-43 给出了修正后的曲线。与传统的电力异常分析算法相比，基于 Spark 的改进聚类算法具有更好的扩展性和加速比。

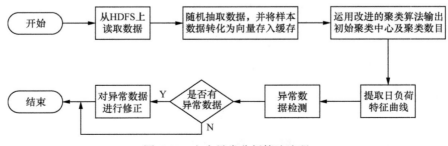

图 6-42 电力异常分析算法流程

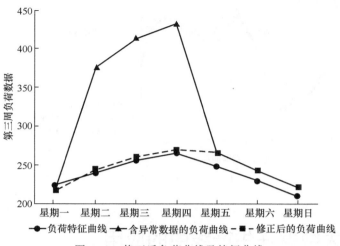

图 6-43 修正后负荷曲线及特征曲线

在电力负荷短期预测方面,传统的机器学习算法无法应对用电规律不明显的负荷预测,预测准确率随着用电负荷随机性的加大而减小,算法本身存在计算复杂的情况,所以当数据量增大时,计算效率也随之下降。另外采用智能型的机器学习算法模糊逻辑、遗传算法、神经网络等来处理海量数据时,容易出现计算速度慢、易陷入局部最小点、网络结构不能自动寻优等问题。针对这些问题,电力企业相关人员应用基于 Spark 大数据平台的并行 XGBoost 算法来进行短期负荷预测,其算法流程如图 6-44 所示。

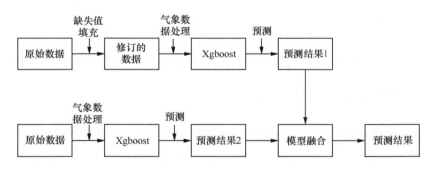

图 6-44 短期负荷预测算法流程

图 6-45 给出了基于 Spark 大数据平台的并行 XGBoost 算法与传统算法的对比结果,在电力负荷值变化率不大时传统算法与 XGBoost 算法都取得了较优的结果,但是当电力负荷值变化率较大时传统算法的预测性能快速下降,而 XGBoost 算法具有较强的稳健性和较高的预测精度,因此 XGBoost 算法对实际生产中负荷曲线预测有更好的兼容性,而且相较于不同平台的计算框架,这种方案更能适应电力大数据时代下智能电网的性能需求。

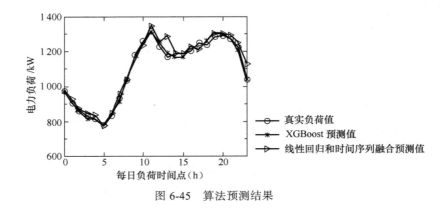

图 6-45 算法预测结果

## 6.4 工业大数据在生产线中的应用

信息物理系统（Cyber-Physical System，CPS）是工业 4.0 的关键技术之一，其在物理设备和互联网之间架起了桥梁，让物理设备像计算机一样具备自治、计算、远程协调、通信、精确控制等功能，从而将现实的物理世界与虚拟的网络世界完全结合在一起。CPS 系统的目的是将人、物、信息等各类资源融合在一起，并提供一些物联网的有关服务，将生产线工厂改造成现代化的智能制造工厂，使得人、设备、产品充分互动与协调。工业大数据作为智能制造的核心技术之一，为虚拟的网络世界和现实的物理世界的双向连接做出了巨大贡献，推动了传统加工型制造业向现代服务型工业的转变。在现代制造业中，关于工业大数据的应用是在工业生产、管理、设计等步骤，采用大数据的有关技术、算法、模型去控制、分析、诊断生产线及整个工业系统，其作为新一轮科技革命的关键技术正在帮助工业生产线实现智能化转型。

### 6.4.1 航空发动机叶片生产线

当前航空发动机制造业正处于自动化和数字化建设时期，虽然部分企业在精锻叶片机加工生产线上能够进行多种榫头、叶型和阻尼台的加工，并配备了较为领先的检测与加工设备，但是在智能化的精锻叶片机加工生产线实现方面仍存在较大不足，主要问题在于整个生产线信息化程度不高，设备与设备之间相互独立并各自成为信息孤岛，使得整个叶片加工生产线的信息不能相互流通，造成了叶片制造生产线运行效率低的问题。

对于精锻叶片的加工，生产线首先进行铣进排气边、缘板转接和基准面环节，具体依次进行进排气边加工装夹、自适应加工进排气边、清理、进排气边加工拆除；然后进行铣安装板、叶尖和标记环节，依次为安装板和叶尖装夹、安装板的自适应加工、清理、标记二维码、安装板和叶尖的拆除；最后检查加工尺寸环节，具体依次为检查装夹、检查光学三坐标及检查工装拆除。从精锻叶片的加工流程上可以看出，精锻叶片的制造不同于传统叶片的制造方式，其通过辅助加工手段、精确的检测技术、高精度锻压设备制造出具有寿命长、强度高、余量小的发动机叶片。虽然当前精锻叶片机加工生产线上的各种设备具有很高的自动化程度，但是大部分企业没有收集叶片加工过程中产生的数据，而这些数据却蕴藏了优化精锻叶片机加工生产线的强大潜力。

为了解决以上问题，工业人员通过工业大数据技术对叶片生产线上的数据进行分析和挖掘，进而达到改造优化精锻叶片机加工生产线的目的。工业人员首先设计精锻叶片机加工生产线的数据采集系统，实现了叶片生产线上所有设备产生数据的实时管理和监控。整个数据采集系统总体设计结构包括3个组成部分，如图6-46所示，分别是物理感知层、数据信息采集层和数据信息服务层。

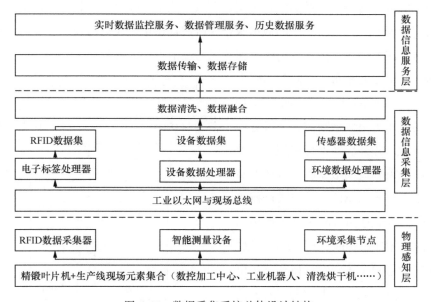

图 6-46　数据采集系统总体设计结构

物理感知层处在数据采集系统的底端，是连接物理世界与虚拟世界的桥梁，为数据信息采集层提供了数据支撑，是数据采集系统的基础，其主要由智能测量设备、环境采集节点、RFID读写器、RFID 数据采集器等构成。有关精锻叶片机加工生产线的数据组成包括工业机器人数据、智能工装数据、人员数据、白光检测机数据、生产环境数据、清洗烘干机数据和五轴联动数控加工中心数据。物理感知层的主要功能是利用感知设备采集上述数据，并将采集到的数据转化成能够被系统识别并存储的数值形式。RFID 数据采集器用于采集生产线上具有电子识别标签的目标信息数据，或者将目标信息数据写到生产线的识别标签上。智能测量设备主要针对诸如工业机器人数据、智能工装数据、白光检测机数据、清洗烘干机数据和五轴联动数控加工中心数据等数据的采集，具体的数据信息包括加工尺寸、加工时间、设备参数和设备故障时间等。环境采集节点主要针对生产线上的环境数据信息进行采集，包括温度、光照、湿度等。

数据信息采集层主要包括组网连接模块、数据采集模块和数据处理模块这 3 个模块。组网连接模块位于数据采集层的底部，主要通过工业以太网与现场总线集成技术来实现，确保设备与数据采集模块的连接，达到集中处理不同位置、不同时间采集数据的目的。数据采集模块位于数据采集层的中部，由电子标签读写、设备数据采集、环境数据采集 3 个子模块构成。电子标签读写主要是对生产线上带有电子标签识别的物体进行数据的读写操作，设备数据采集是对生产线上所有机床的设置参数、加工时间、故障状态与时间等数据进行采集，环境数据采集主要是通过 ZigBee 组网技术来进行生产线周围环境数据的收集。数据处理模块位于数据信息采集层的顶部，由数据清洗、数据融合两个子模块构成，主要对生产线上采集到的形式各异的数据信息进行处理并归一化，达到便于存储和计算的目的，为数据信息服务层做铺垫。

数据信息服务层在接收到数据信息采集层所收集到的数据之后，根据不同的上层应用采用不同的数据处理方案，结合不同的数据服务为客户提供诸如实时数据监控、数据管理、历史数据读取与回滚等服务支持。数据信息服务层通过 IEEE1888 网关来接收数据信息采集层上传的数据，并用工业分布式实时数据库来存储这些数据，数据存储整体架构如图 6-47 所示。检索实时和历史数据则需要通过过程数据网关来检索，并开启数据变化通知。针对 IEEE1888 网关和过程数据网关输送的实时数据，采用分布式消息队列的方式进行接收和缓存，并将其作为 Storm 流计算框架的 Spouts 进行数据传输。实时计算、实时数据、存储内存快照的订阅发布和数据持久化采用 Storm 流计算平台来完成。快照数据的存储使用分布式缓存系统，数据的压缩、快速存储和检索则使用分布式数据存储引擎来完成。数据信息服务层的运行流程是上层应用依照业务逻辑解析用户提交的请求，以此来调用相应的数据服务，返回按照约定形成的数据。

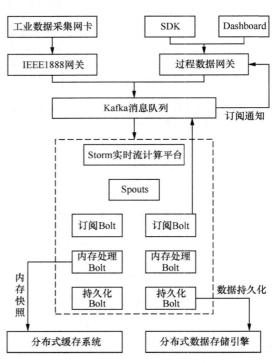

图 6-47 数据存储整体架构

在叶片生产线中存在大量不同类型的生产设备，多样的设备类型带来了许多不确定的因素，严重影响了叶片生产线的正常运行。虽然可以通过控制物流系统和叶片加工时间来抵消一部分不确定性因素的影响，但这种柔性的控制方式弥补效果有限。因此，工业人员通过设计物料缓冲区来缓解加工的错误率，提高生产线的运行效率。物料缓冲区是在生产线相邻工位之间放置半成品叶片，保障生产线关键流程的有序运行，其中物料缓冲区的容量配置是保证生产线平稳运行的关键。企业人员基于叶片加工域状态、物料缓冲区状态、设备状态,剖析了整个生产线状态与物料缓冲区容量的逻辑关系,构建了数学优化模型,使得叶片加工平均时间最短。如图 6-48 所示,首先采用 K-means 聚类算法分析生产线的设备数据,对整个生产线进行分段处理。然后利用模拟退火算法求出物料缓冲区的容量参数,图 6-49 给出参数求解过程中的收敛曲线。合理的物料缓冲区容量参数可以避免生产线上的每个设备出现堵塞和饥饿的情况,提高生产线设备使用率。

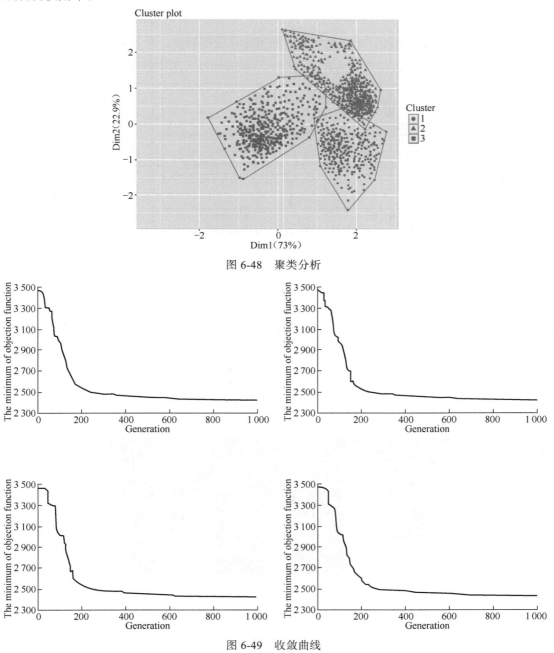

图 6-48　聚类分析

图 6-49　收敛曲线

最后企业人员利用工业大数据技术建立了叶片产线仿真大数据平台，分析叶片生产线中的海量数据，对这些数据的价值进行挖掘，达到对精锻叶片机加工生产线优化改进的目的。如图 6-50 所示，叶片生产线大数据平台分为数据存储层、数据应用层和系统功能层。数据存储层是针对数据采集系统所收集的数据应用 Hadoop 的分布式管理系统 HDFS 进行统一的查询、交互、存储，设有数据访问接口给上层应用，是叶片生产线大数据平台的核心模块之一。数据应用层通过 Hadoop 和 Spark 搭建计算集群，并利用 HDFS、Hive 等大数据组件技术为平台提供服务，设有服务接口给上层应用。系统功能层主要提供仿真建模、模型分析、用户请求等服务，具有便于操作的可视化图形界面。叶片生产线大数据平台主界面如图 6-51 所示。叶片生产线大数据平台的数据统计及可视化界面如图 6-52 所示。

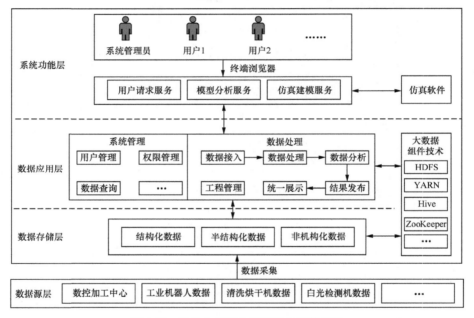

图 6-50　叶片生产线大数据平台整体框架

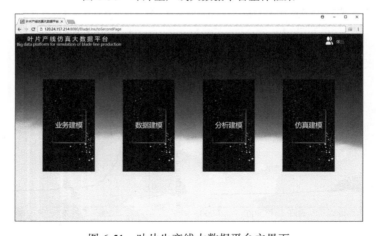

图 6-51　叶片生产线大数据平台主界面

# 第 6 章 工业大数据典型应用

图 6-52 数据统计及可视化界面

平台采用 B/S 模式，通过终端的浏览器来完成用户的操作界面，将平台所需的计算存储逻辑放在服务器端，仅将少许的事务逻辑放在前端，两者的交互通过请求响应的方式来实现。B/S 模式不仅可以减少终端载荷，而且可以降低平台部署与维护的工作量。平台的工作流程如图 6-53 所示，首先是用户通过终端浏览器发送请求，终端浏览器将请求发送到 Web 服务器；然后利用平台内置的业务逻辑，Web 服务器通过计算机集群资源对用户请求作出响应，并将分析结果返回至终端浏览器；最后用户可以在终端浏览器上读取分析结果。

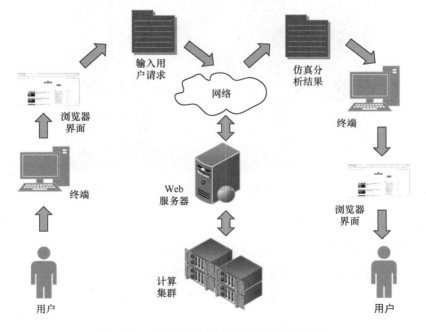

图 6-53 叶片产线仿真大数据平台工作流程

223

叶片生产线大数据平台解决了精锻叶片机加工生产线运行的不平衡问题，采用工业大数据技术给出物料缓冲区的容量参数，加强了精锻叶片机加工生产线的柔性，并通过大数据分析技术充分利用生产线所有元素产生的数据，挖掘它们的隐藏价值，为新一轮产业革命下精锻叶片机加工生产线改造优化提供了可靠的依据。

### 6.4.2 线缆生产线

线缆生产线是线缆产品生产过程中最主要的加工步骤，生产线的正常运转是保证优质线缆产品的前提，由于在线缆生产线中涉及多个加工环节，一旦其中的某个环节出现设备故障，肯定会导致废品线缆或者半成品线缆的产生，出现资源的浪费并给线缆生产企业造成一定的经济损失，因此需要采用信息化的手段对整个线缆生产线进行实时的监管。

线缆生产线现场如图 6-54 所示。线缆生产线包括绞线、挤绝缘、挤护套、成缆、编织等多个生产工序，要实现整个生产线的实时监管，就得对生产过程中的每个工序进行监测，通过 RFID、传感器网络等技术手段实时采集各个加工设备的数据和影响线缆生产质量的参数。然后将采集到的数据进行数据库的存储，结合后台的计算处理来判断生产线是否存在故障。当监测到故障的发生，可以利用短信、邮件、响铃闪烁等手段来进行及时预警，避免线缆生产线事故的发生。在数据分析方面，需要针对海量的线缆生产线数据进行挖掘，发现线缆产品质量与生产线所采集数据之间的规律，从而指导工业流水线现场的设备参数设置。

图 6-54 线缆生产线现场

挤绝缘是线缆加工生产线中最重要的流程，其通过定型设备与加压、加热的方式将胶料转化成流状体，挤出到导体的表面成为绝缘层。因此对线缆生产线上挤绝缘流程的数据挖掘分析，有利于整个生产线的质量提升。针对以上需求，线缆企业相关人员设计了线缆生产线数据分析方案，但在具体实现的过程中仍要面临以下几个问题。

（1）数据的多源异构。各类线缆生产商生产线上收集的数据格式不一，大量结构化、半结构化、非结构化数据共存，难以进行统一管理。

(2)数据的存储管理。各生产厂商的生产线数据变化频率快,有时甚至达到毫秒级,传统的数据库不能解决快速变化的数据所引起的高吞吐量问题。

(3)数据的实时处理。传统的工业数据处理通过实时数据库和历史数据库相结合的数据仓库技术来处理历史和实时数据,但需要构建数据中心,在加载离线数据方面存在耗时的问题,并且无法避免实时数据库在宕机之后的数据丢失问题。

(4)数据的挖掘分析。传统的数据分析方法只能分析一定规模的数据,无法应对各线缆生产厂商生产线上产生的海量且具有异构特性的数据,并挖掘出这些数据的有效信息。

针对以上问题,工业人员通过工业大数据技术开发了线缆生产线大数据服务平台,以分布式存储的方式来处理线缆生产线上的海量数据,实时地显示和监控与线缆生产线有关的数据状态,通过这些数据的状态统计分析各线缆生产商生产线出现的预警,最后针对生产线上温度、防线拉力、挤出拉力、线芯材料、转速等有关参数的挖掘分析,优化改进挤绝缘流程。线缆生产线大数据服务平台由分布式存储、生产数据实时监控、订单线缆预警查询、数据挖掘4个功能模块组成。

图 6-55 给出了分布式存储的架构,该架构可用来解决各线缆生产厂商的生产线数据存储问题。分布式存储架构将数据的中心服务器设为中心节点,并选用 HBase 分布式数据库和 Hadoop 大数据处理平台来构建。每个线缆生产厂商的服务器将生产线上采集到的数据封装成 XML 格式的文件上传到数据中心,然后数据中心通过 MapReduce 分布式处理对不同来源上传的 XML 文件进行数据清洗,将处理后的结果存储到 HBase 分布式集群上。另外采用 MySQL 作为关系型数据库,主要存储 Web 服务器所请求的数据结构,部分是经过数据挖掘后从 HBase 数据库转化来的数据。

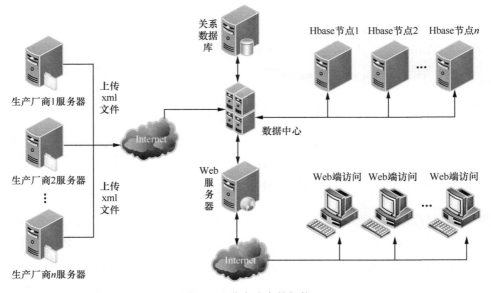

图 6-55 分布式存储架构

实时机台状态显示界面、实时生产参数在线显示分别如图 6-56 和图 6-57 所示，主要实现对线缆生产线上设备运行状态的可视化，并能够对生产线上发生的故障情况进行报警，采用短信、邮件的方式在一定时间内告知线缆生产厂商，并提供分析报告便于对线缆生产线进行有针对性的巡检，待异常情况被解决以后，自动解除相应的警报信息。

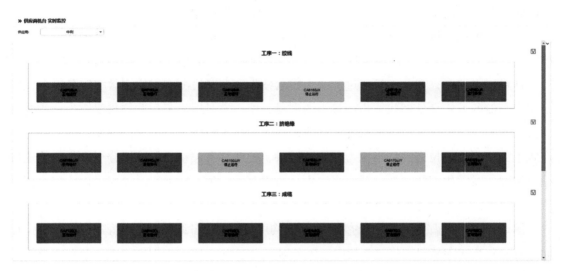

图 6-56 实时机台状态显示界面

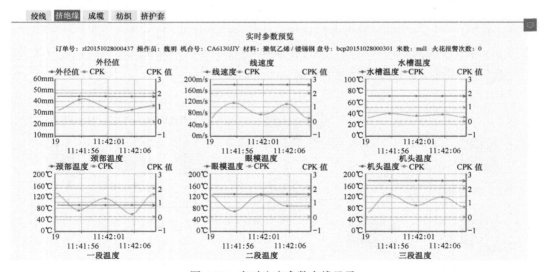

图 6-57 实时生产参数在线显示

图 6-58 为实时监控处理逻辑流程。在可视化方面，用户首先可以针对各种不同的线缆生产厂商进行选择，在确定生产厂商以后，界面将弹出所选择线缆厂商的生产线上所有机床设备的运行状态。当某台线缆生产线上的设备出现闪烁时，说明这台机存在故障的情况并进行预警。在此基础之上，用户可以进一步查看故障设备的参数信息，查看界面以实

时参数动态图的形式呈现。在监测预警方面，当线缆生产线上出现异常情况时预警功能被启动，接着会在以后的一段时间内确定这种异常是否被纠正，假如没有被修正，则保持当前的预警状态，假如异常已经被修复，则预警解除并将此次有关异常情况的线缆生产线参数进行记录和保存，便于以后出现数据异常情况时进行分析。

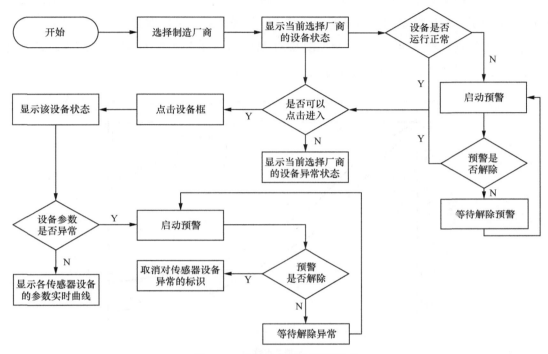

图 6-58　实时监控处理逻辑流程

订单线缆预警查询模块主要是对线缆生产厂商、生产批次、历史预警信息的查询，主要通过曲线图、柱状图的形式来进行各个线缆厂商的对比，便于日后通过线缆生产线回溯来寻找线缆产品质量问题。

数据挖掘模块的功能是实现所采集数据的预处理，以及对预处理后的数据进行相关性分析，并利用可视化的手段对分析结果进行呈现。这里线缆企业人员主要通过基于MapReduce 的改进 Apriori 算法来进行数据挖掘，图 6-59 为在 800M 样本下单机、传统集群 Apriori 算法及改进集群 Apriori 算法的运行时间对比结果。应用发现，使用布尔矩阵去运行基于 MapReduce 的 Apriori 算法不仅性能较优，而且特别适用于线缆生产线大数据环境下的数据关联分析。

线缆生产线的大数据服务平台通过 Hadoop 分布式集群和 HBase 分布式数据库来构建，在此基础之上整合了 Spring MVC，实现了分布式服务的访问与请求，根据 MVC 的逻辑架构来实现 Web 端的模型（Model）、视图（View）和控制器（Controller）。在线缆生产线的大数据服务平台具体实现方面，线缆生产线的数据采用在生产设备上加装通信接口的方式来进行收集，数据的传输通过 Wi-Fi 技术来实现，并汇聚到线缆生产线车间路由器上。数据的存储通过分布式存储框架来完成，通过数据中心来解析线缆生产线上封装的 XML 文件，并将解析后的结果存放在 HBase 数据库上。实现数据的采集和存储以后，继而完成了上层的实时监控模块和图 6-60 所示的订单预警数据分析模块。最后对线缆生产线上的数据进行挖掘分析，通过展示和分析挖掘后的结果，线缆企业人员发现在挤绝缘流程中工艺品质为良的事件具有规律性，可以参照如图 6-61 所示的参数范围来进行线缆生产线设备参数的设置，提高了产品的工艺质量，增加企业的经济收益。

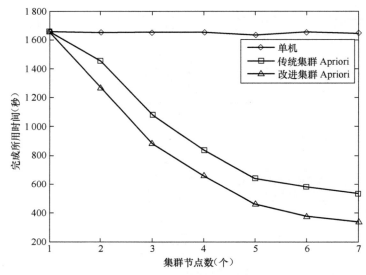

图 6-59　800M 样本下三种算法的时间比较

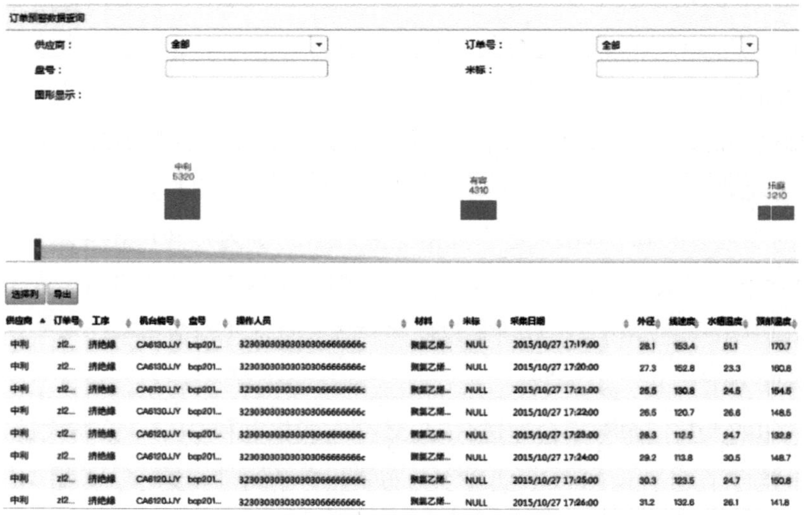

图 6-60　订单预警数据分析界面

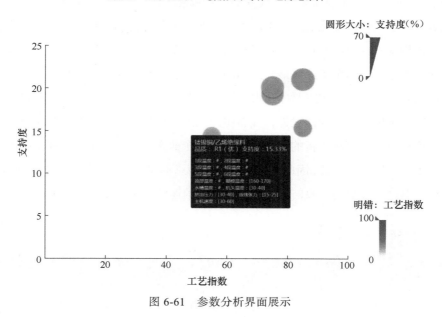

图 6-61 参数分析界面展示

### 6.4.3 自动灌装生产线

在制造业生产线自动化水平日益提升的今天，要加快工业 4.0 建设的步伐就需要更加智能的信息化系统来应对不断增长的产品个性化需求及质量要求。以某气雾剂灌装机械企业为例，该企业拥有一条气动式的气雾剂灌装生产线，相较于传统的半自动灌装生产线，气动式的自动灌装生产线具有成本低、安全性优、效率高的优势，但在气雾剂灌装生产线信息化建设方面还存在许多不足和需要改进的空间。

（1）灌装生产线目前只针对称重缓解进行数据采集，欠缺对灌装生产线诸如液体罐装工序、气体灌装工序等其他工序状态数据的采集，没有对灌装生产线上的有效数据进行全面采集。

（2）灌装生产线没有详细地监测和保存实时生产数据信息和设备运行数据信息，当产品质量出现问题的时候，造成了追溯难的问题。

（3）当前灌装生产线采用本地化的方式进行采集数据的存储，缺乏数据共享机制和数据通信，无法在灌装企业内部进行高效的沟通与响应。

（4）目前灌装生产线发现故障的方式及应对流程相对简单，没有进行定制化的故障报警和处理规则，容易给灌装生产线企业带来一定的经济损失。

（5）企业通常配备值班人员对灌装生产线上的设备运行状态进行监测，没有利用远程监测的方式对设备运行状态进行监测与分析。

（6）灌装生产线的异常诊断和维修成本高，维修专家需要当场进行修理，不具备线上故障诊断功能。

如图 6-62 所示，气雾剂灌装生产线主要包括包装工作台、运输线、灌液机、理灌机、充气封口机等。为了实现自动化的灌装生产线，企业还配备了自动装箱机、自动码垛机、自动称重机、水浴检漏机、自动封箱机、喷码输送线等设备。气雾剂灌装生产线的重要工序有灌液工序和充气工序，这两个工序对最终产品的生产质量有着决定性的影响。气雾剂灌装生产线上有关产品质量的关键参数主要包括水浴检漏机温度、自动称重机参数、充气气压与时长、传送带速度、灌装体积等。除此之外，灌装生产线的工作量、合格率及废品率等参数也能直观地体现生产线有关工序和设备的工作状态。目前企业人员需要人工经验和反复的调试来设置这些重要工序和设备的参数，因此采集这些数据信息不仅能够监测灌装生产线的工作状况，还可以通过挖掘这些参数的有效信息来辅助生产线的运转，保障生产质量和效率。

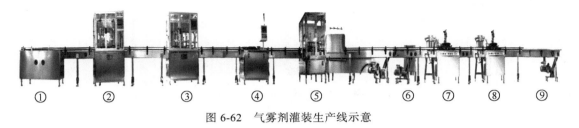

图 6-62　气雾剂灌装生产线示意

结合以上问题和气雾剂自动灌装生产线的实际情况，企业人员利用工业大数据技术开发了一套自动灌装生产线远程数据采集分析系统。如图 6-63 所示，该系统主要包含远程用户端、数据中心服务器、现场上位机及数据采集终端四部分。现场上位机和数据采集终端部署在自动灌装生产线的现场，后者将采集到的数据发送给现场上位机，而前者通过互联网再将数据发送给数据中心。远程用户可以通过互联网访问具有数据处理、存储、转发与查询功能的数据中心，获得生产现场的各类数据信息实时监测灌装生产线。

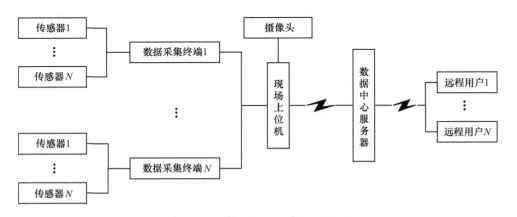

图 6-63　数据采集分析系统总体架构

自动灌装生产线远程数据采集分析系统主要包括数据采集、数据共享、数据监测、数据分析、专家会议、查询追溯、用户管理等功能。数据采集主要是针对灌装生产线工作设备数据、灌装生产线加工质量数据及整个车间的生产状况数据。数据共享通过建立数据中心将采集到的数据上传到数据库中，便于各地用户采用远程的方式来分享灌装生产线数据。如图 6-64 所示，用户通过远程的方式可以在系统内检查灌装生产线各类设备的工作状态参数，达到监测整个车间运行状态的目的。

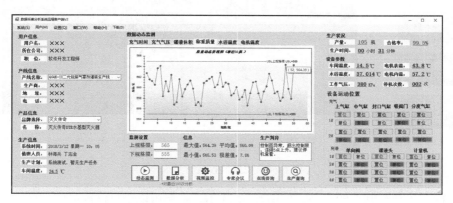

图 6-64　远程客户端设备监测运行界面

另外针对终端采集并上传的灌装生产线数据进行数据挖掘分析，通过图 6-65 的可视化手段绘制设备参数实时变化的折线图、饼状图、直方图等，全面评估灌装生产线的生产状态，并将分析结果以报表的形式进行呈现，对于生产线故障情况能够实时报警，减少企业的损失。

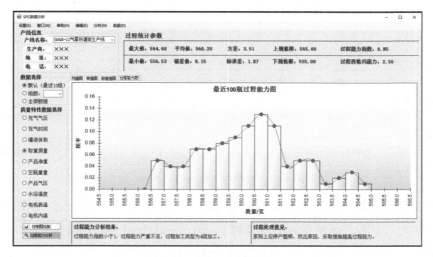

图 6-65　数据分析运行界面

针对灌装生产线报警情况，组织各地用户采用远程的方式进行视频会议商讨解决方案，维修人员不需要亲临现场，只需要根据采集到的灌装生产线数据、数据挖掘结果及图 6-66 所示的视频图像就可以开展设备的线上维护。

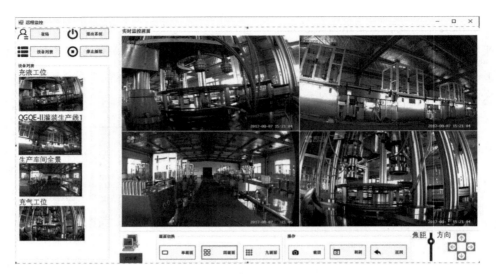

图 6-66　视频监控运行界面

针对灌装生产线制造的成品，如图 6-67 所示，系统可以进行该成品的生产信息回溯，包括生产地点、批次和日期等基本信息，还可以查询到该成品在灌装生产线上每个工位的设备加工信息。最后系统依据用户的职责分配不同的权限，使得自动灌装生产线远程数据采集分析系统具有分明的角色定位和权限管理。

生产查询

起始日期：2018年 3月12日　截止日期：2018年 3月12日　产品名称 灭火传奇　生产批次：　查询

| 序号 | 产品名称 | 产品条形码 | 生产批次 | 操作员 | 工作气压 | 充气时长 | 充气压力 | 充气时间 | 灌液体积 | 灌液时间 | 产品重量 | 产品气压 | 出厂时间 | 是否合格 |
|---|---|---|---|---|---|---|---|---|---|---|---|---|---|---|
| 1 | 灭火传奇 | 6904721238401 | 180301 | 李冬 | 0.384612 | 1.6 | 0.383052 | 2018/3/12 9:26 | 460.5 | 2017/3/27 9:43 | 560.521 | 0.91 | 2018/3/12 9:52 | 合格 |
| 2 | 灭火传奇 | 6904721238402 | 180301 | 李冬 | 0.384252 | 1.61 | 0.381342 | 2018/3/12 9:27 | 458.9 | 2017/3/27 9:43 | 558.321 | 0.95 | 2018/3/12 9:52 | 合格 |
| 3 | 灭火传奇 | 6904721238403 | 180301 | 李冬 | 0.385992 | 1.61 | 0.381492 | 2018/3/12 9:27 | 459.2 | 2017/3/27 9:43 | 559.256 | 0.96 | 2018/3/12 9:52 | 合格 |
| 4 | 灭火传奇 | 6904721238404 | 180301 | 李冬 | 0.384612 | 1.61 | 0.381552 | 2018/3/12 9:28 | 461.3 | 2017/3/27 9:44 | 562.193 | 0.96 | 2018/3/12 9:52 | 合格 |
| 5 | 灭火传奇 | 6904721238405 | 180301 | 李冬 | 0.381912 | 1.62 | 0.382152 | 2018/3/12 9:28 | 460.5 | 2017/3/27 9:44 | 558.687 | 0.92 | 2018/3/12 9:52 | 合格 |
| 6 | 灭火传奇 | 6904721238406 | 180301 | 李冬 | 0.385392 | 1.62 | 0.381612 | 2018/3/12 9:28 | 459.8 | 2017/3/27 9:44 | 559.625 | 0.95 | 2018/3/12 9:52 | 合格 |
| 7 | 灭火传奇 | 6904721238407 | 180301 | 李冬 | 0.386772 | 1.62 | 0.381252 | 2018/3/12 9:28 | 458.9 | 2017/3/27 9:45 | 557.556 | 0.96 | 2018/3/12 9:52 | 合格 |
| 8 | 灭火传奇 | 6904721238408 | 180301 | 李冬 | 0.387072 | 1.62 | 0.382092 | 2018/3/12 9:28 | 462.1 | 2017/3/27 9:45 | 563.587 | 0.94 | 2018/3/12 9:52 | 合格 |
| 9 | 灭火传奇 | 6904721238409 | 180301 | 李冬 | 0.387132 | 1.63 | 0.381582 | 2018/3/12 9:28 | 461.3 | 2017/3/27 9:45 | 562.11 | 0.92 | 2018/3/12 9:52 | 合格 |
| 10 | 灭火传奇 | 6904721238410 | 180301 | 李冬 | 0.385452 | 1.62 | 0.382752 | 2018/3/12 9:28 | 460.7 | 2017/3/27 9:46 | 560.964 | 0.92 | 2018/3/12 9:52 | 合格 |
| 11 | 灭火传奇 | 6904721238411 | 180301 | 李冬 | 0.380352 | 1.61 | 0.371711 | 2018/3/12 10:08 | 459.4 | 2017/3/27 10:10 | 560.268 | 0.92 | 2018/3/12 10:14 | 合格 |
| 12 | 灭火传奇 | 6904721238411 | 180301 | 李冬 | 0.381852 | 1.61 | 0.369911 | 2018/3/12 10:08 | 458.7 | 2017/3/27 10:10 | 558.618 | 0.92 | 2018/3/12 10:15 | 合格 |
| 13 | 灭火传奇 | 6904721238411 | 180301 | 李冬 | 0.385512 | 1.62 | 0.371921 | 2018/3/12 10:08 | 460.6 | 2017/3/27 10:10 | 561.794 | 0.94 | 2018/3/12 10:15 | 合格 |

今日生产任务：上午9：00 DTE水基型灭火器灌装测试1000瓶

今日人员安排：×××负责车间日常生产，×××负责产线监察和测试

生产总量：79　合格率：98.5%　导出Excel

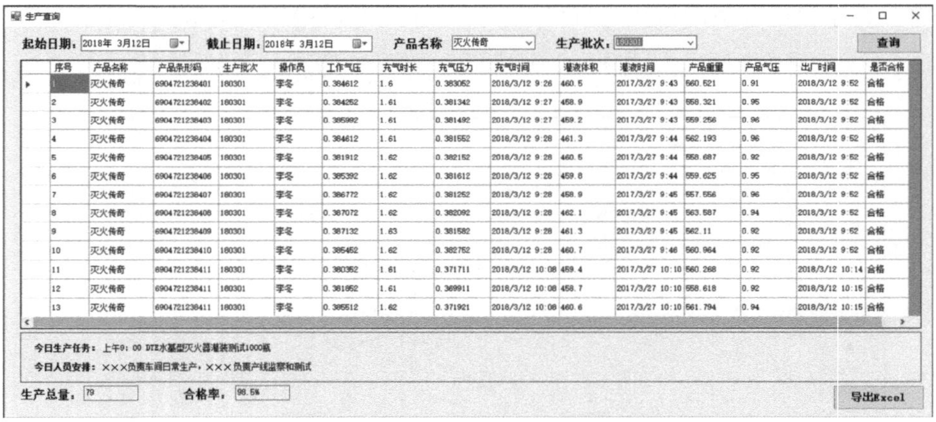

图 6-67　生产查询模块运行界面

在自动灌装生产线远程数据采集分析系统的数据分析方面，企业人员通常利用基于直方图、过程能力以及控制图的统计过程控制（Statistical Process Control，SPC）来对灌装生产数据进行挖掘分析。针对灌装生产线的故障分析，主要利用质量特征数据的控制图来进行识别，但由于干扰信号的存在，八条判异规则对于所有的控制图异常情况判断能力有限。为了突破这个限制，企业人员通过第 5 章第 4 节数据挖掘技术中的神经网络并结合八条判异规则的优势联合判断控制图的异常情况。首先利用八条判异规则进行快速精准的异常定位，然后再采用神经网络对受干扰的数据波动进行过滤，实现控制图发展趋势的整体

判定，在控制图异常识别方面取得了良好的性能。

自动灌装生产线远程数据采集分析系统采用 C/S 架构，客户端包含 6 个功能模块，分别是生产查询模块、专家会议模块、视频监控模块、数据分析模块、设备参数模块、用户管理模块。服务器端主要是给客户端以上所提功能模块供给所需的服务，具体包括视频的转发与存储、多人会话的协调、Web 数据交换、数据存储等服务。这里主要介绍服务器端提供的 Web 服务，数据在服务器端与客户端之间的高效传输是系统对数据进行远程监控和分析的前提。服务器端提供的 Web 服务主要是依照系统的数据交换过程来进行设计的，如图 6-68 所示，灌装生产线上部署的上位机将数据上传到数据中心的服务器端，服务器端在接收到远程客户端的请求之后调用数据库中的数据发送至客户端进行数据交换。

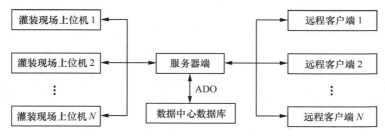

图 6-68　数据采集分析系统的数据交换示意

自动灌装生产线远程数据采集分析系统利用 Web 服务技术来实现上位机、服务器端与远程客户端之间的数据交换。Web 服务通过第 4 章第 2 节所提到的 SOAP 和 XML 来完成消息的传递，提供相应的服务给客户端。图 6-69 给出了 Web 服务应用流程，首先是服务器端在注册中心（UUDI）进行注册并完成 Web 服务的部署；接着是客户端调用 Web 服务，在注册中心进行查询并返回相关地址给客户端；其次客户端根据地址确定服务器端，调用 Web 服务的相关方法，服务器端以 WSDL 描述文件的形式将 Web 服务的接口及其说明返回

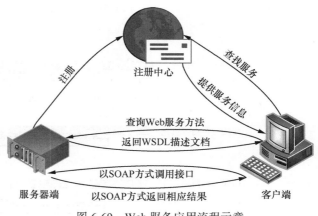

图 6-69　Web 服务应用流程示意

给客户端；然后客户端对 WSDL 文件进行解析，并以 SOAP 的方式封装所需的接口方法为 HTTP 请求发送至服务器端；最后服务器端对发送过来的 HTTP 请求进行解析，对客户端申请的接口方法进行调用，并利用 SOAP 的方法封装返回值发送客户端完成调用。

自动灌装生产线远程数据采集分析系统结合了企业的实际需求和灌装生产线的流程与特点，实现了数据的收集与分析、设备的实时监测与远程维护，不但满足同一企业不同部

门的需求，而且也满足了不同企业的共同使用需求，取得了不错的效果，得到了灌装生产线企业的一致肯定。

### 6.4.4 表面贴装生产线

表面贴装技术是电子制造业的关键技术之一，其在国外电子产品组装生产线上的使用已经超过了90%，在国内同样是非常主流的电子制造技术。目前国内大多数表面贴装技术企业都已经建设了信息化系统，这些系统产生了表面贴装生产线运行过程中海量的有关人、机、物的数据，但是企业并没有充分挖掘这些数据的价值，出现"数据爆炸，知识欠缺"的局面。

如图6-70所示，表面贴装生产线主要流程有PCB上板、AOI检测、回流焊接、锡膏印刷、清洗、下板及元件贴片。其中锡膏印刷是整个表面贴装生产线最主要的一个流程，因为60%~90%的焊接质量问题与图6-71所示的锡膏印刷环节有关。在实际生产过程当中锡膏印刷主要面临以下问题。

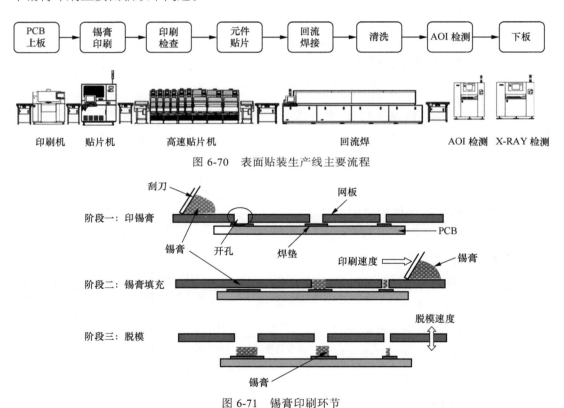

图 6-70 表面贴装生产线主要流程

图 6-71 锡膏印刷环节

（1）印刷位置误差大。目前表面贴装生产线主要采用不同大小的印刷电路板和调节印刷机参数来实现印刷，一旦设置了不正确的印刷参数，就容易出现印刷位置偏移的情况。

（2）印刷次品率较高。不正确的印刷机参数设置不仅造成印刷质量差的问题，而且还需要增加人力和物力来完成印刷电路板清洗的任务。

（3）参数验证时间长。以往的参数验证一般是通过线上测试与线下分析两者相结合的方式来进行印刷质量的保证，然而由于产品迭代更新速度较快，以往的方式已经不能满足当面表面贴装生产线的要求。因此，合理地设置表面贴装生产线流程中的各种参数是提高产品印刷质量的重中之重。目前大部分表面贴装生产线企业采用人为经验、仿真实验和传统的统计过程控制技术对印刷参数进行初步设置和事后调整。但是当面对海量的表面贴装生产线数据，以上手段不仅数据利用率低、统计速度慢，而且分析效果差、缺少有用的验证手段。针对这些问题，企业人员开发了表面贴装生产线大数据分析平台，针对生产线上产生的海量数据通过工业大数据技术进行分析，得出印刷参数的合理方案，并利用三维可视化技术建立生产线的仿真模型用于分析验证。

表面贴装生产线大数据分析平台采用浏览器端和服务器端（B/S）的软件架构，因为浏览器比客户端更加容易操作。表面贴装生产线大数据分析平台的总体架构如图 6-72 所示，总共分为应用层、平台功能层、数据存储计算层和数据支撑层四层结构。数据支撑层包含表面贴装生产线的各类数据信息，主要有印刷电路板参数、印刷机参数、贴片机参数、设备监测参数和环境参数。数据存储计算层采用 Hadoop 大数据计算平台下的 HDFS 分布式文件系统、Mysql 数据库两者结合的方式来进行表面贴装生产线数据的管理与存储。由于在数据量较小的情况下，Mysql 数据库的查询效率要远远高于 HFDS 的查询效率，所以利用 Mysql 数据库存储和管理诸如印刷电路板参数、贴片机参数、环境参数等体量较少的数据，而对于表面贴装生产线如印刷机工艺参数、设备监测参数等体量较大的数据则采用 HDFS 来进行存储与管理，这两者结合的方式极大地提高了数据访问效率。在数据计算方面，平台利用 Hadoop 与 Spark 相结合的计算集群并采用弹性扩展的方式来计算不同量级的数据。平台利用 Kafka 消息队列和 Spark Streaming 流式计算框架来处理实时数据的传输和计算，对于离线数据则利用 Spark 计算引擎来完成处理。作为核心部分的平台功能层主要由 4 个模块组成，分别是仿真建模、数据建模、业务建模和分析建模。仿真建模是利用可视化技术来进行表面贴装生产线的建模，便于生产线有关参数的验证。数据建模是针对表面贴装生产线上的数据进行预处理，达到清洗数据的效果。业务建模提供表面贴装生产线的详细业务信息，便于企业人员快速了解并定位相关业务问题。分析建模是依靠不同的业务结合具体的数据信息来建立分析模型，并将模型以基于 Livy 的批处理提交的方式发送给 Spark 集群来完成计算。应用层则通过表面贴装生产线大数据分析平台体用的数据分析功能来完成不同业务的应用，具体有产品质量预测、印刷参数推荐、影响因素分析、缺陷预测等。

在印刷参数推荐方面，企业人员在全面分析表面贴装生产线数据及组成设备数据的基础上，首先应用基于 K-means 的工业大数据方法进行数据异常值的检测，来确定印刷机可调参数的范围。然后利用基于 Spark 框架的 Apriori 算法来进行印刷参数的推荐，并行化的处理方式在保证较高精确率的情况下提高了算法计算效率。印刷参数推荐结果如图 6-73 所示。

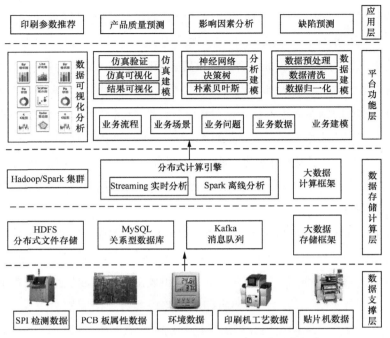

图 6-72　表面贴装生产线大数据分析平台总体架构

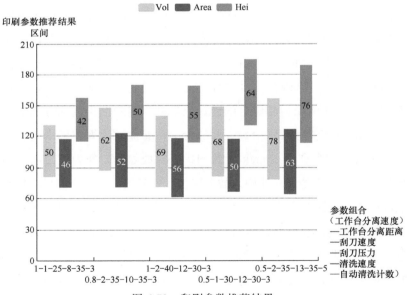

图 6-73　印刷参数推荐结果

在印刷参数验证方面，为了避免利用实际表面贴装生产线进行参数验证所导致的资源浪费，如图 6-74 所示，企业人员首先通过可视化技术来完成表面贴装生产线的建模，然后基于可视化模型并结合遗传算法和神经网络对印刷参数进行如图 6-75 的在线参数仿真验证，验证结果证明了基于关联规则的推荐模型所提供的锡膏印刷参数能够提升表面贴装生产线的成品率与质量。

图 6-74　表面贴装生产线三维模型

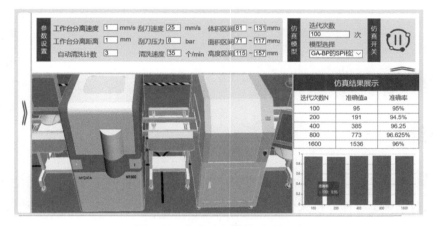

图 6-75　仿真验证模块界面展示

综上所述，表面贴装生产线大数据分析平台利用 Hadoop 与 Spark 开源大数据框架、大数据分析、Java Web 开发相关工具、图 6-76 所示的可视化统计分析、基于 PMML 的算法封装、基于 Livy 的算法提交等工业大数据技术高效地构建了表面贴装生产线的业务模型，便于质检人员及时发现产品质量问题及建立有关业务知识库，不仅能够协同提高质检人员的分析效率，还能够处理海量的表面贴装生产线数据，结合可视化模型的参数验证推荐出如图 6-77 的最优设备参数，提高电子组装产品质量的同时也节约了表面贴装生产线的资源。

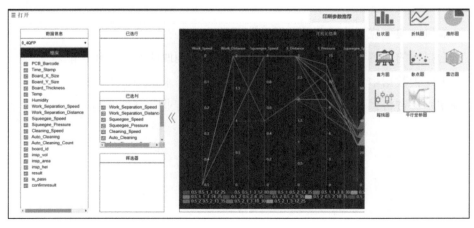

图 6-76　可视化统计分析

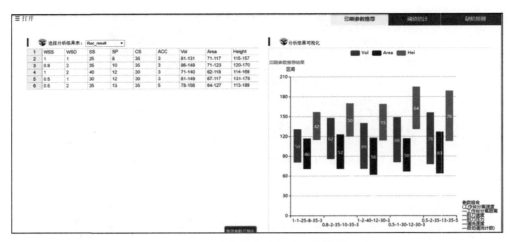

图 6-77　参数推荐分析可视化结果

## 本章小结

本章主要介绍了工业大数据在智能机床、智能电网、发动机等制造业领域的典型应用，分别有机床数据采集存储、机床数据监测管理、机床故障分析诊断、航空发动机的数字孪生、发动机测试实验与故障诊断、发动机质量预测、电力需求预测、电力设备检测、电能质量分析、叶片生产线、线缆生产线、自动灌装生产线等，以进一步了解工业大数据的作用和功能。工业大数据的应用正在为不同行业的工业企业带来创新的研发、生产、运营、营销和管理方式，帮助企业提高生产效率、提升产品质量、降低生产和运营成本，最终为企业带来更高的经济效益和更强的企业竞争力。

## 本章习题

1. 智能机床典型应用中常用的故障分析模型有哪些？
2. 结合自己的理解，解释什么是数字孪生，并举例说明其作用和功能。
3. 在电网大数据中，什么数据是电能质量分析和需求预测最主要的数据来源？
4. 查阅相关资料，列举出工业大数据在其他工业行业的具体应用。

# 缩略语

| | | A | |
|---|---|---|---|
| ADC | Analog-to-Digital | | 模数转换 |
| ANN | Artificial Neural Network | | 人工神经网络 |
| ART | Adaptive Resonance Theory | | 自适应谐振 |
| | | B | |
| Blob | Binary Large Object | | 二进制大对象 |
| B/S | Browser/Server | | 浏览器/服务器 |
| BP | error Back Propagation | | 误差反向传播 |
| BDAS | Berkeley Data Analytics Stack | | 伯克利数据分析栈 |
| | | C | |
| CRMS | Customer Relationship Management System | | 客户关系管理系统 |
| CAD | Computer Aided Design | | 计算机辅助设计 |
| CM | Communication Management | | 通信管理 |
| C/S | Client/Server | | 客户/服务器 |
| CART | Classification and Regression Tree | | 分类与回归树 |
| CPS | Cyber-Physical System | | 信息物理系统 |
| CKPT | CheckPoint Process | | 检查点进程 |
| CORBA | Common Object Request Broker Architecture | | 公共对象请求代理体系结构 |
| | | D | |
| DAC | Digital-to-Analog | | 数模转换 |
| DFS | Distributed File Systems | | 分布式文件系统 |
| D-DBMS | Distributed DataBase Management System | | 分布式数据库管理系统 |
| DDBS | Distributed DataBase System | | 分布式数据库系统 |
| DBWR | DataBase Writer Process | | 数据库写进程 |
| DML | Data Manipulation Language | | 数据操作语言 |
| DRDS | Distributed Relational Database Service | | 分布式关系型数据库服务 |
| DCE | Distributed Computing Environment | | 分布式计算环境 |
| DSM | Distributed Shared Memory | | 分布式内存共享 |
| DCOM | Distributed Component Object Model | | 分布式组件对象模型 |
| | | E | |
| ERPS | Enterprise Resource Planning System | | 企业资源计划系统 |
| EMS | Energy Management System | | 能耗管理系统 |

续表

| | | | |
|---|---|---|---|
| ETL | Extract-Transform-Load | | 抽取—转换—载入工具 |
| EM | Expectation Maximization | | 期望值最大化 |
| EII | Enterprise Information Integration | | 企业信息集成 |
| **G** | | | |
| GFS | Google File System | | 谷歌文件系统 |
| GDD | Global Data Dictionary | | 全局数据字典 |
| GUI | Graphical User Interface | | 图形用户界面 |
| GIS | Geographic Information System | | 地理信息系统 |
| **H** | | | |
| HDFS | Hadoop Distributed File System | | Hadoop 分布式文件系统 |
| HOLAP | Hybrid OLAP | | 混合联机分析处理 |
| HTTP | Hyper Text Transfer Protocol | | 超文本传输协议 |
| **I** | | | |
| IDE | Integrated Development Environment | | 集成开发环境 |
| **J** | | | |
| JSON | JavaScript Object Notation | | JavaScript 对象符号 |
| JVM | Java Virtual Machine | | Java 虚拟机 |
| **L** | | | |
| LGWR | Log Writer Process | | 日志写进程 |
| **M** | | | |
| MES | Manufacturing Execution System | | 制造执行系统 |
| MOLAP | Multi-Dimensional OLAP | | 多维联机分析处理 |
| MDDB | Multi-Dimensional DataBase | | 多维数据库 |
| MIME | Multipurpose Internet Mail Extensions | | 多用途互联网邮件扩充类型 |
| MCAR | Missing Completely at Random | | 完全随机缺失 |
| MAR | Missing at Random | | 随机缺失 |
| **N** | | | |
| NFC | Near Field Communication | | 近距离无线通信 |
| NoSQL | Non-relational SQL | | 无关系数据库 |
| NTP | Network Time Protocol | | 时间同步协议 |
| NDFS | Nutch Distributed File System | | Nutch 分布式文件系统 |
| NMAR | Not Missing at Random, or Nonignorable | | 非随机、不可忽略缺失 |
| NUMA | Nan-Uniform Memory Access | | 非均匀存储器访问 |
| **O** | | | |
| OAS | Office Automation System | | 办公自动化系统 |
| OT | Object Table | | 对象表 |
| OLTP | On-Line Transaction Processing | | 联机事务处理 |
| OLAP | On-Line Analytical Processing | | 联机分析处理 |
| **P** | | | |
| PLM | Product Life-Cycle Management | | 产品生命周期管理 |

| | | | 续表 |
|---|---|---|---|
| PHM | Prognostics Health Management | | 故障预测与健康管理 |
| POSIX | Portable Operating System Interface of UNIX | | 可移植操作系统接口 |
| PLC | Programmable Logic Controller | | 可编程逻辑控制器 |
| P2P | Peer-to-Peer | | 点对点 |
| PM | Partition Manager | | 分区管理器 |
| PMON | Process Monitor Process | | 进程监控进程 |
| PS | Partititon Servers | | 分区服务器 |
| | R | | |
| RFID | Radio Frequency Identification | | 射频识别 |
| RPC | Remote Procedure Call | | 远程过程调用 |
| RECO | Recovery Process | | 恢复进程 |
| RAL | Real Application Clusters | | 实时应用集群 |
| RDD | Resilient Distributed Datasets | | 弹性分布式数据集 |
| RBF | Radial Basis Function | | 径向基函数 |
| RAC | Real Application Clusters | | 实时应用集群 |
| | S | | |
| SCM | Supply Chain Management | | 供应链管理 |
| SQL | Structured Query Language | | 结构化查询语言 |
| SAN | Storage Area Network | | 存储区域网络 |
| SGA | System Global Area | | 系统全局区 |
| SMON | System Monitor Process | | 系统监控后台进程 |
| SMP | Symmetrical Multi-Processing | | 对称多处理 |
| SOA | Service-Oriented Architecture | | 面向服务的体系结构 |
| SOAP | Simple Object Access Protocol | | 简单对象访问协议 |
| SOM | Self-Organizing Mapping | | 自组织映射 |
| SPC | Statistical Process Control | | 统计过程控制 |
| | T | | |
| TCL | Transaction Control Language | | 事务控制语言 |
| | U | | |
| URL | Uniform Resource Locator | | 统一资源定位器 |
| URI | Uniform Resource Identifier | | 统一资源标识符 |
| UTC | Universal Time Coordinated | | 通用协调时间 |
| | V | | |
| VIP | Virtual Internet Protocol | | 虚拟互联网协议 |
| | W | | |
| WMS | Warehouse Management System | | 企业仓储管理系统 |
| WAS | Windows Azure Storage | | 可伸缩的云存储系统 |
| | X | | |
| XML | Extensible Markup Language | | 可扩展标记语言 |

# 参考文献

[1] 卫凤林,董建,张群. 《工业大数据白皮书(2017版)》解读[J]. 信息技术与标准化, 2017, 000(4):13-17.

[2] 王建民. 工业大数据实践与思考[N]. 中国信息化周报, 2016-05-30(19).

[3] 李杰. 工业大数据:工业4.0时代的工业转型与价值创造[M]. 北京:机械工业出版社, 2015.

[4] Manyika J, Chui M, Brown B, et al. Big data: The next frontier for innovation, competition, and productivity[M]. McKinsey Global Institute, 2011.

[5] 郑树泉,覃海焕,王倩. 工业大数据技术与架构[J]. 大数据, 2017, 3(4): 67-80.

[6] 王宏志,梁志宇,李建中,等. 工业大数据分析综述:模型与算法[J]. 大数据, 2018, 4(5): 2018051.

[7] 王建民. 智能制造基础之工业大数据[J]. 机器人产业, 2015, 000(003):46-51.

[8] 李致远,陈光. 工业大数据推动智能制造发展作用机理探析[J]. 中国工业评论, 2016 (8): 78-83.

[9] 杜传忠,金文翰. 美国工业互联网发展经验及其对中国的借鉴[J]. 太平洋学报, 2020, 28(7): 80-93.

[10] 田春华,杨锐,崔鹏飞. 工业大数据的实践与认识[J]. 软件和集成电路, 2019 (9): 24.

[11] 赛迪顾问. 工业大数据深度解读[J]. 软件和集成电路, 2019(9):83-87.

[12] 李建中,李金宝,石胜飞. 传感器网络及其数据管理的概念、问题与进展[J]. 软件学报, 2003(10):1717-1727.

[13] 吴永祥. 射频识别(RFID)技术研究现状及发展展望[J]. 微计算机信息, 2006 (11Z): 234-236.

[14] 沈宇超,沈树群. 射频识别技术及其发展现状[J]. 电子技术应用, 1999, 25(1): 4-5.

[15] 韩露,桑亚楼. NFC技术及其应用[J]. 移动通信, 2008, 32(6): 25-28.

[16] 辛晓越. 文档型数据库的存储模型设计和研究[D]. 广州:中山大学, 2015.

[17] Ghemawat S, Gobioff H, Leung S T. The Google file system[C]//Proceedings of the nineteenth ACM symposium on Operating systems principles. 2003: 29-43.

[18] Borthakur D. The hadoop distributed file system: Architecture and design[J].

Hadoop Project Website, 2007, 11(2007): 21.

[19] Dean J, Ghemawat S. MapReduce: simplified data processing on large clusters[J]. Communications of the ACM, 2008, 51(1): 107-113.

[20] Chang F, Dean J, Ghemawat S, et al. Bigtable: A distributed storage system for structured data[J]. ACM Transactions on Computer Systems (TOCS), 2008, 26(2): 1-26.

[21] Baker J, Bond C, Corbett J C, et al. Megastore: Providing scalable, highly available storage for interactive services[J]. 2011.

[22] DeCandia G, Hastorun D, Jampani M, et al. Dynamo: amazon's highly available key-value store[J]. ACM SIGOPS operating systems review, 2007, 41(6): 205-220.

[23] Shvachko K, Kuang H, Radia S, et al. The hadoop distributed file system[C]//2010 IEEE 26th symposium on mass storage systems and technologies (MSST). Ieee, 2010: 1-10.

[24] Kreps J, Narkhede N, Rao J. Kafka: A distributed messaging system for log processing[C]//Proceedings of the NetDB. 2011, 11: 1-7.

[25] Zaharia M, Chowdhury M, Franklin M J, et al. Spark: Cluster computing with working sets[J]. HotCloud, 2010, 10(10-10): 95.

[26] 成静静. 基于 Hadoop 的分布式云计算/云存储方案的研究与设计[J]. 数据通信, 2012 (5): 14-18.

[27] 张聪娥, 韦大伟. 一种有效的分布式数据存储保密方案设计[J]. 微计算机信息, 2007 (27): 101-103.

[28] 操惊雷. 网络附属存储 NAS 与存储区域网络 SAN[J]. 黄冈职业技术学院学报, 2003 (2): 83-86.

[29] 刘晓. 大数据环境下分布式键值系统的架构研究[J]. 中国金融电脑, 2015 (6): 72-79.

[30] 阳振坤, 杨传辉, 李震. 海量结构化数据存储管理系统 OceanBase[J]. 科研信息化技术与应用, 2013, 4(1): 41-48.

[31] 王雪涛, 刘伟杰. 分布式文件系统[J]. 科技信息（学术研究）, 2006 (11): 273.

[32] 应朝晖, 高洪奎. 分布式文件系统[J]. 计算机工程与科学, 1995 (3): 26-28.

[33] 唐一之. 分布式网络文件系统（DNFS）研究与实现[D]. 湖南: 湖南大学, 2002.

[34] 姚毓才, 张琳娜. 浅析分布式文件系统原理及改进[J]. 铜陵学院学报, 2008, 7(6): 79-80.

[35] 韩毅, 韩伟红, 杨树强, 等. 面向 OLAP 的高效海量数据存储技术研究与实现[J]. 微电子学与计算机, 2006, 23(s): 154-156.

[36] 辛大欣，刘飞. Hadoop 集群性能优化技术研究[J]. 电脑知识与技术：学术交流，2011，7(8)：5484-5486.

[37] 秦滔. Hadoop 分布式架构的研究与实际应用 [D]. 北京：北京邮电大学，2015.

[38] 王宾. Hadoop 集群的部署与管理系统的设计与实现 [D]. 南京：南京大学，2013.

[39] 李东辉，吴小志，朱广新，等. 分布式数据库协调技术——ZooKeeper[J]. 科技展望，2016，26(1)：13-14.

[40] 曾超宇，李金香. Redis 在高速缓存系统中的应用[J]. 微型机与应用，2013，32(12)：11-13.

[41] 杨俊超. 基于 SOAP/Web Service 技术的分布式系统应用研究[D]. 广州：广东工业大学，2003.

[42] 王亚东. SOAP 技术研究及基于 SOAP 的分布式应用[J]. 科技经济导刊，2018 (2)：13.

[43] 朱江，孙炜，任长明. SOAP 协议与分布式应用的研究[J]. 微处理机，2006，27(5)：12-14.

[44] 高强. 数控机床远程监测与故障诊断系统设计[D]. 南昌：南昌大学，2019.

[45] 孙顺苗. 基于数控机床运行数据的状态监测平台研究与开发[D]. 重庆：重庆大学，2019.

[46] 李沈. 面向高频海量指令域电控数据的采集管理与应用技术研究[D]. 武汉：华中科技大学，2018.

[47] 郭彦男. 基于大数据技术的智能电网企业日用电量预测模型实现[D]. 广州：广东工业大学，2019.

[48] 梁少培. 基于大数据的电力设备运行数据分析系统的设计与实现[D]. 北京：华北电力大学，2018.

[49] 娄国娇. 基于大数据的电能质量分析应用研究[D]. 长春：长春工业大学，2019.

[50] 朱昌敏. 基于 spark 模型的电力异常数据检测和短期负荷预测[D]. 南京：南京邮电大学，2018.

[51] 李远东. 基于工业大数据的叶片产线仿真技术研究与实现[D]. 西安：西安电子科技大学，2018.

[52] 段胜泽. 基于 Hadoop 的线缆生产的大数据服务平台的设计与实现[D]. 成都：电子科技大学，2017.

[53] 郑超强. 自动灌装生产线远程数据采集分析系统的实现[D]. 南京：东南大学，2018.

[54] 张宏伟. SMT 大数据分析平台的设计与实现[D]. 西安：西安电子科技大学，2019.

[55] 陈勤和. 发动机装配拧紧工艺与冷试振动相关性及质量预测研究[D]. 重庆：重庆大学，2018.

[56] 陶健. 基于发动机性能测试试验的故障诊断方法研究[D]. 上海：上海交通大学，2015.

[57] 刘美. 航空发动机气路系统数字孪生技术研究与开发[D]. 哈尔滨：哈尔滨工业大学，2020.